U0943418

教育部人文社会科学研究规划基金项目资助（12YJA820079）
浙江省哲学社会科学规划课题研究成果（10CGFX08YBQ）

信息化背景下的中国公司法变革

XINXIHUA BEIJINGXIA DE ZHONGGUO GONGSIFA BIANGE

王宗正◎著

中国社会科学出版社

图书在版编目（CIP）数据

信息化背景下的中国公司法变革／王宗正著．—北京：中国社会科学出版社，2014.11

ISBN 978－7－5161－5208－9

Ⅰ.①信… Ⅱ.①王… Ⅲ.①公司法—研究—中国 Ⅳ.①D922.291.914

中国版本图书馆 CIP 数据核字(2014)第 289611 号

出 版 人　赵剑英
责任编辑　张　林
特约编辑　陈　振
责任校对　高建春
责任印制　戴　宽

出　　版　中国社会科学出版社
社　　址　北京鼓楼西大街甲 158 号（邮编 100720）
网　　址　http://www.csspw.cn
　　　　　中文域名:中国社科网　　010－64070619
发 行 部　010－84083685
门 市 部　010－84029450
经　　销　新华书店及其他书店

印　　刷　北京市大兴区新魏印刷厂
装　　订　廊坊市广阳区广增装订厂
版　　次　2014 年 11 月第 1 版
印　　次　2014 年 11 月第 1 次印刷

开　　本　710×1000　1/16
印　　张　17.5
插　　页　2
字　　数　283 千字
定　　价　56.00 元

目　录

导言　信息化与法律变革 …………………………………………… (1)

第一章　变革的背景推动:中国信息化与信息化法制建设的内生发展 …………………………………………… (18)

第一节　中国向信息社会过渡的加速转型 ………………………… (18)

第二节　中国信息化法制建设的丰硕成果 ………………………… (33)

第三节　中国公司法因应企业信息化的现实困境 ………………… (46)

第二章　变革的现实基础:中国公司法应对信息化的制度回应 … (57)

第一节　中国公司法因应信息化的立法基础 ……………………… (57)

第二节　中国上市公司运营电子化的制度实践 …………………… (72)

第三章　变革的发展理路:中国公司法因应信息化的基本理念与基本策略 …………………………………………… (81)

第一节　公司法现代化变革的基本理念 …………………………… (81)

第二节　中国公司法因应信息化的基本策略 ……………………… (92)

第四章　变革的他山之石:信息化背景下公司法变革的群体经验 …………………………………………… (107)

第一节　美国公司法信息化变革的真实图景 ……………………… (107)

第二节　日本公司法信息化变革的制度剖析 ……………………… (118)

第三节 英国公司法信息化变革的规范表达 ……………………（125）

第五章 变革的具体建构（一）：公司登记的电子化 ……………（129）

第一节 中国商事登记改革的情感期待 ……………………（129）

第二节 中国公司登记电子化的实践场景 …………………（139）

第三节 网络环境下商事登记制度的逻辑展开 ……………（151）

第六章 变革的具体建构（二）：公司信息服务的电子化 ………（163）

第一节 公司信息服务电子化的简要描述 …………………（163）

第二节 公司相关材料的电子化 ………………………………（167）

第三节 公司文件传送的电子化 ………………………………（177）

第四节 公司信息公告的电子化 ………………………………（194）

第七章 变革的具体建构（三）：股东权利行使的电子化 ………（206）

第一节 公司股东表决权行使电子化的实践形态 …………（206）

第二节 股东网络投票的规范运作 …………………………（216）

第三节 股东其他权利行使的电子化 ………………………（226）

第八章 变革的具体建构（四）：公司机关运营的电子化 ………（232）

第一节 股东会议通知的电子化 ……………………………（232）

第二节 股东会议的网络化 …………………………………（239）

第三节 董事会与监事会会议的电子化 ……………………（253）

结语 变革的制度实现：因应信息化的公司法修法建议 ………（258）

参考文献 ……………………………………………………………（268）

导　言

信息化与法律变革

一　信息与信息化

（一）信息的含义

关于什么是信息，从不同的学科角度看，其含义有许多种。在经济管理上，通常认为信息是提供决策的有效数据；而在哲学上信息是熵的理化；数学家认为它是概率论的发展；等等。①

国内外的学者从不同角度、侧面对信息给出了许多定义，其中，具有代表性的是美国科学家香农（C. E. Shannon）在《通信的数学理论》这篇论文中对信息的理解："信息是关于环境事实的可以通讯的知识，是人们对外界事物的某种了解和知识。"②

中国人民大学的陈禹教授从微观信息经济分析出发，提出了一个更具数理分析色彩的定义："信息就是传递中的知识差（degree of knowledge）。"③ 他认为信息本质上是一种市场参与者的市场知识与经济环境中的事件状态之间的用概率表现的知识差。

OECD 在《以知识为基础的经济》中给出信息的定义为："信息一般是知识的 know-what 和 know-why 的范畴。这些也是最接近市场商品或适合于经济生产函数中的经济资源的知识类型。"并指出："know-what 和 know-why 类知识可以通过读书、听演讲和查看数据库

① 董晓红：《信息化的经济学分析》，中国财政经济出版社 2005 年版，第 45 页。

② Claude Shannon, The Mathematical Theory of Communication, *Bell Systems Technical Journal*, July and October (1948).

③ 陈禹主编：《信息经济学教程》，清华大学出版社 1998 年版，第 15 页。

而获得。”“信息技术的发展是为了有效地处理 know-what 和 know-why 知识的需要。信息技术和通讯基础设施的存在，极大地推动了对某类知识的编码化。所有能够编撰并使其成为信息的知识都可以长距离传播，而且花费甚少。正是由于知识的一些可编码成分的不断增加，使得现在的时代具有‘信息社会’的特征。而大多数工作者不久将从事信息或编码类知识的生产、处理与传播”。[①] 这个定义表明了信息的两个方面：一是信息即是显性知识，二是讲明显性知识的传递依赖于信息技术的发展。

而中国国家标准 GB4894－85 关于信息的定义则将两类表述合并为：信息是物质存在的一种方式、形态或运动状态，也是事物的一种普遍属性，一般指数据、消息中所包含的意义，可以使消息中所描述事件的不定性减少。

（二）信息化的含义

信息化和经济全球化是当今经济社会发展的主要特点，信息化被广泛应用于人类社会生活的各个领域，推动全球经济不断向前发展。

信息化是对信息技术普遍应用、信息经济形成态势和信息社会和谐秩序的高度概括。当信息突破时空局限，广泛深入地渗入到生产、流通、消费等各个领域时，它改变了传统的行为方式、经营管理模式和生产组织形态，影响了世界范围内的产业结构调整和资源配置，加速了经济全球化进程。

信息化概念是从社会进化的角度提出的。综合所见资料，公认“信息化”一词起源于日本。信息化的思想是 1963 年 1 月由日本社会学家梅倬忠夫发表的《信息产业论》中首次提出的，但有关社会现象，则更早就受到西方学者的重视和研究。“信息化”概念由 1967 年日本科学技术和经济研究团体提出，基本看法是今后的人类社会将是一个以信息产业为主体的信息化社会。[②] 该概念的提出和实践是基于日本学术界

① OECD/GD. The Knowledge-Based Economy，（96）102，Paris，1996：22.

② 余彤鹰：《信息化的概念与意义探究》，http：//www. ee-forum. org/pub/1998－2009/xx-hgn. htm。

和产业界对经济发展阶段和日本社会问题的两个基本判断：一是对即将来临的信息社会（Information-based Society）这一抽象概念的理解，即认为，发达国家经济已开始由以实物生产为核心的工业社会向以知识的获取和出售为主要内容的信息社会的转变，这一转变将对劳动者的生存状态产生深刻影响；二是七十年代初的石油危机使日本认识到作为资源缺乏国家发展重工业经济面临的危险性，所以发展一种知识密集型的产业结构是日本经济的重要选择，因此，该概念适应了这一时期日本实现重型产业结构转型的需要。①

西方国家没有信息化的提法，他们一般将我们的信息化表述成信息通信技术（ICT），认为ICT是由硬件、软件、网络及收集、储存、加工、传输和发布信息（包括声音、数据、文本和图像）的媒介构成。ICT部门包括电信、传播部门和信息技术（IT）部门，包括相关基础技术、专业技能、产品和服务，以及生产、供应、运营ICT的厂商、消费者、政策制定者和管理者，还包括直接参与ICT产品和服务的生产、销售和管理的其他机构和合作者等。西方国家所理解的信息化是指在信息网络条件下集电子商务和电子工程基础设施为一体的信息技术的普遍应用。

我国著名经济学家、世界银行前首席经济学家林毅夫指出："所谓信息化，是指建立在IT产业发展与IT在社会经济各部门扩散的基础之上，运用IT改造传统的经济、社会结构的过程。"②

而学者赵苹给信息化所下的定义则是："信息化是指人们对现代信息技术的应用达到较高的程度，在全社会范围内实现信息资源的高度共享，推动人的智能潜力和社会物质资源潜力充分发挥，使社会经济向高效、优质方向发展的历史进程。"③

从官方看，我国最早的关于信息化的权威解释是在1997年首届全国信息化工作会议提出的信息化六要素概念，即"信息化是指培育、发

① 朱勤：《信息化概念和意义探讨》，《韶关学院学报（自然科学版）》2002年23卷第3期。

② 林毅夫：《信息化——经济增长新源泉》，《科技与企业》2003年第8期。

③ 赵苹：《步入21世纪的农业信息化》，经济科学出版社2000年版，第17页。

展以智能化工具为代表的新的生产力并使之造福于社会的历史过程。国家信息化就是在国家统一规划和组织下，在农业、工业、科学技术、国防及社会生活各个方面应用现代信息技术，深入开发广泛利用信息资源，加速实现国家现代化进程。”实现信息化就要构筑和完善六个要素（开发利用信息资源，建设国家信息网络，推进信息技术应用，发展信息技术和产业，培育信息化人才，制定和完善信息化政策）的国家信息化体系。这个定义是在我国信息化发展的初期提出的，虽然提出了信息化发展的六个关键要素，但没有说明六要素之间的基本关系。

2000 年我国发布实施了“国民经济和社会发展第十个五年计划信息化重点专项规划”，“规划”将信息化定义为：“是以信息技术广泛应用为主导，信息资源为核心，信息网络为基础，信息产业为支撑，信息人才为依托，法规、政策、标准为保障的综合体系。”这个定义虽然沿用了六要素概念，但是明确界定了六要素之间的相互关系。

二 信息化与社会转型

（一）信息化的发展促使人类步入信息社会

随着信息化的发展，正如 2003 年联合国日内瓦信息社会世界峰会《原则宣言》所指出，我们正在共同迈入一个潜力巨大的新时代，一个信息社会的新时代，一个加强人类沟通的新时代。“在这个新兴社会中，信息和知识可以通过世界上所有的网络生成、交流、共享和传播。如果我们采取必要的行动，所有人都可以在不远的将来，在全球团结和各民族、各国家之间加深理解的基础上，共同建设一个崭新的知识共享的信息社会。我们相信，这些措施将开辟一条通向真正的知识社会的未来发展之路。”

所谓信息社会，诚如 2003 年信息社会世界峰会《原则宣言》所提出的，信息社会是一个“以人为本、具有包容性和面向全面发展的信息社会。在此信息社会中，人人可以创造、获取、使用和分享信息和知识，使个人、社会和各国人民均能充分发挥各自的潜力，促进实现可持续发展并提高生活质量。”

（二）信息社会的基本特征

信息技术的广泛应用对整个社会的影响是全方位、多维度的，在经济社会发展的各个领域都呈现出新的特征。

1. 知识型经济

知识型经济是指在信息社会中以知识和人才为基础，以创新为主要驱动力，全面协调可持续发展的新型经济形态。

知识型经济重知识、重人才、重科技、重环保，信息技术全面渗透到经济的各个领域，与传统的农业经济和工业经济相比，知识型经济具有四大基本特征：

人力资源知识化。知识型经济首先重视人才，因为人是知识的创造者，人力资源将成为支撑知识型经济发展的最重要资源。在知识型经济中，对劳动者的知识和技能要求逐渐提高，高学历高技能的知识型劳动者比例也将逐步增大，人力资源呈现知识化特征。

发展方式可持续。经济可持续发展是知识型经济的基本特征。既要满足当前和未来的发展需求，又要限制对未来环境构成危害的行为是可持续发展的两个方面，信息社会中的经济可持续发展注重经济发展、注重节能环保、注重研发创新。

产业结构软化。伴随着传统工业经济向知识型经济的转变，最显著的变化就是在新科技革命的推动下，产业结构软化趋势日渐明显。产业结构软化主要指两个方面：一是在产业结构的演进过程中，科学技术的发展催生了大量的新兴行业，软产业（主要指第二产业）的比重不断上升，出现了所谓“服务化”趋势；二是科学技术对传统产业进行了改造，增加了科技含量和产品附加值，整个产业过程对信息、服务、技术和知识等“软要素”的依赖程度加深。

经济水平发达。知识型经济是建立在工业经济基础上的比工业经济更高级的经济形态，其主要资源依托知识和人力资源，同时也离不开必要的资金和物质资源，生产力较为发达是实现知识型经济的必要条件。一方面知识型经济是创新驱动的经济形态，科技是衡量国力和竞争力的最重要指标，而科研与技术投入需要强劲的经济实力作为坚强的后盾；另一方面以信息技术为代表的现代科学技术又进一步促进了经济发展。

2. 网络化社会

在信息社会中，网络化成为社会的典型特征，网络化社会具有鲜明的时代特征，主要表现在信息基础设施的完备性、社会服务的包容性、社会发展的协调性等。

信息社会必然是信息基础设施高度完善的社会。信息基础设施的完备性包括两个方面：一是各种信息基础设施得到极大普及，二是信息基础设施的质量和性能出现大幅度的提升。

在信息社会，经济已经高度发达，社会包容日益受到人们的关注。所谓社会包容，就是让所有人都能最大限度地享受到社会发展的好处。在信息社会，数字包容是实现社会包容的重要途径。实现数字包容，一方面可以防止出现新的不平等，另一方面有利于缩小社会中原有的不平等，变数字鸿沟为数字机遇。

社会发展的实践表明，社会进步是通过协调发展来实现的，是城乡、区域、经济社会、人与自然等各个方面协调发展的结果，是经济、政治、文化协调发展的结果。在信息社会中，人们的物质需求基本得到满足，社会发展的重点发生了一些变化：一方面更加注重城乡、区域、不同社会群体之间的协调发展；另一方面更加强调发展质量，注重整体水平的提高。

3. 数字化生活

在信息社会中，信息技术广泛应用于人们日常生活的方方面面，人们的生活方式和生活理念将发生深刻变化。

生活工具数字化。网络和数字产品将成为多数人的生活必需品。传统生活用品的技术与信息含量越来越高，成为每个人日常生活必不可少的信息终端。随着技术的不断创新与广泛扩散，其应用成本将显著下降，数字化生活工具将高度普及。数字化生活工具带来的舒适和便捷将被看作是自然而然的事情。

生活方式数字化。在信息社会中，借助于数字化生活工具，人们的工作将更加弹性化和自主化，终身学习与随时随地学习成为可能，网络购物跻身主流消费方式，人际交往范围与空间无限扩大，娱乐方式数字化，数字家庭成为未来家庭的发展趋势。

生活内容数字化。在数字化生活时代，人们的工作内容以创造、处理和分配信息为主，学习内容更加自主化与个性化，信息成为最主要的消费内容，数字化内容成为多数人娱乐活动的首选。

4. 服务型政府

信息社会的发展对政府治理提出了新的要求，同时也为实现服务型政府的目标创造了条件。信息社会中的服务型政府，是充分利用现代信息技术实现社会管理和公共服务的新型政府治理模式。在现代技术的支撑下，服务型政府具有科学决策、公开透明、高效治理、互动参与等方面的特征。

科学决策。由于信息技术的广泛应用，特别是电子政务的大力推进，政府信息沟通朝着网络化、交互化方向发展，政府获取信息更为及时、便捷和充分，基于信息技术的各种决策分析工具、模型的使用，有助于决策过程和方法的科学化，同时网络化方便了更多人参与到政府的决策形成过程中，使决策民主化成为可能，不仅可以提高决策的科学性，也将提高政策的实施效果。

公开透明。网络、数字广播电视等多种信息公开渠道形成多元化的信息公开网络，公众可以突破时空的限制，随时随地获取所需的各类政府信息。同时，通过网络对政府行为进行监督，有效保证政府运行更为公开透明，从而打造信息社会下的阳光政府。

高效治理。各种信息系统的建立，实现对政府业务进行信息化改造，改变了传统手工办理的方式，将有效降低行政成本，提高政府办事效率；电子政务改变了集权和等级制的金字塔政府结构，使得政府组织结构更为扁平化，促使政府治理模式从管制型向着以公众为中心的服务型转变，为公众提供更好的服务；此外，人们可以随时随地在网上找到自己所需的服务种类和服务方式，使公共服务效率和质量都得到大幅提升。

互动参与。互联网成为政府与公众之间直接沟通的重要桥梁，公众（包括社会弱势群体）可以通过网络直接向政府反映自己的利益诉求，政府也可以通过网络了解民情、汇聚民智，不断完善服务。网络使政民沟通渠道更加通畅和多元化，有助于政民之间相互理解和达成共识，促进决策民主化与社会和谐发展。①

① 《走进信息社会：中国信息社会发展报告2010》课题组：《走近信息社会：理论与方法》，《电子政务》2010年第8期。

三 信息化与制度变革

信息化对许多相关制度安排的创新提出了要求。一方面，由于技术变迁可能造成利益在不同集团间重新分配，存在利益集团反对技术扩散的可能；另一方面，制度演进过程本身是路径依赖的，过时的制度并不先天适应新的技术条件，有可能陷入僵局而难于变革。信息化如果受到技术扩散的制度性障碍，技术创新不能在社会中扩散，将会导致技术创新的激励不充分。因此，信息化成功与否关键在于制度、法治条件。

信息化所面临的最重要制度约束是由于ICT产业的技术特性所具有的规模效应和垄断倾向所导致的市场制度失灵，从而，依靠政府的作用促进市场竞争，发挥市场制度的基础作用仍然至关重要。政府在推动ICT产业发展和维护市场竞争方面可以以ICT产业政策的形式表现出来。一套完整的ICT产业政策包括：相关的经济、法律环境、竞争政策、整体工业规划以及行政管理等诸多方面的内容。这些制度相互配套，才能更有效率地发挥作用。一个适当的ICT产业政策是成功突破制度约束的关键，其作用要点在于，去除不必要的制度约束，弥补市场制度失灵，改善竞争环境。如果我们采取了不合适的ICT产业政策，不但达不到弥补市场失灵的效果，而且可能适得其反，阻碍市场制度发挥应有的作用。

一个合适的ICT产业政策应该以形成一个公平、合理、有序的竞争环境为目标，以促进信息化在我国的顺利进行。具体内容包括：[①]

1. 政府的ICT产业政策应该适度超前，但其技术选择必须与我国的发展阶段和要素禀赋结构相适应，符合比较优势。政府应当在经济、法律环境、竞争政策、整体工业规划以及行政体制和管理制度等诸多方面进行配套调整。政府可以通过完善基础设施、制定法规、协调产业内部、产业与其他部门之间的关系，乃至通过政府采购等方式刺激需求，从而促进技术升级，提升禀赋结构并获得动态比较优势。然而ICT产业政策的技术选择必须与我国的发展阶段和要素禀赋结构相适应，符合比

① 林毅夫：《信息化对制度变革的需求》，《中国信息界》2003年第15期。

较优势。促进市场竞争对于保持 ICT 产业的活力至关重要。

2. 在 ICT 生产的产业区段选择上，也应该遵循比较优势原则，重点发展我国具备比较优势的软件和部分硬件。在 ICT 的硬件产业中定位应该是大力开发以组装和零部件为主的产品，积累资金和技术。随着要素禀赋结构的提升和比较优势的变化，寻找新的能够发挥我们优势的产品，以逐渐实现产品和技术的升级。ICT 产业软件开发、生产以人力资本为主要投入，所需要的投资、设备非常简单。我国是人口大国，只要办好包括高等教育在内的教育事业，努力创造人尽其才的制度环境，鼓励留学人员回国创业，短时期里完全可以缩小与发达国家在 ICT 产业软件发展方面人力资本的差距。我国在软件开发方面将大有可为，可以学习印度、以色列、爱尔兰和智利，加强与微软等发达国家软件企业的合作。应当注意不要热衷于开发少数十分尖端、资本投入十分密集的技术和产品。

3. 加快法律、政策与行政管理等方面的制度创新。我们要加快有关信息化方面的立法工作，尽快形成较为完善的法规体系，建立健全相关的执法体系及监督体系。通过法律手段，形成一个公平、合理、有序的竞争环境。应建立完善以企业为主体，产、学、研、用相结合的技术创新、扩散与应用体系。努力消化吸收国外比较成熟的先进技术，并加以改造。让 ICT 渗透到国民经济的各个领域，提高我国具有比较优势的产业的效率和竞争能力；现阶段重点应当运用它对传统产业进行全方位的改造，帮助降低成本、改变发展模式；同时创造条件，引进风险投资，积极发展互联网和电子商务产业。我们应避免照搬发达国家的政策，不计成本盲目投资。以电子政务为例，电子政务的初衷是县以上各级政府上网，地、市以上各级政府文件生成、收发电子化，公众上网查询可公开的政府信息，但是，在政府审批程序不透明、行政效率低下、大部分地区互联网普及不够的情况下，政府信息化的巨额投资换来的仅仅是大量没有实际内容的网页。

4. 改革僵化的组织制度，消除部门、地区分割，适应组织结构小型化、组织层次扁平化的趋势。

5. 加强 ICT 基础设施建设。我国信息化的发展还处在非常初始的阶段，信息基础设施对缩小信息差距极其重要。ICT 基础设施建设的主要内容分为ICT物质资本与ICT人力资本两部分。与ICT物质资本相比，ICT人力资本可以自由移动，有利于减少由于可能的投资失当所带来的风险。政府在ICT人力资本的形成方面可以充分发挥自己的影响力，加快发展ICT教育。建议把促进贫困地区青少年的ICT知识普及作为加强ICT基础设施、消除信息鸿沟工作的一项重要内容。

最后，在ICT产业蓬勃发展的时候，传统产业如食品、服装、汽车等在国内和世界市场的需求并未萎缩，我们仍然应该按比较优势战略选择有关的产业，按我们的比较优势占领这些产业的国内和国际市场。

四 信息化与法律变革

（一）社会变迁需要法律的调整与回应

诺内特与塞尔兹尼克曾指出，法律秩序是一种多维事物，只有把多种维度当作变项，才能对法律进行彻底的研究。我们不应该空谈法律与强制、法律与国家、法律与规则或法律与道德之间的必要的联系，而应该考虑这些联系在什么程度上和在什么条件下发生……虽然我们不排除法律理论的各种重大问题，但是我们确实认为，它们应该服从一种社会科学的观点。[①] 有一句简洁的西谚表达了类似的意思，“有社会即有法律，有法律斯有社会”。法律始终是作为整个社会系统中的一支而存在，它深刻影响着社会的形态与走向，而社会的变迁也往往需要法律的调整与回应。

法律是人类社会发展到一定历史阶段的产物，它必须受制于社会，必须遵循人类社会历史发展的客观规律。所以，法律变革与发展，一个重要的、不可或缺的前提条件就是社会本身必须先行变迁。也就是说，社会变迁是法律变革与发展之源。若以发展的眼光来透视的话，作为人类社会的一种历史现象的法律是具有历史性的，但同时又是不断演进的，因为社会是演进的，从属于社会的法律当然也是在辩证的否定之中

① ［美］诺内特、塞尔兹尼克：《转变中的法律与社会——迈向回应型法》，张志铭译，中国政法大学出版社1994年版，第10页。

演进的。[①] 也诚如埃利希所言："法律发展的重心不在于立法，不在于法律科学，也不在于司法判决，而在于社会本身。"[②] 从属于社会的法律的变革与发展的动力在于社会内部的矛盾运动。从另一角度而言，只有经过社会变迁，才能使社会结构发生变革，也才能使社会主体的法律地位发生变化，从而使法律发挥相应的作用，实现原本价值，因为"社会群体的法律地位及生活行为，是左右法律社会功能发挥的重要因素"。[③] 此外，从社会与法律这一矛盾统一体而言，法律只有不断适时地变革与发展，才能不致于因两者不能形成良性互动而成为社会变迁的掣肘。

生产力和生产关系的矛盾运动是社会变迁的基本矛盾，它们相互作用，相互冲突，由此产生了社会变迁。作为社会内在需求反映的法律应该与社会变迁的内在要求相合拍。"法律既为社会力，则社会变迁、法现象不能不与之俱变"。[④] 当然，由社会力量所决定的、一旦在新的历史条件之下形成的法律及其制度和价值追求，无论其表现形式如何具有相对静止性，但因社会处于永恒的变迁之中的实质，使得社会中实行的法律、建立的法律制度和确立的价值追求与社会现实之间必定存在着一定的矛盾，即"不能及时地回应社会中正在发生的变化。"[⑤] 因而法律的变革与发展的速度和社会现实的需求之间矛盾的大小与政治国家的变革、社会结构的变革、社会经济的发展、社会自身的状态、生产力的发展水平、自然环境的变化等都有关系。这就要求我们必须时刻注意在社会变迁的历史进程之中认真研究法律的变革与发展问题，而"法律发展问题研究关注的重点，乃是社会变化与法律的变革之间的相互作用关系，特别是研究社会变化对法律制度的影响。"[⑥] 即法律制度及其价值

---

① 张文显：《二十世纪西方法哲学思潮研究》，法律出版社 1996 年版，第 19 页。

② ［美］弗里德曼：《法律与制度》，中国政法大学出版社 1994 年版，第 132 页。

③ 张仁善：《中国法律社会史的理论视野》，《南京大学法律评论》2001 春季号，第 103 页。

④ ［日］穗积陈重：《法律进化论》，中国政法大学出版社 1997 年版，第 53 页。

⑤ ［美］伯尔曼：《法律与革命——西方法律传统的形成》，中国大百科全书出版社 1993 年版，第 24 页。

⑥ 公丕祥：《东方法律文化的历史逻辑》，法律出版社 2002 年版，第 4 页。

追求只是社会变迁需求的反映，只要社会变迁没有创造出足够的否定现存法律制度及其价值追求的力量，现有的法律就不可能被废除。但是“如果已经预见到变革不可避免并在既存的法律秩序之内进行必要的根本性变革——那么，可以认为会避免这些革命，及时变革是所有面临不可抗拒变革压力的法律制度获得生命力的关键。革命的历史含义是冲破法律制度凝聚力的急剧的、打破连续过程的和激烈的变革。”① 也就是说，当社会的发展达到自我变革时，就引起了对原有的法律的否定，并被新的法律形式或内容所代替，因为如果法律已不适应社会的内在需求，还去继续施行它，就不可能保证自身能始终与社会变迁的方向相一致，从而法律与社会均得不到进步。

所以说，真正意义上的法律变革与发展同社会变迁是紧密地交织在一起的，无论是传统还是近现代，同样包括后现代，也无论是东方还是西方，没有决定性的社会变迁，就不可能有实质性的法律变革与发展，也只有经过决定性的社会变迁，才能使新的法律及其制度和价值追求得以萌发、成长和系统形成，发挥相应的符合当时社会变革的内在要求的作用。②

弗里德曼深入研究了社会变迁与法律变革之间的关系，以变动的起源和结果为标准，将二者之间的关系区分为四种基本类型：第一，起源于法律系统的外部环境的社会变迁影响到法律系统，并且与此相应的法制变迁仅仅限于法律系统的内部；第二，起源于法律系统的外部环境的变迁通过法律制度最终仍然作用于外部环境，即仅仅把法作为媒介的社会变迁；第三，不是由社会变迁引起的法制变迁，即变动的原因以及变动的影响都只发生在法律系统的内部，外部环境的影响可以忽略不计；第四，由于法制变迁而引起的社会变迁，即起因在法律系统内部，但影响却波及外部环境。③ 社会制度的每一次有效的变革与创新，都会给人类社会带来新的文明成果。人类文明进步与发展的每一次质的飞

① ［美］伯尔曼：《法律与革命——西方法律传统的形成》，中国大百科全书出版社 1993 年版，第 25 页。

② 唐宏强：《社会变迁：法律变革与发展之源》，《江苏社会科学》2002 年第 5 期。

③ 季卫东：《宪政新论》，北京大学出版社 2002 年版，第 118 页。

跃，无不以社会制度结构的革命性突破为前提。“尤其是法律制度的变迁，常常带动社会结构的调整与变迁，甚至成为社会变迁的主要标志。”①

就法律的效用而言，其在清除社会变迁的障碍的同时，也同样可以设置障碍。关键在于如何将其导向符合社会变革与发展的轨道，使其在当好“清道夫”的同时，能起到积极而良性地推动社会变迁的作用。当然，诚如柯勒所坚持的：即使在整个人类社会文明领域出现了因偶然性因素而导致的社会倒退，但社会文明本身的潮流却并不因此而逆转。但我们还是应该通过各种有效的措施预防、阻止、纠正法律可能给社会变迁所带来的负面影响。作为能在一定程度上表征社会文明发展的历史进程的法律，也将在此进展中得以施展应有的力量且同时进化自我，即使法律不能排除阻碍社会文明发展的偶然性因素，但却能改变或分散这些不良因素对整个社会的危害影响的程度。因此，“一个健全的文明社会应当同时具有一个符合社会变迁内在要求的合理而健全的法律秩序，健全而合理的法律秩序又必须依赖于能及时体现社会内在需求的法律作基础和后盾。既然社会存在的形态是随着必然性和偶然性因素而不断演化着的，因此源于其中的法律也同样应当随着这种演化而主动地积极地影响社会文明的历史进程，换句话说，法律应当以其特有的规制功能去扼制那些可能对社会文明发展不利的因素，进而培育、扶持符合社会文明发展历史进程的各项有益要素”。② “特别是在一个急剧变革的社会里，法律必然要发生变化，并且成为促进和支持新的政治、社会与经济现实的重要手段。如果法律传统不能依靠自身来支持这一新的现实，那么新的法律就必须被创制出来，或者必须由外部世界引进。在这种情况下，对待法律的新的态度与价值观念，常常成为社会变革的推进力量”。③

所以我们要通过利用各种有利的社会条件，充分发挥法律的能动性，要高度重视对整个法律实在体系在社会中的功能的培养、挖掘，应

① 肖金明、张宇飞：《社会变迁与法治演进》，《山东警察学院学报》2005 年第 2 期。

② 唐宏强：《社会变迁：法律变革与发展之源》，《江苏社会科学》2002 年第 5 期。

③ 公丕祥：《东方法律文化的历史逻辑》，法律出版社 2002 年版，第 8 页。

在法律自为系统运动的基础上再进一步通过人类文明——充分发挥社会能动性去促进法律的良性生成、变革和发展。“法律过去是一种自发地促进文明事业的发达，而现在则应当由人类本身以社会性的活动包括政治经济思想活动，去对之加以引导”，[①] 使法律能在自身的变革与发展的过程之中最大限度地推进社会的变迁，促进社会的飞速发展。

（二）信息化推动了法律变革

信息社会是脱离工业化社会以后信息将起主要作用的社会，它是人类社会历史发展的一个新阶段。面对一种新的社会形态的到来，世界主要国家和地区的政府都对信息社会给予了极大关注，纷纷采取各种措施大力推动本国（地区）信息社会的发展。以网络化、虚拟化为特征的电子商务式的经济运行则要求经济主体之间尽快形成新的行为规范并最终上升到法律的层次以实现经济运行的法制化。其中，政策和法律法规建设是信息社会建设的主要内容之一，不断完善的政策和法律法规为加快社会形态向信息社会转变提供了制度基础和保障。

目前，世界主要国家和地区在信息社会发展战略、信息化基本法律法规、信息化促进、信息技术创新、信息产业管理和信息安全等多个领域，已经制定了多项政策和法律法规。[②]

1. 美国

美国是信息社会建设的倡导者和先行者。进入 20 世纪 90 年代以后，美国的信息化战略思想逐步形成。其战略目标是通过占领信息技术研发和应用的制高点，提高信息占有、支配和快速反应的能力，从而主导未来世界的信息传播，保持和扩大在信息化方面的整体优势。

美国政府非常重视信息政策法规的制定和完善。早在 1993 年，美国就制定了国家信息基础设施（信息高速公路）规划，计划在 2015 年前建成由通信网、计算机、数据库和消费类电子产品组成的无缝、高速、多功能的信息网络基础。接着，美国公布了“全球电子商务框架”，确立了美国政府电子商务政策的基本框架，推动美国电子商务在

---

① 张文显：《二十世纪西方法哲学思潮研究》，法律出版社 1996 年版，第 175 页。

② 廖瑾：《全球信息化法律法规概览》，《上海信息化》2009 年第 10 期。

世界互联网上的迅速发展。随后，又先后两次制定了电子政务战略，颁布实施《电子政务法》，通过成立专门管理机构，设立政府部门首席信息官、建立首席信息官委员会的协调机制等一系列制度措施，推动电子政务建设。而在美国出台的《网络空间国家安全战略》中更是提出了五大优先发展领域和47项行动建议，将信息网络安全置于战略高度。

此外，美国为促进信息产业的发展，还制定了《计算机软件保护法》、《国际电信法案》、《国际通信改革条例》、《半导体晶片法》、《数字千年版权法》等。这些完善的信息法律法规，从制度层面上进一步保障和推动了美国信息社会的发展。

2. 欧盟

面对全球信息化浪潮的机遇和挑战，欧盟紧随美国之后提出建设信息社会的设想和战略规划。欧盟各成员国作为主权国家，在欧盟统一法律法规的指导下，根据各自的实际情况，制定促进本国信息化的法律法规体系。

欧盟自从正式宣布欧洲"信息社会计划"之后，就特别强调创建欧洲信息社会的重要战略意义。为提升欧盟的竞争力，增强经济活力，加快经济增长与增加就业，欧盟通过了《里斯本战略》。在《里斯本战略》中，数字化欧洲被列为一项重要内容。为落实"电子欧洲"战略总体目标，欧盟先后出台了两个"电子欧洲行动计划"，分别对欧盟电子政务建设设定了阶段性目标。之后，欧盟委员会又发布了建设欧盟信息社会的新计划《欧洲信息社会2010发展规划——i2010》，重申了信息技术对于经济增长和促进就业所起的巨大推动作用。该计划对促进欧盟信息技术相关领域的发展部署了政策框架，旨在推广公开、竞争的数字经济，强调把信息技术作为提高生活质量和社会包容度的强大驱动力。在《i2010电子政务行动计划》中，欧盟明确指出了电子政务工作是发掘公共部门潜能的钥匙，并对欧洲2006—2010年电子政务建设项目、战略和决策重点问题等做出了统一安排。

在电子商务领域，欧盟制定了《欧洲电子商务提案》，提出政府必须为促进电子商务发展提供一个良好环境；其后又分别通过了《电子签名指令》和《电子商务指令》，以协调和规范电子商务市场、电子交易、电子商务服务提供者的责任等关键问题。在信息安全领域，欧盟制定了《关于数据库法律保护的指令》，率先采用特别授权对存在的实质性投入而构成的数据库提供法律保护，建立了一种独立于版权法体系的数据库保护制度。《个人数据处理过程及个人数据自由流转过程中个人隐私保护指令》也对网上贸易涉及的敏感性资料及个人数据给予法律保护。

3. 日本

鉴于信息技术和信息化对社会经济的巨大推动作用，日本政府从本世纪初就开始自上而下地集中推动信息化建设。2000 年 10 月，日本公布了《高度信息通信网络社会形成基本法》（简称《IT 基本法》），并依据此法规定，在内阁改组设置了高度信息通信网络社会推进战略本部（简称 IT 战略本部），总体负责日本信息化建设工作。此后，IT 战略本部又出台了包括《e-Japan 重点计划》、《e-Japan 战略 II》、《IT 新改革战略》、《IT 政策战线图》等政策，对日本信息化建设的重点和方向进行适时调整。

与此同时，日本国会审议通过了《电子签名法》及与之相配套的《电子签名法的实施》、《电子签名法有关指定调查机关的省令》和《基于商业登记的电子认证制度》等相关法律，并将电子认证制度运用于商业登记，使登记的功能扩展到电子认证领域，便于电子签名制度的实际运作。由此，日本初步建立了包括电子公证和电子认证制度在内的电子签名法律规范框架。

2008 年，日本经济产业省出台了《电子商务及信息资产交易相关准则》，该准则实际上是一部法律解释集，主要是解决以民法为核心的规范交易行为的现行法律体系不适应电子商务发展的问题，内容涉及有关合同成立与生效的问题，电子商务特有的交易形态，消费者保护跨境交易以及许可合同和知识产权保护等问题。

4. 韩国

韩国的信息社会建设始于 20 世纪 90 年代。虽然在 1990 年代后期经历了一系列危机，但是，韩国把握住了新一轮机会，在信息社会建设的许多方面取得了突破，成为新兴工业化国家迈向信息社会的典范。韩国政府从 1996 年起就开始实行信息化促进计划，制定了《信息化促进基本法》。之后，韩国发布了《网络韩国 21 世纪计划》，目标是完成超高速通信网的建设，全面实现信息化。

在电子商务领域，韩国政府通过了《电子商务基本法》，为韩国电子商务发展提供了一个基础法律框架；《电子签名法》的正式实施，对电子签名的要求和程序及认证机构经营资格做出了规范，有力地推动了韩国电子商务持续快速发展。

在电子政务领域，韩国政府根据《信息化促进基本法》，拟订了共同利用行政信息、电子文件系统、公共政府服务等10个信息化基本计划，先后制定了《公共机关情报公开法》、《关于实现电子政府和促进行政业务电子化的法律》，修订了《公共机关保护个人情报法》，加快了本国电子政府的法律制度建设。面对全球信息产业新一轮“U”化战略的政策动向，韩国政府又推出了“IT 839战略”，提出了8项IT服务、3项信息通信基础设施、9种新经济增长动力。

5. 印度

印度是世界上最大的发展中国家之一，以软件为代表的印度信息产业取得了令全球瞩目的成就。根据国家的信息化特点和产业结构的特殊性，印度政府围绕软件产业的发展，制定了各项促进本国信息产业发展的政策法规，以产业发展带动信息社会的建设。

进入21世纪后，印度政府开始重视电子政务工作，希望通过电子政务建设提高政府对公众服务的效率和透明度，并促进本国信息技术的发展和应用。为此，印度政府提出了《国家电子政务计划》，这是印度电子政务发展历史上非常重要的一个文件，旨在为印度电子政务的长期发展奠定基础和提供动力。

另外，印度还颁布了《信息权利法》。《信息权利法》对政府信息公开的管理、政府信息公开申请和申请处理流程、免予公开的信息和不适用于该法的机构、第三方机构以及年度实施情况总结和培训等问题都进行了规定，为保障政府信息公开提供了制度和法律保障。

第一章

变革的背景推动：中国信息化与信息化法制建设的内生发展

第一节　中国向信息社会过渡的加速转型

一　信息化是我国现代化建设全局性的战略举措

信息化是当今社会发展变革的重要推动力量。信息化发展水平已经成为决定国家生产力发展水平、衡量国家综合国力和国际竞争力的重要标志。过去10年全球信息化的发展表明，信息化仍然是这个新世纪的主要时代特征，仍然是全球范围内推动经济和社会变革的主要力量，仍然是国家竞争力的战略重点和制高点。世界各国，特别是发达国家，纷纷根据信息技术和信息革命发展的新趋势，不断调整国家信息化的发展和政策。

1949年新中国成立以后，百废待兴，但是对于世界上第一台电子数字计算机的诞生及其对人类社会可能产生的重要影响，中国人并没有视而不见。我国信息化进程可以分为四个阶段。第一个阶段是艰苦创业的阶段，从中国“十二科学规划”的制订至“文化大革命”前夕（1956—1966年）；第二个阶段是劫难中曲折发展的阶段，从“文化大革命”开始到改革开放前夕（1966—1978年）；第三个阶段是改革开放开创新局面的阶段，从改革开放至中共中央十五届五中全会（1978—

2000年）；第四个阶段是全方位高效推进阶段，从中共中央十五届五中全会直到今天（2000年—）。[①] 1956年，周恩来总理在一次会议上说："由于电子学和其他科学技术的进步而产生的电子自动控制器，已经可以有条件地替代一部分特定的脑力劳动。"同年，在他亲自主持制订的中国《1956—1967年科学技术发展远景规划纲要》中，将原子能、喷气技术、计算机、半导体、电子学和自动化6项列为该规划的重点，表现了对电子计算机、半导体、电子学的高度重视，其中后4项与信息革命和信息化密切相关。将电子计算机的研制作为"十二五科学规划"的战略重点，揭开了中国应对当代信息革命的挑战的序幕。1984年邓小平提出"计算机的普及要从娃娃抓起"，并为《经济参考》题了"开发信息资源、服务四化建设"，这种远见卓识为我国信息化发展产生了重要影响。

应当说，在中国信息化的进程中更具有里程碑意义的是2000年中共中央十五届五中全会通过的《中共中央关于制定国民经济和社会发展第十个五年计划的建议》。《建议》提出"大力推进国民经济和社会信息化，是覆盖现代化建设全局的战略举措"，"信息化是当今世界经济和社会发展的大趋势，也是我国产业优化升级和实现工业化、现代化的关键环节"，"要把推进国民经济和社会信息化放在优先位置"。这是中国对于当代信息革命和信息化认识的一次飞跃。"以信息化带动工业化"，成为引领中国工业化、信息化、现代化建设的基本战略方针，对中国信息化的进程产生深远的影响。

2005年10月，党的十六届五中全会通过了《中共中央关于制定国民经济和社会发展第十一个五年规划的建议》，从多方面明确了"十一五"期间我国信息化建设的主要任务和方向。《建议》指出：要推进国民经济和社会信息化，切实走新型工业化道路，坚持节约发展、清洁发展、安全发展，实现可持续发展；要大力发展农村公用事业，发展远程教育和广播电视"村村通"，发展农村通信，继续完善农村电信网；加快发展先进制造业，要根据数字化、网络化、智能化总体趋势，大力发

---

① 周宏仁主编：《中国信息化形势分析与预测（2010）》，社会科学文献出版社2010年版，第3页。

展集成电路、软件等核心产业，重点培育数字化音视频、新一代移动通信、高性能计算机及网络设备等信息产业群；加强信息资源开发和共享，推进信息技术普及和应用；加强宽带通信网、数字电视网和下一代互联网等信息基础设施建设，推进“三网融合”，健全信息安全保障体系。

2005 年 11 月，国家信息化领导小组第五次会议审议并原则通过《国家信息化发展战略（2006—2020 年）》，这是对我国国家信息化战略思想的系统阐述，是我国现代化建设战略框架的重要组成部分。会议提出，实施我国信息化发展战略，要坚持以邓小平理论和“三个代表”重要思想为指导，贯彻落实科学发展观，坚持以信息化带动工业化，以工业化促进信息化，坚持以改革开放和科技创新为动力，大力推进信息化建设，充分发挥信息化在促进经济、政治、文化、社会和军事等领域发展的重要作用，不断提高国家信息化水平，走中国特色的信息化道路，促进我国经济社会又快又好地发展。会议强调，在制定和实施国家信息化发展战略中，要着力解决好以下问题：一是坚持服务现代化建设全局，推进国民经济和社会信息化。紧紧围绕调整经济结构和转变经济增长方式，推进国民经济信息化；紧紧围绕提高治国理政能力，推行电子政务；紧紧围绕维护国家安全，推进国防和军事信息化；紧紧围绕构建和谐社会，推进社会信息化。二是大力提高自主创新能力，推进创新型国家建设。努力提高原始创新、集成创新和引进消化吸收再创新能力，突破一批关键技术，掌握一批核心技术。三是加快深化改革步伐，推进体制机制创新。坚持以市场和社会需求为导向，以企业为主体，充分发挥市场机制在信息化发展中的重要作用；同时加强国家宏观引导和调控，促进信息化健康发展。四是夯实信息化基础，增强发展能力和服务功能。完善综合信息基础设施，开发利用全社会信息资源，提高信息产业素质和竞争力，加快制定技术标准，推进信息化法制建设。五是注重建设信息安全保障体系，实现信息化与信息安全协调发展。六是坚持搞好统筹协调，正确处理信息化发展中的各种重要关系。七是加强信息化人才队伍建设，提高国民信息能力。2006 年 5 月，中办、国办印发了《2006—2020 年国家信息化发展战略》，该文件的发布是我国信息化建设的一个里程碑，也是国家对信息化建设在国民经济和社会发展中地位的认识实现从高度重视到推进落实的历史性转折的重要标志。《战略》第一次明确提出了我国向信息社会迈进的宏伟目标："到2020年，我国信息化发展的战略目标是：综合信息基础设施基本普及，信息技术自主创新能力显著增强，信息产业结构全面优化，国家信息安全保障水平大幅提高，国民经济和社会信息化取得明显成效，新型工业化发展模式初步确立，国家信息化发展的制度环境和政策体系基本完善，国民信息技术应用能力显著提高，为迈向信息社会奠定坚实基础。"自20世纪90年代以来，全球信息化浪潮风起云涌，发达国家已经或正在进入信息社会。《战略》在描述我国信息化发展的战略目标时，也明确指出要"为迈向信息社会奠定坚实基础"。这预示着在之后的几年内，我国将逐步完成从工业社会向信息社会转变的奠基过程。《战略》是我国第一个信息化建设的系统纲领。从党的十五届五中全会到十六大再到十六届五中全会，国家提出"信息化是覆盖我国现代化建设全局的战略举措"，并进一步作出了以信息化带动工业化、以工业化促进信息化、走新型工业化道路的战略部署。这次发布的《战略》，是我国信息化建设的第一个系统化、纲领性"白皮书"，它提出了未来几年我国信息化发展的指导思想、战略目标、战略重点，并制定了推进信息化的战略行动计划和保障措施，充分体现了国家贯彻落实信息化战略的意志和决心。

2010年10月18日，中共中央《关于制定国民经济和社会发展第十二个五年规划的建议》提出了我国在"十二五"期间"全面提高信息化水平"的建议。随后十一届全国人大第四次会议通过的《中华人民共和国国民经济和社会发展第十二个五年规划纲要》中的第十三章"全面提高信息化水平"明确设定了3个努力方向：构建下一代信息基础设施、加快经济社会信息化、加强网络和信息安全保障。"全面提高信息化水平"是中国政府基于对全球信息化发展形势的认识和把握，从现阶段中国经济和信息化发展的实际出发，为接下来的5—10年中国信息化的发展设定的一个目标和方向，具有非常重要的意义。

随着全球信息技术的日新月异、信息应用的不断突破，全社会的各个领域都面临着加快信息化进程的形势，党的十八大报告把信息化摆在了更加突出的位置。报告有 18 处提及信息化、信息技术、信息网络、信息公开等关键词，充分体现了国民经济和社会信息化的影响，也反映了国家对信息化的重视。

首先是在“全面建成小康社会和全面深化改革开放”的总体目标中，把信息化作为“经济健康发展”的一个具体目标，提出“工业化基本实现，信息化水平大幅提升”。这是首次把信息化水平提升列入发展目标，对信息化发展而言具有战略意义，信息化工作有了具体努力的目标和方向。在“五位一体”的经济方面，“加快完善社会主义市场经济体制和加快转变经济发展方式”部分，明确提出“坚持走中国特色新型工业化、信息化、城镇化、农业现代化道路，推动信息化和工业化深度融合、工业化和城镇化良性互动、城镇化和农业现代化相互协调，促进工业化、信息化、城镇化、农业现代化同步发展”。从“新四化”的表述中，把信息化与工业化、城镇化和农业现代化并列，突出强调了信息化在经济发展中的重要战略地位，把它作为完善社会主义市场经济体制和转变经济发展方式的主要道路和主要发展方式。从互动关系看，信息化与工业化已经进入深度融合的阶段。在 2011 年五部委联合发布的《关于加快推进信息化与工业化深度融合的若干意见》中指出，两化深度融合的目标是：“到 2015 年，信息化与工业化深度融合取得重大突破，信息技术在企业生产经营和管理的主要领域、主要环节得到充分有效应用，业务流程优化再造和产业链协同能力显著增强，重点骨干企业实现向综合集成应用的转变，研发设计创新能力、生产集约化和管理现代化水平大幅度提升；生产性服务业领域信息技术应用进一步深化，信息技术集成应用水平成为领军企业核心竞争优势；支撑‘两化’深度融合的信息产业创新发展能力和服务水平明显提高，应用成本显著下降，信息化成为新型工业化的重要特征”，这就是深度融合的具体含义。在“进行经济结构战略性调整”子部分，提出建设下一代信息基础设施，发展现代信息技术产业体系，健全信息安全保障体系，推进信息网络技术广泛运用。这是信息化发展的实质性内容，包括了信息化发展的四个基本要素：下一代信息基础设施、现代信息技术产业、信息安全保障体系和信息网络技术运用，四个方面的发展构成了信息化的发展。在“五位一体”的政治方面，在“完善基层民主制度”子部分，提出“要健全基层党组织领导的充满活力的基层群众自治机制，以扩大有序参与、推进信息公开、加强议事协商、强化权力监督为重点，拓宽范围和途径，丰富内容和形式，保障人民享有更多更切实的民主权利。”强调了面向基层的信息公开。在“五位一体”的社会方面，“在改善民生和创新社会管理中加强社会建设”子部分，提出“提高社会管理科学化水平，必须加强社会管理法律、体制机制、能力、人才队伍和信息化建设。”这一提法，突出强调了在“加强和创新社会管理”领域进行信息化建设的必要性和重要性。在“加快推进国防和军队现代化”部分，多达7处提及信息化，军队信息化的重要性不言而喻。报告提出“按照国防和军队现代化建设‘三步走’战略构想，加紧完成机械化和信息化建设双重历史任务，力争到二〇二〇年基本实现机械化，信息化建设取得重大进展”，提出“高度关注海洋、太空、网络空间安全，积极运筹和平时期军事力量运用，不断拓展和深化军事斗争准备，提高以打赢信息化条件下局部战争能力为核心的完成多样化军事任务能力”，提出“坚定不移把信息化作为军队现代化建设发展方向，推动信息化建设加速发展。”“深入开展信息化条件下军事训练，增强基于信息系统的体系作战能力”。在“继续促进人类和平与发展的崇高事业”部分，提出“世界多极化、经济全球化深入发展，文化多样化、社会信息化持续推进”，对我国进入信息社会充满了期待和憧憬。

二　我国已经处于向信息社会过渡的加速转型期

改革开放以来，特别是近十年来，中国的信息化与中国的经济和社会发展一样，取得了举世瞩目的辉煌成就。总体而言，中国的信息化水平已经超过了世界平均水平，基本上达到了世界中等发达国家的水平；而在中国的一些经济发达的城市和地区，信息化的水平已经可以和发达国家的发达地区一较短长。[①] 特别是中国的信息化发展速度，据国际电信联盟（ITU）2009年3月发布的信息化发展指数研究报告指出，中国

① 周宏仁主编：《中国信息化形势分析与预测（2010）》，社会科学文献出版社2010年版，第3页。

是全球信息化发展指数增长最快的 10 个国家之一。2006—2008 年，中国信息化发展指数（IDI_{CN}）年均增长速度为 13.30%，居世界第五位，是世界平均增长水平的 2 倍。中国在信息化的可接入性和可使用性方面，是全球进步最快的国家。[①] 从全国发展水平来看（不包括港澳台地区，以下同），2008 年中国信息社会指数（ISI）超过 0.3，开始进入工业社会向信息社会的加速转型期。2000 年全国 ISI 指数为0.2215，信息社会发展还处于起步阶段，2000—2007 年年均增长仅为 4.1%。2008 年全国 ISI 指数首次突破 0.3，达到0.3327；从发展速度上看，2008 年以来 ISI 指数年均增长 12.6%，可见我国已经进入从工业社会向信息社会加速转型的历史时期。而上海、北京率先进入信息社会。[②]

（一）信息技术扩散总体进入加速期

按照罗杰斯的创新扩散理论，新技术的扩散总是一开始比较慢，然后当采用者达到一定数量（即“临界数量”）后，扩散过程会突然加快，直到系统中有可能采纳创新的人大部分都已采纳，到达饱和点，扩散速度又逐渐放慢，创新采纳者的数量随时间而呈现出“S”形的变化轨迹（即 S 曲线）。一般来讲，一项新技术在普及率达到 1%—20% 时将进入快速扩散期。[③] 按照这一理论，目前中国主要信息技术扩散已总体进入加速期。

互联网正处在快速扩张初期。中国互联网实现 1 亿用户规模用了 10 年左右的时间，到达时间点大约是在 2005 年 5 月。2006 年，中国互联网普及率首次突破 10%（实际为 10.5%）后，开始进入快速扩张期。2001—2006 年，互联网普及率每年增加 1—2 个百分点，而 2007 年之后每年都增加 5 个百分点以上。在加速发展的情况下，中国到 2007 年 1 月实现第 2 个亿级用户只用了 2.5 年的时间。2009 年 1 月、2010 年 3

① 周宏仁主编：《中国信息化形势分析与预测（2010）》，社会科学文献出版社 2010 年版，第 4 页。

② 《走进信息社会：中国信息社会发展报告 2010》课题组：《中国信息社会发展报告 2010》，《电子政务》2010 年第 8 期。

③ ［美］埃弗雷特·M. 罗杰斯：《创新的扩散》（第 4 版），中央编译出版社 2006 年版，第 20 页。

月分别越过 3 亿、4 亿用户台阶，用时均在 1.2 年左右。自 2008 年起中国开始成为名副其实的第一网民大国。2009 年底全国互联网用户达到 3.84 亿户，虽然普及率只有 29%，但已超过全球平均水平。而截至 2013 年 12 月，中国网民规模达 6.18 亿，全年共计新增网民5358万人。互联网普及率为 45.8%，较 2012 年底提升 3.7 个百分点。中国互联网的发展主题已经从“普及率提升”转换到“使用程度加深”，而近几年的政策和环境变化也对使用深度提供有力支持：首先，国家政策支持，2013 年国务院发布《关于促进信息消费扩大内需的若干意见》，说明了互联网在整体经济社会的地位；其次，互联网与传统经济结合愈加紧密，如购物、物流、支付乃至金融等方面均有良好应用；再次，互联网应用逐步改变人们生活形态，对人们日常生活中的衣食住行均有较大改变。①

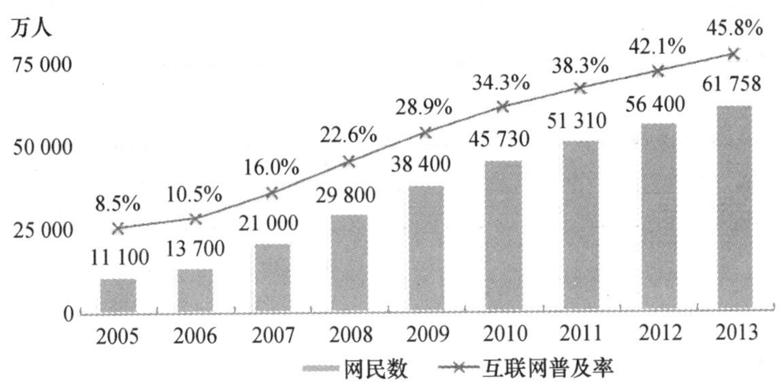

中国网民规模和互联网普及率

来源：CNNIC 中国互联网络发展状况统计调查 2013.12。

计算机应用进入快速扩张期，但城乡差别较大。城市居民家庭每百户计算机拥有量在 2001 年超过 10 台以后进入快速扩张期，2009 年接近 65.7 台，普及率不到 20%。相比之下农村家庭每百户计算机拥有量

① 《中国互联网络发展状况统计报告》（2014 年 1 月），http：//www.cnnic.net.cn/hlwfzyj/hlwxzbg/hlwtjbg/201401/P020140116395418429515.pdf，2014 年 2 月 10 日访问。

到2009年还只有7.5台，普及率只有2%左右，离到达快速扩张所需要的临界数量还有较大的距离。受农村影响，全国计算机普及率2008年仅为8.7%。而2012年，全国城乡居民家庭平均每百户计算机拥有量达到55.9台，比上年增加5.2台。全国居民家庭计算机保有量约为2.5亿台左右，比上年增加约2400万台，增长11%。2012年中国城市居民每百户家庭计算机拥有量达到87台，比上年增加5台。农村居民百户家庭计算机拥有量达到21.4台，比上年增加了3.4台。①

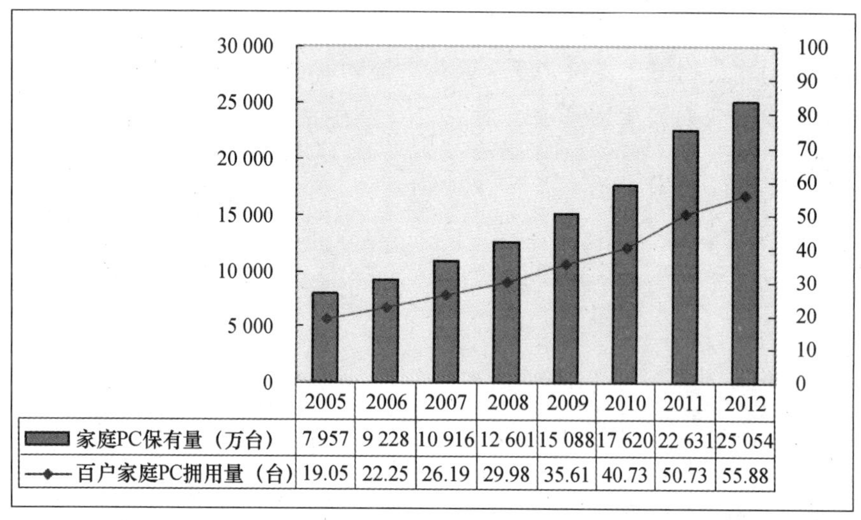

	2005	2006	2007	2008	2009	2010	2011	2012
家庭PC保有量（万台）	7 957	9 228	10 916	12 601	15 088	17 620	22 631	25 054
百户家庭PC拥用量（台）	19.05	22.25	26.19	29.98	35.61	40.73	50.73	55.88

2005—2012年中国百户家庭计算机拥有量

来源：国家信息中心《中国数字鸿沟研究》课题组：《中国数字鸿沟报告2013》。

移动电话正处在快速扩张期。与固定电话的低迷相比，移动电话的快速扩张可谓是如日中天。2001年首次突破1亿用户、普及率超过10%以后，中国移动电话开始快速扩张。此后大约每一年半就新增1亿用户，并在2003年首次超过固定电话用户。到2009年年底，中国移动

① 国家信息中心《中国数字鸿沟研究》课题组：《中国数字鸿沟报告2013》，http：//www.sic.gov.cn/archiver/SIC/UpFile/Files/Htmleditor/201402/20140219182509139.pdf，2014年2月10日访问。

电话用户达到 7.47 亿，一年新增用户数就超过了 1 亿，普及率达到 56%。2012 年移动电话继续保持全面快速增长势头。全国移动电话用户数达到 11.12 亿户，一年中增加了 1.26 亿户；移动电话普及率达到 82.6%，比上年增加了 9 个百分点。2009 年以来，中国移动电话新增用户已连续四年超过 1 亿户，每年新增用户分别达到10615、11162、12725、12591万户，表明中国移动电话正处在加速扩张期。2011 年全球移动电话用户超过 60 亿户，普及率约为 88%。这也说明中国移动电话应用水平还没有达到全球平均水平，仍有较大的发展空间。①

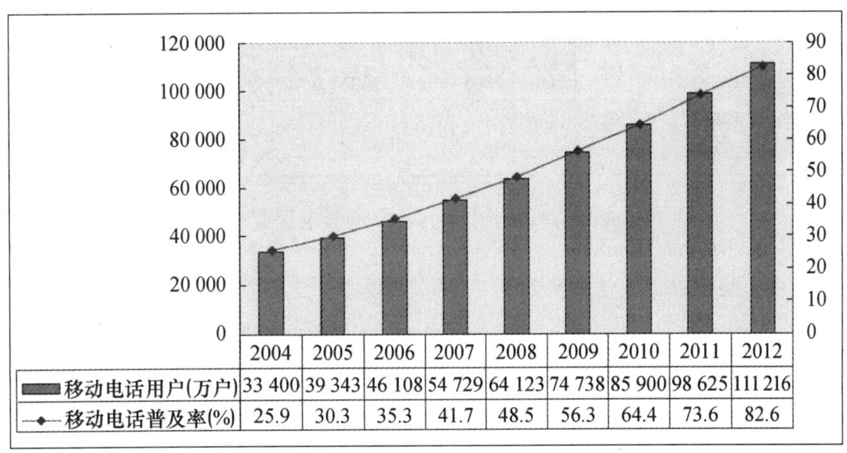

	2004	2005	2006	2007	2008	2009	2010	2011	2012
移动电话用户(万户)	33 400	39 343	46 108	54 729	64 123	74 738	85 900	98 625	111 216
移动电话普及率(%)	25.9	30.3	35.3	41.7	48.5	56.3	64.4	73.6	82.6

2004—2012 年中国移动电话用户数及普及率

来源：国家信息中心《中国数字鸿沟研究》课题组：《中国数字鸿沟报告 2013》。

此外，彩色电视机在中国家庭已基本普及，进入扩散后期。2012 年全国城乡居民家庭平均每百户拥有彩电 127 台，比上年增加 1.9 台。全国家庭彩电保有量为 5.59 亿台左右，约比上年增加1100万台。2012 年每百户农村居民家庭彩电拥有量增加近 1.3 台，城市增加了 1.9 台。

① 国家信息中心《中国数字鸿沟研究》课题组：《中国数字鸿沟报告 2013》，http：//www.sic.gov.cn/archiver/SIC/UpFile/Files/Htmleditor/201402/20140219182509139.pdf，2014 年 2 月 10 日访问。

数字有线电视入户率 2008 年超过 10% 后进入快速扩张期。

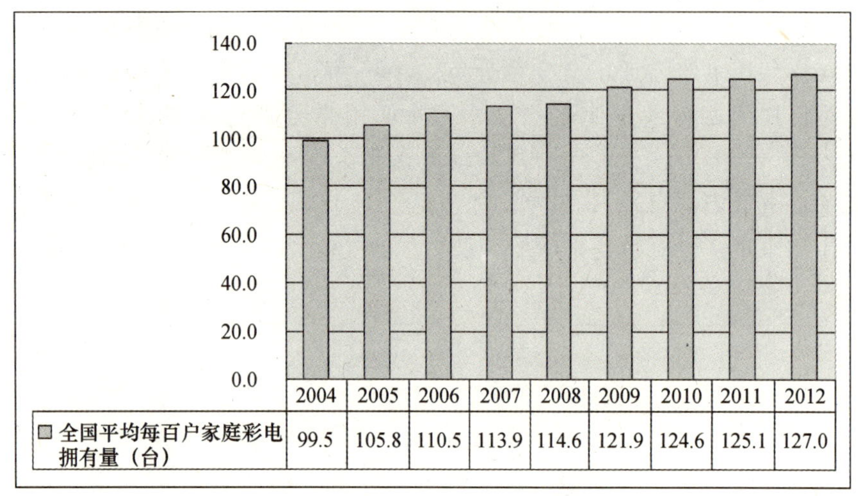

	2004	2005	2006	2007	2008	2009	2010	2011	2012
全国平均每百户家庭彩电拥有量（台）	99.5	105.8	110.5	113.9	114.6	121.9	124.6	125.1	127.0

2004—2012 年中国百户家庭彩电拥有量

来源：国家信息中心《中国数字鸿沟研究》课题组：《中国数字鸿沟报告 2013》。

（二）信息基础设施建设与应用实现跨越式发展

为适应全球信息化加速发展的形势，我国政府高度重视信息化建设并加大力度积极推进信息基础设施建设。特别是进入 21 世纪以来，信息基础设施建设方面更是取得了显著的进步，为应用的跨越式发展奠定了坚实的基础。

我国信息基础设施建设与应用跨越式发展主要体现在两个方面：一方面，时间上实现赶超，某些信息技术应用比其他国家用了更少的时间达到同样甚至更高的普及程度；另一方面，技术上实现赶超，某些信息基础设施直接应用国际上的先进技术，或者通过自主研发达到国际领先的技术。

1. 宽带基础设施实现跨越式发展

第一，近十年内我国光缆线路铺设增长近 7 倍。2009 年我国光缆线路长度 829 万千米（其中长途光缆线路长度 84 万千米），是 1999 年的 7. 3 倍，2011 年则达到1205万千米，比上年净增 210 万千米。

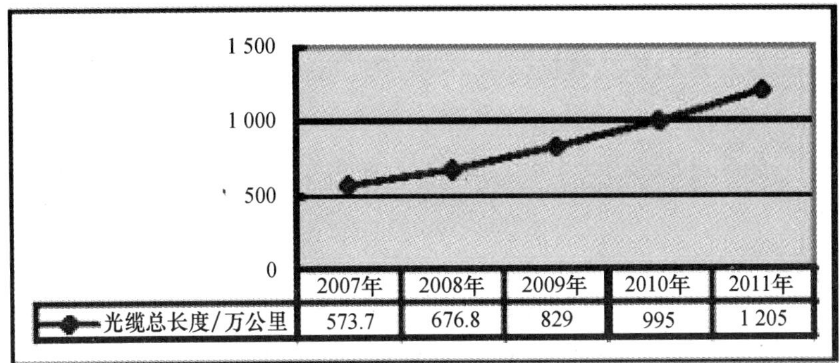

2007—2011 年中国光缆总长度情况表

来源：工业和信息化部。

第二，虽然宽带尚未普及，但已加快推进光纤到户。接入网络光纤化建设稳步推进，新增市场中光纤到用户端将逐步成为主流。新一代光纤、无线接入和数字电视技术加速部署，宽带服务能力进一步提高。截至 2009 年底，我国基础电信运营企业的宽带接入用户数达到 1.03 亿，其中 FTTx 用户达1900余万户，继续保持超过 20% 的增长率。2011 年，光纤入户网络覆盖家庭超过4500万户，固定互联网宽带接入端口净增4406万个，达到23166万个，同比增长 23.5%。使用 4M 及以上的宽带产品用户达 40%。全国固定互联网宽带接入用户已达 1.56 亿，互联网宽带接入普及率 11.7%，宽带接入普及水平已经超过全球平均水平。①

2. 3G 投资、建设加快，技术不断取得突破，4G 开始进行商业运营

首先，3G 的投资和建设加速推进。2009 年三家基础电信企业共完成 3G 网络建设直接投资1 609亿元，建设规模超过十多年来累计规模的一半。2011 年，基础电信业完成 3G 投资1206.4万，同比增长 14.2%，开创了全球电信发展史上建设规模最大、建设速度最快的新纪录。

其次，3G 信号覆盖面加大。目前，中国联通 WCDMA 网络已经覆

① 《中国信息年鉴》编辑部：《中国信息化发展综述 2012》，http：//www. cia. org. cn/subject/subject_ 12_ xxhzt_ 1_ 35. html，2014 年 2 月 10 日访问。

盖了我国335个大中城市，基本覆盖全国地市级以上城市（除西藏5个地市以外）。中国移动已经实现全国70%以上的TD-SCDMA网络覆盖，其中东部省份100%地市实现覆盖，基站总数超过10万个，核心指标接近2G水平。而截至2011年底，3G基站总规模达到81.5万个，同比增长31%，3G网络覆盖全国大部分地区。其中：中国电信EVDO网络覆盖全国全部城市和县城以及3.18万个乡镇，城市地区EVDO网络覆盖率达到99%；中国移动TD-SCDMA网络已实现全国所有地级市、县级市和县城以及部分经济发达乡镇的覆盖；中国联通重点完善了县城以上网络覆盖，着力提升了交通干线覆盖水平。①

从技术层面看，TD芯片性能快速提升，终端产业化能力增强。TD芯片工艺从2008年的130nm提升到90nm，65nm的解决方案即将推向市场，45nm方案开始研发；2009年TD芯片出货量达1 200万片。终端稳定性和成熟性进一步提升，已有130余个终端厂家266款不同档次的TD终端投入市场。基础设施的完善使得我国3G用户数实现快速增长。截至2009年底，联通3G用户数累计达274.2万户，中国移动的TD-SCDMA用户已破551万。

2013年12月4日，工信部向中国联通、中国电信、中国移动正式发放了第四代移动通信业务牌照，标志着中国电信产业正式进入了4G时代。4G网络将以更快的通信速度、更低的资费及对大数据量传输的承载力，在移动办公（如移动视频会议、移动OA系统）、移动电子商务（如移动仓储物流管理、供应链管理、移动客户关系管理）等方面具有广阔的应用前景，将会极大地促进企业移动信息化建设。

3. 移动电话对固定电话的替代效应明显

根据国际经验，移动电话的发展往往建立在固定电话高度普及的基础上。而我国在固定电话尚未得到充分普及的情况下，就实现了移动电话的飞速发展，并逐渐对固定电话形成了明显的替代效应。近年，与固定电话的低迷相比，我国移动电话的快速扩张可谓如日中天。

---

① 《中国信息年鉴》编辑部：《中国信息化发展综述2012》，http：//www.cia.org.cn/subject/subject_ 12_ xxhzt_ 1_ 35.html，2014年2月10日访问。

4. 互联网应用呈现宽带化、移动化

互联网应用方面的跨越发展主要表现在两个方面：一方面，宽带优先普及，互联网呈现宽带化趋势。在全国互联网普及率不到10%的情况下，使用宽带上网的网民就超过了50%。2005年我国宽带网民占比第一次突破50%，达到57%，此时全国网民普及率仅为8%；2008年在网民普及率达22.6%（略高于全球平均水平21.9%），而此时我国宽带网民的占比已经超过90%。另一方面，移动宽带优先渗透落后地区，网民呈现移动化特征。农村地区在互联网普及率极低的情况下，呈现出手机上网快速发展的态势。2009年手机上网在我国广大农村地区的渗透率高于城镇，截至2009年底，中国手机上网用户达到2.33亿，城镇手机上网用户1.6亿人，占城镇网民总体的58.3%。农村手机上网用户约为7189万人，占农村网民总体的67.3%。截至2013年12月，我国手机网民规模达5亿，较2012年底增加8009万人，网民中使用手机上网的人群占比由2012年底的74.5%提升至81.0%，手机网民规模继续保持稳定增长。①

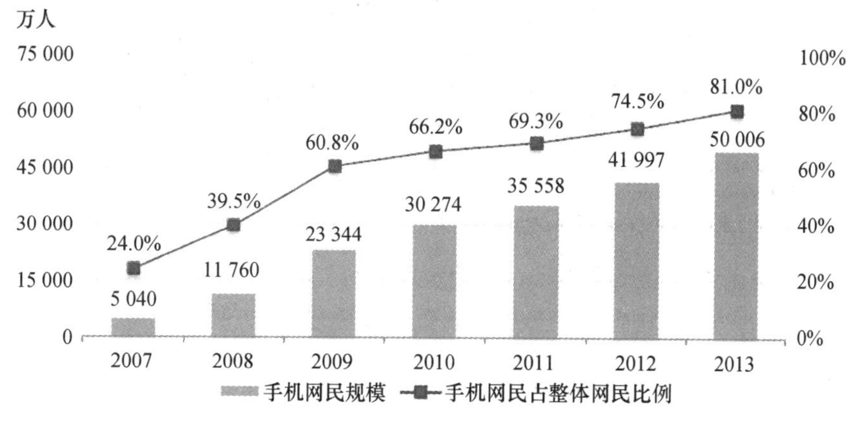

中国手机网民规模及其占网民比例

来源：CNNIC国互联网络发展状况统计调查2013.12。

① 《中国互联网络发展状况统计报告》（2014年1月），http：//www.cnnic.net.cn/hlwfzyj/hlwxzbg/hlwtjbg/201401/P020140116395418429515.pdf，2014年2月10日访问。

手机网民规模的持续增长，一方面，得益于3G的普及、无线网络的发展和智能手机的价格持续走低，为手机上网奠定了较好的使用基础，促进网民对各类手机应用的使用，尤其为网络接入、终端获取受限的人群提供接入互联网的可能。根据工信部公布的数据，2013年1月至10月，我国智能手机出货量达到3.48亿部，销量保持快速增长；2013年11月3G移动电话用户达3.86亿户，较上年同期增长1.54亿户。另一方面，得益于手机应用服务的多样性和深入性，尤其是新型即时通信工具和生活类应用的推动下，手机上网对日常生活的渗透进一步加大，在满足网民多元化生活需求的同时提升了手机网民的上网黏性。

在智能终端快速普及、电信运营商网络资费下调和Wi-Fi覆盖逐渐全面的情况下，手机上网成为互联网发展的主要动力，不仅推动了中国互联网的普及，更催生出更多新的应用模式，重构了传统行业的业务模式，带来互联网经济规模的迅猛增长。

2013年8月1日，国务院印发《“宽带中国”战略及实施方案》，强调加强战略引导和系统部署，推动我国宽带基础设施快速健康发展，加大光纤到户、农村宽带进入乡村、公益机构宽带接入力度。可以预见，未来基础网络设施建设还将继续加强，网络基础设施服务能力也将进一步提升，全方位多维度的网络接入支持将推动中国网民规模的持续增长和网络应用的普及深化，促进我国互联网的技术发展与应用创新。

（三）服务型政府建设开始起步

信息社会的发展对政府治理提出了新的要求，同时也为实现服务型政府的目标创造了条件。在信息社会中，服务型政府是充分利用现代信息技术实现社会管理和公共服务的新型政府治理模式。在现代技术的支撑下，服务型政府具有科学决策、公开透明、高效治理、互动参与等方面的特征。信息社会视角下的服务型政府测评就是要考察在信息社会中服务型政府的发展水平，特别是在科学决策、高效治理、公开透明、互动参与等方面的水平。在信息社会中的服务型政府，应该是公开透明的政府、行政高效的政府、决策科学和政治民主的政府。

在我国从工业社会向信息社会迈进的历史时期，发展电子政务是建设服务型政府的重要手段，也是当前建设服务型政府的重要内容，通过对电子政务的测评，可以在一定程度上反映我国服务型政府建设的总体状况。

按照信息社会服务型政府的四个基本特征，结合有效数据的可获得性，我们学者选择信息公开指数来反映公开透明的实现程度，用在线办事指数来反映高效治理的实现程度，用公众参与指数来反映科学决策和互动参与的实现程度。

测评结果表明，目前我国服务型政府建设开始起步，电子政务在信息公开、在线办事、公众参与等方面都取得了长足进步，有效推进了服务型政府建设的步伐。在信息公开方面，特别是2008年正式实施的《政府信息公开条例》对促进政府信息公开起到了重要作用，公众获取政府信息更为便捷，政府公开信息也更为及时。在参与测评的31个省市中，北京、海南、广东、天津、四川、宁夏、西藏等地指数得分呈逐年上升趋势。在线服务方面，政府在继续推进市场监管和社会管理类业务信息化建设的同时，加强了面向社会公众服务的业务系统建设，在线服务业务网络化、数字化比率明显提高。北京、上海在线办事水平仍居于领先水平，陕西、广东、海南、四川、湖南、福建等地进步显著。在公众参与方面，绝大多数省区市都开通了领导电子信箱和热线电话，很多政府网站设立了公众留言板，有些政府部门还开通了领导在线访谈，这些方式已经成为公众与政府部门直接沟通的重要手段。这些数据和实例表明，近年来我国电子政务建设取得了较大的成绩，在促进服务型政府建设方面发挥了积极的作用。

第二节　中国信息化法制建设的丰硕成果

综观全球信息化发展可以发现，国家信息化发展程度与信息化法律体系的建设程度有极其密切的关系。20世纪80年代以来，信息化发达国家在制定国家信息化战略时，都把制定和修改与信息化相适应的法律法规放在重要位置，并逐步建立起适应并推动信息化发展的法律体系。在我国，信息化法律法规建设与国家发展，尤其是与国家的法治建设进程同步的。在我国推进信息化建设的进程中，有关信息化的法律法规建设也取得了长足的进步。

一 我国信息化法律法规建设的两个阶段

学者把我国信息化法律法规建设划分为两个阶段：①

（一）1949—2001年的散在立法阶段

改革开放以前，由于国家法治建设受到多次冲击，信息化法律法规建设相对非常落后，缺少基本的法律规范，也没有系统概念的提出。

改革开放以后，我国政府开始认识到信息技术和信息化的重要意义。1978年的政府工作报告提出“加速发展集成电路和电子计算机的研究，并使它们广泛应用于各个方面”。在1986年制订“863”计划时，国家已经把信息技术列为重要课题，并开始了我国的信息化问题研究。1987年，我国成立了国家信息中心，在中心内部专门设立了政策研究所，重点研究有关信息法规和政策问题，并整理了《信息与信息技术立法文集》、《中国信息立法环境分析及立法探讨》、《信息化进程中立法框架建议》等内部资料。

1991年的政府工作报告提出“推动电子技术在国民经济和社会生活中的广泛应用”。1993年的政府工作报告提出“把电子信息等高新技术放到重要位置，提高投资强度，努力在各个领域广泛推广应用”。同年12月，国家经济信息化联席会议成立，邹家华副总理任主席。党和国家领导也相继提出了信息化建设的任务，启动了金卡、金桥、金关等重大信息化工程，提出了“信息化带动产业发展”的思路。正是在这一阶段，我国开始了信息法制建设的摸索和实践。

1996年1月，国家成立了国务院信息化工作领导小组，由20多个部委组成，时任国务院副总理邹家华任组长，确立了信息化在国民经济和社会发展中的重要地位，提出了信息化建设的方针和原则；制定了一系列促进信息化的政策和发展规划。1997年，国务院信息化领导小组办公室主办的“1997中国信息化法制建设研讨会”在北京召开。1999

① 周汉华、苏苗罕：《我国信息化法律法规建设六十年》，《电子政务》2009年第10期。

年 12 月，由国务院信息化领导小组办公室主办的以电子商务立法为主题的“第二届中国信息化法制建设研讨会”在北京召开，这是我国第一次就电子商务立法问题进行高层探讨。

这一时期，我国的信息化立法主要是停留在分散立法的阶段，主要是由国务院和各部门针对信息化发展中出现的一些突出问题通过制定法规和规章加以调整，而较少上升为法律来加以调整。

（二）2002 年至今的集中立法阶段

2000 年 10 月，党的十五届五中全会把信息化提到了国家战略的高度，指出“信息化是当今世界经济和社会发展的大趋势，也是我国产业优化升级和实现工业化、现代化的关键环节。要把推进国民经济和社会信息化放在优先位置”以及“大力推进国民经济和社会信息化，是覆盖现代化建设全局的战略举措。以信息化带动工业化，发挥后发优势，实现社会生产力的跨越式发展”。

为了实现党中央、国务院的这一战略决策，2001 年 8 月，国家信息化领导小组重新组建，时任国务院总理朱镕基任组长。时任国家副主席胡锦涛，副总理李岚清、吴邦国，中共中央宣传部部长丁关根均在该领导小组中担任副组长。2001 年 12 月，国家信息化工作领导小组召开第一次会议，提出了推进中国信息化建设须遵循的重要方针。

立法是全面推进信息化中的一个重要环节，是一项基础性工作。国家信息化领导小组在 2002 年制定的《关于我国电子政务建设指导意见》中明确提出要“加快建设电子政务法制建设，加快研究和制定电子签章、政府信息公开及网络与信息安全、电子政务项目管理等方面的行政法规和规章”。这也标志着我国的信息化立法进入了集中立法的阶段。《2006—2020 年国家信息化发展战略》再一次明确，将推进信息化法制建设作为一项重要任务加以明确，要求“加快推进信息化法制建设，妥善处理相关法律法规制定、修改、废止之间的关系，制定和完善信息基础设施、电子商务、电子政务、信息安全、政府信息公开、个人信息保护等方面的法律法规，创造信息化发展的良好法制环境。根据信息技术应用的需要，适时修订和完善了知识产权、未成年人保护、电子证据等方面的法律法规。加强信息化法制建设中的国际交流与合作，积极参与相关国际规则的研究和制定”。

二　我国信息化法律法规建设的主要成果

经过两个阶段的建设，我国信息化法规建设取得了丰硕的成果。从领域看，我国信息化法律法规建设主要涉及电子商务、电子政务、信息安全、政府信息公开、个人信息保护等领域；从规范形式看，既有全国人大及其常委会制定、修改的法律，也有国务院制定的行政法规，但是最大量的是国务院各部委制定的行政规章；从地域看，既有适用全国范围的中央统一立法，也有各地方人大、政府制定的仅适用于该地域的地方性法规、规章。

（一）电子商务

我国政府高度重视电子商务的立法工作。1998 年 11 月 18 日，时任国家主席江泽民在吉隆坡举行的亚太经合组织领导人非正式会议上指出，电子商务代表着未来贸易方式的发展方向，其应用推广将给各成员带来更多的贸易机会。在发展电子商务方面，我们不仅重视私营、工商部门的推动作用，同时也应加强政府部门对发展电子商务的宏观规划和指导，并为电子商务的发展提供良好的法律环境。

1999 年修订的《合同法》在合同形式方面大胆吸收了数据电文形式，并将之视同书面合同，从而为电子合同的推广应用以及为今后的电子商务立法奠定了基础。《合同法》第 11 条明确了数据电文可以作为书面合同的形式，第 16 条和第 34 条分别规定了采用数据电文形式订立合同的成立时间和地点。2000 年修订的《海关法》和 2001 年修订的《税收征收管理法》也分别明确了电子数据报关单和数据电文报税的效力。

在电子商务的发展过程中，首先遇到的法律障碍是数据电文和电子签名在法律上的效力问题。在计算机和网络出现以前，人类的意思表达主要是通过口头、书面和音像形式。其中，书面形式因为具有易于保留、查证，简便易行等优点，在法律上被作为人类意思表达的首选法定形式。但是，法律中所存在的大量关于书面形式的规定和要求，包括对签名和盖章的要求，与数据电文形式冲突，客观上对使用信息技术构成了阻碍。

2004 年 8 月 28 日，全国人大常委会通过了《电子签名法》，这是我国电子商务和信息化领域的第一部专门法律。该法重点解决了 4 个方面的问题：确立数据电文和电子签名的法律效力，赋予可靠电子签名与手写签名或盖章具有同等的法律效力；规范了电子签名的行为；明确认证机构的法律地位及认证程序；规定电子签名的安全保障措施。该法还解决了电子记录的证据规则问题，并明确了电子认证服务的市场准入制度，为我国电子商务安全认证体系和国家网络信任体系的建立奠定了重要基础。

作为《电子签名法》的重要配套规章，原信息产业部于 2005 年 2 月 8 日制定了《电子认证服务管理办法》，规定了电子认证服务许可证的发放和管理、电子认证服务行为规范、暂行或者终止电子认证服务的处置、电子签名认证证书的格式和安全保障措施、监督管理和对违法行为的处罚等内容，为电子认证服务业的发展创造了良好的法律环境。

与此同时，国家密码管理局也于 2005 年 3 月 31 日制定了《电子认证服务密码管理办法》，规定了面向社会公众提供电子认证服务应使用商用密码，明确了电子认证服务提供者申请“国家密码管理机构同意使用密码的证明文件”的条件和程序，同时也对电子认证服务系统的运行和技术改造等作出了相应规定。

电子支付是电子商务的重要一环，它直接关系到电子商务的顺利发展。针对网络银行被盗的频繁发生，2005 年 10 月 26 日，中国人民银行出台了《电子支付指引（第一号）》，全面针对电子支付中的业务规则、操作规范、交易认证方式、风险控制、参与各方的权利义务等进行规定，对防范支付风险、维护电子支付交易参与者的合法权益、确保银行和客户资金的安全等起到了积极作用。

证券交易是中国电子商务发展最典型的代表。早在 2000 年 4 月，中国证券业监督管理委员会就发布实施了《网上证券委托暂行管理办法》。

在电子商务立法方面，地方立法也发挥了积极的作用。2004 年 11 月，广东省出台了第一部地方性的电子商务法规《广东省电子商务交易条例》。它的调整对象除了电子签名、电子记录和认证服务外，还包括了《电子签名法》所没有的电子交易服务提供商。

（二）政府信息公开

2007年1月17日，国务院第165次常务会议通过《政府信息公开条例》，自2008年5月1日起施行。《条例》的制定是我国信息化法制建设的一件大事，在我国法治建设的历史上也具有重要的意义。《条例》在我国第一次系统建立了规范的、可操作的政府信息公开制度，并通过行政复议、行政诉讼机制的引入，确立了知情权的法律地位和公开是原则、不公开是例外的基本原则。

在《条例》制定之前，地方立法应该说起到了重要的先行先试作用，为《条例》的制定和实施积累了经验。除港澳台地区外，全国共有22个省、5个自治区、4个直辖市、22个省会城市、5个自治区首府城市、18个较大的市、4个经济特区市总共80个地方政府有权制定地方性法规或地方政府规章。在《条例》制定前，截至2006年11月15日，共有34个地方政府专门制定了信息公开地方性法规或规章，占总比42.5%。

从时间维度看，2001年立法的只有福建省；2002年立法的有广州市；2003年立法的有汕头、哈尔滨、太原3市；2004年立法的有上海、重庆、湖北、吉林、武汉、杭州、成都、宁波、济南、长春、昆明、大同、鞍山13个省市；2005年立法的有北京、广东、河北、辽宁、黑龙江、陕西、海南、苏州、郑州、海口、贵阳、乌鲁木齐12个省市；2006年立法的有江苏、四川、深圳、本溪4个省市。这些数据表明2004年和2005年是我国地方政府立法的高潮阶段，共有25个省市制定了地方规定，较快地推动了政府信息公开制度的发展，为《条例》的出台提供了宝贵的经验。

《条例》公布两年来，地方规定的修改（制定）情况大致如下：①一些过去没有地方规定的又陆续制定了地方规定，如南京市、天津市和甘肃省都制定了信息公开方面的地方规定，而大连市制定了依申请公开的专门政府规章。但是，应该说这样的地方数量不是太多，绝大多数过去没有制定地方规定的在《条例》公布之后仍然维持了过去的格局，至今都没有制定相应的地方规定。②一些过去已经制定了地方规定的对原规定依据《条例》进行了相应的修订，如陕西、河北、上海、辽宁、宁波、杭州和成都均修订了原地方规定，广州修订了依申请公开信息办法。但是，这样的地方仍然是少数，大部分过去已经制定了地方规定的都还没有来得及根据《条例》对原规定进行及时的修订。③由于国务院办公厅的重视和大力推动，几乎所有地方均制定了信息公开具体配套制度方面的其他规范性文件，涉及诸如领导体制、保密审查、社会评价、纪律制裁、年报编制、统计分析、人员培训等范围广泛的问题。尽管这样的规范性文件数量庞大，数以百计，但是，由于它们不具有地方政府规章的法律地位，仍不能被统计在地方立法的范畴之内。

（三）个人信息保护

自20世纪90年代末开始，尤其是进入新世纪以来，由于信息化的迅猛发展与权利观念的进一步提升，首先从信息化和消费者权利保护这两个领域的地方立法开始，逐步出现了个人信息概念，并于21世纪初率先在两部法律中得以采用。这一时期，不但出现了新的概念，更重要的变化在于：（1）相比于边界模糊、主要依靠传统民事侵权法予以保护的隐私权，个人信息概念更为中性，其覆盖范围远远超出传统的民事侵权法所能覆盖的范围。比如，对于不当采集、使用、披露、交换或者传播个人姓名、住址、电话、职业、学历等客观个人信息的行为，很难用传统的侵权法认定为是侵权行为并加以追究，而采用个人信息保护法则容易得多。这样，采用个人信息概念，其保护的范围就比隐私权的范围要大，边界相对也更为明确，由此实现了权利边界的扩张。（2）由于个人信息保护超出了传统的隐私权侵权民法保护的范畴，因此，对个人信息的保护手段除了传统的两种方式以外，又增加了政府的监管责任和行政法保护方式，这样，就从传统的事后保护向事前、事中、事后并重的多阶段、全过程保护迈出了一大步。

（四）信息安全

信息安全环境是事关信息化成败至关重要的因素，它不仅关系到国家安全、企业经济安全和个人信息安全，更决定着人们对开展信息化的信心。20世纪80年代初，公安部成立计算机安全监察机构的同时，就已着手制定有关计算机安全方面的法规。

1988 年 9 月，全国人大常委会通过的《保守国家秘密法》第二章首次对电子信息保密做出了规范。1989 年，公安部制定了《计算机病毒控制规定（草案)》，开始推行“计算机病毒研究和销售许可证”制度。

1994 年 2 月 18 日，国务院发布了《计算机信息系统安全保护条例》，为保护计算机信息系统的安全提供了法律保障，这是我国专门针对信息网络安全问题制定的首部行政法规。这部条例明确对计算机信息系统实行等级保护，同时规定对信息安全产品，如杀毒软件、防火墙、入侵检测软件等，实行销售许可制度。为了实施这一制度，公安部于 1997 年制定了《计算机信息系统安全专用产品检测和销售许可证管理办法》。2000 年 4 月 26 日，公安部又根据该条例出台了《计算机病毒防治管理办法》，详细规定计算机病毒防治产品的生产、销售许可、病毒的检测与清除等工作。

针对计算机国际联网给信息安全带来的新问题，国务院于 1997 年 12 月出台了《计算机信息网络国际联网安全保护管理办法》，国家保密局又在此基础上于 2000 年 1 月制定了《计算机信息系统国际联网保密管理规定》。

在信息安全保护工作中，密码是最古老和最常用的手段。以加密算法为基础，以密码管理为核心的信息安全产品，已经成为商用信息系统保护信息安全的基本手段。为此，国务院于 1999 年 10 月出台的《商用密码管理条例》明确规定，对商用密码产品实行专控管理。商用密码的研究和生产都须由指定的单位承担，销售商用密码产品实行行政许可制度，任何单位和个人只能使用国家指定的商用密码产品。

随着网络的普及，针对计算机系统的犯罪也日益增多。为了遏制这类犯罪，保护计算机系统的信息安全，1997 年 3 月修订的《刑法》在第 285 条、第 286 条对侵入计算机系统和破坏计算机系统的行为做出了专门的处罚规定。

国家信息化领导小组办公室成立之后，建立了一整套信息安全的组织保障体系，专门成立了网络与信息安全领导小组，成员有原信息产业部、公安部、国家保密局、国家密码管理委员会、国家安全部等强力部门，各省、市、自治区也设立了相应的管理机构。这一机构的设置为继续加强信息安全法律法规建设提供了有利的条件。

2003 年 7 月，国家信息化领导小组第二次会议上专题讨论并通过了《关于加强信息安全保障工作的意见》，同年 9 月，中央办公厅、国务院办公厅转发了《国家信息化领导小组关于加强信息安全保障工作的意见》（中办发［2003］27 号文件）。27 号文件第一次把信息安全提到了促进经济发展、维护社会稳定、保障国家安全、加强精神文明建设的高度，并提出了“积极防御、综合防范”的信息安全管理方针。

为了贯彻《计算机系统信息安全保护条例》中所提出的等级保护制度，2004 年公安部联合国家保密局、国家密码管理局、国务院信息化工作办公室发布《关于信息安全等级保护工作的实施意见》，对信息安全等级保护的基本制度框架进行了规划。2006 年上述部门联合发布了《信息安全等级保护管理办法（试行）》，开始具体构建信息安全等级保护制度。这些法律文件构成了我国信息安全等级保护的基本法律框架。

为加强和规范互联网安全技术防范工作，保障互联网网络安全和信息安全，2005 年 12 月，公安部出台了《互联网安全保护技术措施规定》，详细规定了互联网服务提供者和互联网使用单位落实相关互联网安全保护技术措施的义务。

2005 年，国家信息化领导小组还对信息安全相关法规、规章，特别是各类政策性文件进行了深化梳理，并组织有关部门和法学研究机构对 12 个相关专题进行研究，起草了《信息安全条例（草案）》。可以说，信息安全立法仍将是今后信息化立法工作的重点。

（五）电子政务

从广义上讲，凡是与电子或者政务相关的立法，均可以称之为电子政务立法。由于我国的特殊国情，行政权的作用一直很大，一般估计我国 80% 的法律都需要由行政机关负责执行。因此，我国与电子或政务相关立法的数量众多，涉及面非常广。例如，通过自动搜索北大法律数据库“法律法规”库（截止时间为 2008 年 5 月 1 日），名称中带有“行政”概念的法律规范有 104 部，行政法规有 230 部，部委规章有

3599部，地方法规有11947部。名称中带有“处罚”概念的法律规范有10部，行政法规有13部，部委规章有873部，地方法规有1354部。至于法律条文中涉及这些概念的规定更是数以万计。相比之下，名称中带有“电子”概念的法律规范只有1部，行政法规只有2部。名称中带有“信息化”或者“电子政务”概念的法律或者行政法规至今还没有。因此，通常意义上所讲的“重电子、轻政务”需要严格界定使用条件。在电子政务相关立法中，目前的情况可以说是“政务方面的法律已经基本具备，电子方面的法律严重缺乏”。

采用广义电子政务立法概念，最大的问题是无法准确反映电子政务立法的发展现状，尤其在我国，很容易把与信息通讯技术无关的立法都纳入到电子政务立法范围，无法为电子政务立法指明下一步发展方向。因此，此处采用狭义的电子政务立法概念，即规则制定机关为回应信息通讯技术而进行的专门立法活动，主要是指电子政务、信息安全、互联网、信息公开、信息共享、电子签名、电子商务等主要领域的立法。

到目前为止，我国仍没有一部法律或者行政法规专门系统地规定电子政务。并且明确提到“电子政务”概念的法律文件只有一部，即《行政许可法》第33条。国务院也仅仅只在11个行政法规类文件中提到过“电子政务”概念。可以看到，现行电子政务的规定大多属于部委规章或者地方立法，效力层级比较低，不利于树立电子政务的法律权威。

不仅如此，我国在信息共享、信息化、征信管理、办公自动化、个人信息保护与信息安全等领域至今也都没有法律或者行政法规层级的法律规范。目前，在电子政务领域高层级的专门法律规范只有《电子签名法》、《全国人大常委会关于维护互联网安全的决定》、《全国人大常委会关于加强网络信息保护的决定》、《政府信息公开条例》、《互联网上网服务营业场所管理条例》、《互联网信息服务管理办法》、《信息网络传播权保护条例》、《征信业管理条例》、《计算机信息网络国际联网管理暂行规定》、《国务院办公厅关于加快电子商务发展的若干意见》等非常有限的几个法律文件。

相反，地方电子政务立法不但数量多，涉及不同层级的地方多（既包括省级，也包括地市级），覆盖的领域也非常广泛（既包括诸如电子政务管理办法这样的一般规定，也包括诸如信息安全、绩效考核、标准化体系等具体规定）。除了专门规定电子政务的立法之外，在与电子政务直接相关的一些具体问题（如征信管理、信息公开）的立法上，地方立法也比中央立法更为活跃。中央立法与地方立法的对比说明，我国电子政务立法目前主要集中在地方层面。

（六）互联网治理

我国于 1994 年 4 月正式与 Internet 联网，1995 年 5 月向社会开放网络接入和提供全面服务。

1996 年 2 月 1 日，国务院发布《计算机信息网络国际联网管理暂行规定》，提出了对国际联网实行统筹规划、统一标准、分级管理、促进发展的原则。1997 年 5 月 20 日，国务院对这一规定进行了修订，对设立了国际联网的主管部门，增加了经营许可证制度。这一规定是规范我国互联网国际联网和接入服务最主要的法律性文件。

1997 年 6 月 3 日，国务院信息化工作领导小组主持设立了中国互联网络信息中心。为了保护合法域名，防止恶意抢注，我国于 1997 年 6 月 2 日发布了《中国互联网络域名注册暂行管理办法》和《中国互联网络域名注册实施细则》。1997 年 12 月 8 日，国务院信息化工作领导小组又制定了《计算机信息网络国际联网管理暂行规定实施办法》，详细规定了国际互联网管理的具体办法。

2000 年 10 月 8 日，信息产业部发布了《互联网电子公告服务管理规定》，要求从事互联网信息服务，拟开展电子公告服务的，应当在向省、自治区、直辖市电信管理机构或者信息产业部申请经营性互联网信息服务许可或者办理非经营性互联网信息服务备案时，提出专项申请或者专项备案。2000 年 11 月 7 日，国务院新闻办公室和信息产业部联合发布了《互联网站从事登载新闻业务管理暂行办法》。国务院 2000 年出台的《互联网信息服务管理办法》第 15 条分别规定了“互联网信息服务提供者不得制作、复制、发布、传播”的 9 类禁止性信息。《互联网信息服务管理办法》还明确了对内容的分类管理，强化了多头管理的体制，要求新闻、出版、教育、卫生、药品监督管理、工商行政管理和公安、国家安全等有关行政主管部门在各自的职责范围内对互联网信息内容实施监督管理。

针对互联网中某些涉及民生的专业信息，有关主管部门也制定了专门的管理办法，如2001年1月8日，卫生部发布了《互联网医疗卫生信息服务管理办法》。对于药品的注册管理，国家药品监督管理局于2001年1月11日发布了《互联网药品信息服务管理暂行规定》，该规定要求从事互联网药品信息服务，除了应当符合《互联网信息服务管理办法》规定的要求外，还要符合专业性要求。

自我国正式接入国际互联网络并向社会开放网络接入和提供全面服务后，美国Real Networks公司率先开发出Real audio/video streaming技术，使得在互联网上开展视听节目服务成为现实。随着互联网等信息网络传播视听服务的迅速发展，如何有效地对信息网络传播视听服务进行管理，成为政府亟须解决的一项重要的课题。

为了规范信息网络传播视听节目服务，国家广播电影电视总局于1999年10月1日发布了《关于加强通过信息网络向公众传播广播电影电视类节目管理的通告》。该通告把包括电台、电视台在内的各种传播视听节目的网络都纳入信息网络的范围之中。2000年4月7日，国家广播电影电视总局发布《信息网络传播广播电影电视类节目监督管理暂行办法》，对信息网络传播视听节目的各种传播形式、传播介质、传播程序和网络类型都进行了具体规定。

2000年12月28日通过的《全国人大常委会关于维护互联网安全的决定》，标志着我国以法律规范网络的开始。该决定的内容以刑事处罚为主，对违反互联网运行安全、利用互联网实施危害国家安全和社会稳定，或者破坏社会主义市场经济秩序和社会管理秩序的行为追究刑事责任。但是，该决定也同时要求各级人民政府及有关部门“要采取积极措施，在促进互联网的应用和网络技术的普及过程中，重视和支持对网络安全技术的研究和开发，增强网络的安全防护能力”，这为而后的互联网治理和信息立法提供了法律依据。

2000年后，随着电信业重组、互联网逐渐由Web 1.0向2.0发展、网络接入费用的降低以及网民数量的飞速增长，网站数量和服务种类也迅速增多。在网站服务的管理上，国家采取了分类管理的办法，将网站分为经营性和非经营性网站，前者实行许可制度，后者实行备案制度。2000年9月25日，国务院发布《互联网信息服务管理办法》规定，从事经营性互联网信息服务，应当向省、自治区、直辖市电信管理机构或者国务院信息产业主管部门申请办理互联网信息服务增值电信业务经营许可证。2005 年 2 月 8 日信息产业部发布的《非经营性互联网信息服务备案管理办法》详细规定了通信管理部门对非经营性互联网信息服务的网站进行备案的程序和要求。

随着网络的普及，域名作为一种无形资产的重要性也日益突出。围绕域名的注册和使用的纠纷也日益增多，针对这一问题，2001 年 7 月 17 日，最高人民法院出台了《关于审理涉及计算机网络域名民事纠纷案件适用法律若干问题的解释》，对于域名纠纷处理做了明确的规定。此后，为了规范中国互联网络域名系统管理和域名注册服务，信息产业部 2002 年 8 月 1 日出台了《中国互联网络域名管理办法》，2004 年 11 月再次修订和公布了该办法。该办法主要是为了规范在中国境内从事域名注册服务及相关活动，同时对域名内容本身作了规定。

2005 年 2 月 8 日，原信息产业部发布了《互联网 IP 地址备案管理办法》，规定信息产业部统一建设并管理全国的互联网 IP 地址数据库。随后，同年 10 月 25 日，信产部再次发布《互联网站管理工作细则》，对网站的备案管理进行了详尽的规定。

新闻信息服务类网站是网络新闻传播的重要阵地，也是网络传播管理的重点。2005 年 9 月 25 日，国务院新闻办公室、信息产业部联合发布《互联网新闻信息服务管理规定》，对互联网新闻信息服务活动进行了规范，以利于促进互联网新闻信息服务健康、有序地发展。我国已经成为全球第二大垃圾邮件发送国。针对垃圾邮件盛行的问题，信息产业部制定了《互联网电子邮件服务管理办法》，并于 2006 年 3 月 30 日起实施，对垃圾邮件的定义、邮件的发送规则和发送垃圾邮件的法律责任都作了明确规定。

针对我国《著作权法》中没有直接规定如何保护网络数字化作品的缺陷，最高人民法院于 2000 年 11 月 22 日出台了《关于审理涉及计算机网络著作权纠纷案件适用法律若干问题的解释》，明确规定了侵权纠纷的属地管辖、数字化形式的作品受《著作权法》保护、网络数字化作品的侵权行为以及网络服务提供者的权利、义务和法律责任。该司法解释得到法律界人士的广泛好评。

2001年，《著作权法》修订时将作品在网络上传播确立为作品著作权人的一项独立权利。2005年4月30日，信息产业部和国家版权局联合颁布了《互联网著作权行政保护办法》。2006年，国务院出台了《信息网络传播权保护条例》。这些法规和规章解决了互联网信息服务提供商的著作权侵权责任及其限制问题，完善了互联网环境下著作权保护制度，加强了信息网络传播权的行政保护。

为规范信息网络传播视听节目秩序，加强信息网络传播视听节目的监督管理，2003年1月7日，广电总局发布了《互联网等信息网络传播视听节目管理办法》。该办法主要规定了在互联网等信息网络中开办各种视听节目栏目的具体条件、主管部门、许可证申请等内容。2004年7月6日，广电总局修订并重新发布了该管理办法。办法中对信息网络传播视听节目的技术形态、接收终端、网络类型、服务种类都进行了具体的说明，对信息网络传播视听节目的内涵进行了更明确的界定。2008年发布的《互联网视听节目服务管理规定》更是将"播客"的上传服务也纳入政府的管理范围。

2004年9月6日，最高人民法院和最高人民检察院出台的《关于办理利用互联网、移动通信终端、声讯台制作、复制、出版、贩卖、传播淫秽电子信息刑事案件具体应用法律若干问题的解释》开始施行。这一司法解释对利用互联网、移动通讯终端制作、复制、出版、贩卖、传播淫秽电子信息的行为在何种情况下适用何种具体罪名作了明确规定。

第三节　中国公司法因应企业信息化的现实困境

一　我国企业信息化建设的现状分析

（一）企业信息化的界定

我国国家信息化办公室对企业信息化下的定义，企业信息化是指企业在生产和经营、管理和决策、研究和开发、市场和销售等各个方面全面应用信息技术、建设应用系统和网络，通过对信息和知识资源的有效开发利用，调整或重构企业组织结构和业务模式，服务企业发展目标，提高企业竞争力的过程。国家信息化测评中心认为，信息化是从传统生产方式向现代生产方式根本性转变的过程，即是信息技术从业务应用向业务核心渗透的过程，是从传统管理向现代管理转变的过程，是基础设施重建、技术应用、结构调整、资源拓展、管理再造和制度创新向信息化转变的过程，是提高经济主体活力，提高企业效益和竞争力，最终在国民经济中实现人的现代化转变的过程。

有学者认为，所谓企业信息化是指以企业战略竞优、提高效益和效率为目的，将信息技术和信息观念全面渗透到企业过程中，充分开发利用企业内外部信息资源，并以此为手段进一步开发和有效利用人力、物力、财力等资源的过程。①

尽管各种定义有所不同，角度不一，但从其目的、功能等来看均有以下本质的共同点：（1）基本目的相同：提高企业全环节的电子化、数字化程度，实现企业生产过程自动化、管理方式网络化、决策支持智能化、商务运营电子化，从而增加企业经济收益，增强企业核心竞争力；（2）手段基本一致：均强调在计算机网络技术的基础上进行信息化；（3）涉及范围：企业的所有部门、流程和业务，以及企业价值链上的所有利益相关者；（4）企业信息化是一个过程，是企业从传统生产方式向现代生产方式根本性转变的过程，是企业从信息化战略、规划到采购、实施再到测评、二次开发和人才培养等一个系统的过程。②

（二）我国企业信息化水平发展迅速

由于信息技术的广泛应用，智能化设备的广泛普及，政府、企业组织结构进行了重组，行为模式发生新的变化，在世界范围内的企业，越来越多地在生产经营中使用电子信息手段，以至于有学者将此称为“企业 E 化”，在方式上“从最初的联机上网进步到各种的网络

---

① 刘晓松等：《中小企业信息化评价指标体系的构建》，《江苏大学学报（社科版）》2002 年第 3 期。

② 陈守龙、刘现伟：《企业信息化内涵及其相关概念辨析》，《社会科学家》2008 年第 1 期。

应用”。[①] 甚至有人说，若企业没有信息化，将不能称之为企业。根据2008年度中国企业信息化500强调查报告，中国信息化500强企业中，34.5%的企业整体信息化水平达到中等发达国家水平，6.4%的企业居于国际领先水平。[②] 特别是近几年来，我国企业信息化水平得到极大的提高。

1. 我国企业信息化发展的现实状况

(1) 我国企业IT投入量增长速度极快

2011年，我国企业信息化建设支出总额为4022亿元，相比于2004年的1827.5亿元，年平均增长率在10%以上。就具体的年份来看，除了2008、2009年受金融危机的影响，我国企业由于整体绩效的下降而导致IT投入减少，IT支出增长低于10%之外，其余年份都保持了10%以上的增长速度，2011年的增长率基本恢复到了金融危机前的水平，达到15.7%。

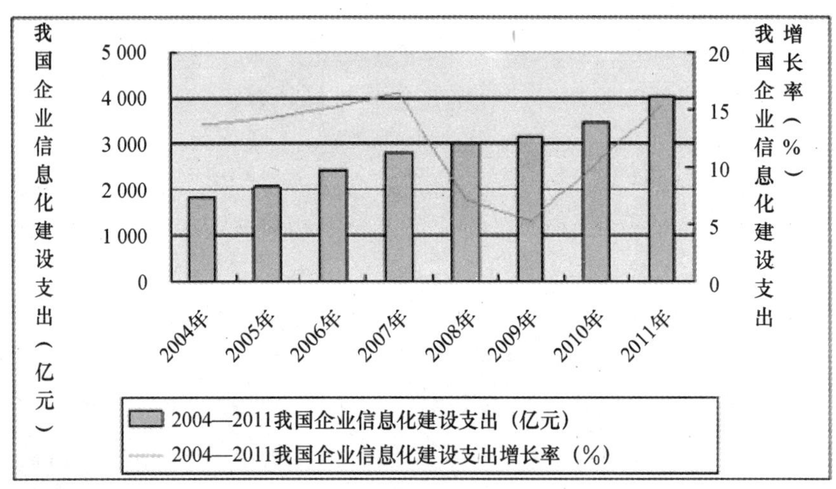

2004—2011年我国企业信息化支出情况

来源：根据计世资讯《2011中国信息化建设调查报告》相关数据整理。

① 冯震宇：《企业E化的新挑战——企业权益与员工隐私权保护的两难与调和》，《月旦法学》第85期。

② CECA国家信息化测评中心：《2008年度中国企业信息化500强调查报告》，《中国经济周刊》2009年第12期。

此外，就我国企业在信息化过程中比较有代表性的制造企业而言，2011年信息化建设整体支出达到619亿元，较2010年的529.2亿元增长16.9%，其2004—2011年的信息化建设支出走势跟我国企业的整体情况大致相同。相较于2011年我国GDP 9.2%的增长率，企业信息化支出增长率，无论是整体企业的15.7%，还是制造企业的16.9%，都高出了6个百分点，可以说，我国企业信息化建设支出增长极快。

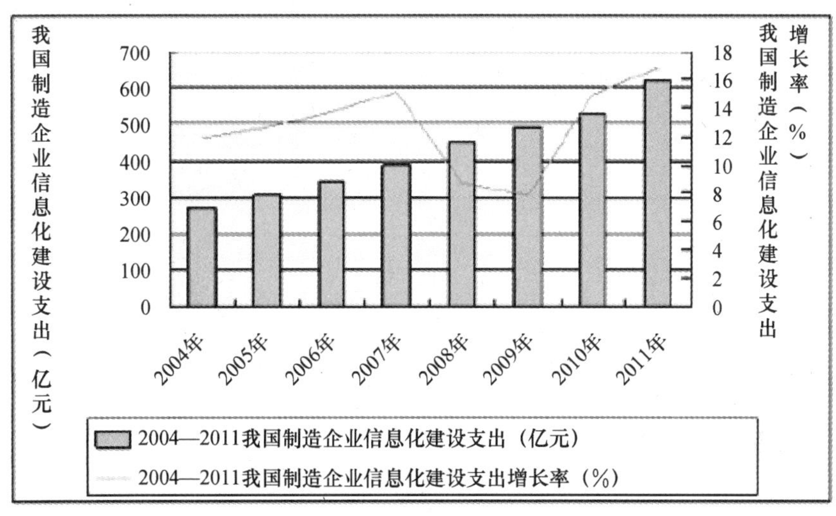

2004—2011年我国制造企业信息化支出情况

来源：根据计世资讯《2011中国信息化建设调查报告》相关数据整理。

（2）企业IT应用迅速拓展深化，从内向外逐步延伸

在当前的商业背景下，企业必须始终以市场和客户为中心，提高对它们的响应能力，以更低的成本、更快的速度，生产出质量更好、更符合市场需求的新产品，才能实现企业更好地生存和发展。为了达到这一目标，需要企业广泛采用各种先进的信息技术，支持企业间电子数据交换、电子商务活动、数据共享和流程协作等，深化和拓展IT应用范围。这也促使企业在IT应用方面从注重企业内部的角度逐步向外延伸。

2. 我国企业信息化的集中体现

互联网应用发展状况可以集中体现我国企业信息化的发展水平。根据中国互联网络信息中心 2014 年 1 月发布的《中国互联网络发展状况统计报告》(第 33 次),总体来看我国企业使用计算机、互联网信息化状况较好,[①] 主要体现在:

(1) 计算机使用状况

截至 2013 年 12 月,全国使用计算机办公的企业比例为 93.1%。

分从业人员规模看,7 人及以下的微型企业计算机使用率最低,仅为 83.5%,与其他规模企业仍然存在较大差距。100 人以上规模的企业,计算机使用率接近 98%。

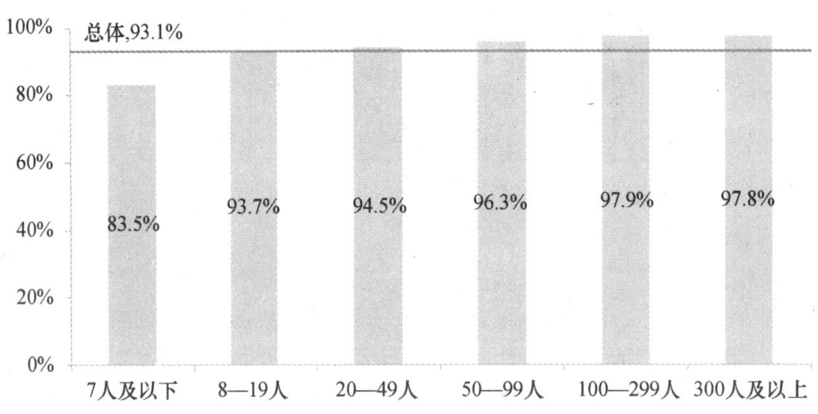

使用计算机的企业比例(按企业规模划分)

来源:CNNIC 2013 年下半年中国企业互联网络应用状况调查 2013. 12。

(2) 互联网使用状况

截至 2013 年 12 月,全国使用互联网办公的企业比例为 83.2%。

分从业人员规模看,7 人及以下的微型企业的互联网使用率依然最低,相比全国平均水平低 14.4 个百分点。而规模在 100 人以上的企业,

---

① 《中国互联网络发展状况统计报告》(2014 年 1 月),http://www.cnnic.net.cn/hlwfzyj/hlwxzbg/hlwtjbg/201401/P020140116395418429515.pdf,2014 年 2 月 10 日访问。

互联网的使用率均超过 90%。

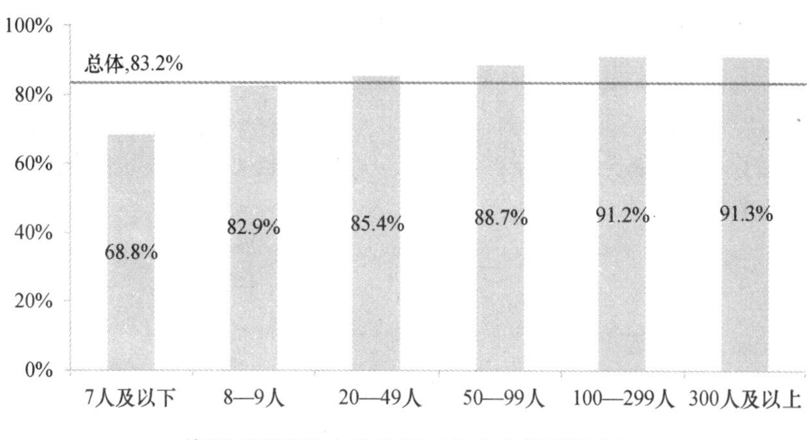

使用互联网的企业比例（按企业规模划分）

来源：CNNIC 2013 年下半年中国企业互联网络应用状况调查 2013. 12。

（3）宽带使用状况

截至 2013 年 12 月，全国范围内，企业固定宽带使用率为 79.6%，是企业接入互联网的最主要方式。

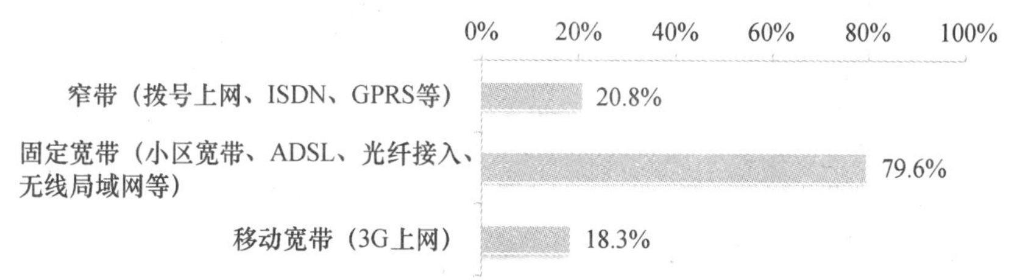

企业互联网的接入方式

来源：CNNIC 2013 年下半年中国企业互联网络应用状况调查 2013. 12。

随着越来越多的企业实现信息化，引起企业生产经营运作方式的变化，企业不再受地域、空间、时间等限制，从而引起全新的企业经营革命。企业信息化发展不仅体现在信息化企业数量的增加，更在于领域的不断深入。“互联网技术的全球接触面和互动性质，使它成为传播金融信息、提供金融服务，甚至股票认购和股东投票的理想媒介。”①

二 企业信息化对公司运营的独特价值

除了电子商务对公司经营的促进，企业信息化对于公司的运营与治理结构的改善具有独特的意义。

1. 从股东层面看，信息化的实施加之网上交易活动的开辟，能使股东迅速、低成本地取得公司信息，改善与公司的交流，股东网上查阅、投票并非难事。“由于电子信息的成本低，分配给股东的信息会增加。公告栏提供了股东为了某些专题讨论或个人股东无法实现的其他影响团结起来一个新的可能。……允许他们通过增加信息的分配和采取集体行动较强的可能性，以改善现有的行使权利。”② 因此，信息化增加了股东了解公司状况、参与股东大会的机会，有助于股东充分行使其固有权利，为股东与公司提供了一个快捷和互动的联系通道，从而能更好地参与公司的管理和决策，促进公司管理的民主化。

2. 从公司机关运行层面看，信息化为公司事务管理的迅速化、方便化提供了更加广阔的空间，从而有利于公司机关的方便、有效运行。信息化对促使股份有限公司股东大会的有效运行最为明显。信息化的实施增加了公司的透明度，股东投票的回送率也会相应提高，在一定程度上避免了小股东股权分散影响多数决议、大股东股权集中而形成不公正决议的现象，提高了股东大会的运作效率。

同时，信息化也有效地抑制了股东大会的形骸化。所谓股东大会结构的“全员性”，即指股份有限公司的股东大会由持有公司已发行全部股份的全体股东组成。或言之，在股东大会结构上，每个股东的加入为必要条件，任何一股东都不应被拒之于股东大会之外。③ 但是，随着经

---

① 胡汝银等：《网上证券活动及其监管研究》，载郭峰、王坚主编《公司法修改纵横谈》，法律出版社 2000 年版，第 443 页。

② Anatoli van der Krans, The Virtual Shareholders Meeting: How to make it work? *Journal of International Commercial Law and Technology* Vol. 2, Issue 1 (2007).

③ Ibid.

济的不断发展，随着股份有限公司规模的不断扩大和股份逐步地分散，股东大会中心主义或万能主义已经变得名不符实。因为如果当股份有限公司的股东人数达到上万人或几十万人时，实际上，全体股东出席股东大会已经变得完全不可能了。即使广大散户股东出席股东大会行使其股东权利，对于公司的决议也可能没有丝毫实质的影响，所以，他们就选择不去出席会议，或者是向公司方面提交一张空白的书面委托书。因此，在美国，很早以前就把股东大会称为“没有观众的演出”，而仅仅是一种仪式化的东西了。[①] 德国商法学者克莱茵也精辟而形象地指出：大型股份有限公司的股东大会不过是“空泛的形式”而已。[②] 股东大会形式化的结果意味着股东特别是小股东放弃通过股东大会支配和监督公司的权利，使得支配公司的权限日益集中于公司经营者的手中，公司经营者的权力日益膨胀，并最终成为了公司的支配者。这一现象明显是违反最初设计的股份有限公司原理的，股东大会“全员性”受到严峻的挑战。对此，各国均已展开了广泛的批评，并开始着力于想方设法提高股东大会的活力。

3. 对于公司来说，信息化的迅猛发展会降低公司传统物理性大会须提供的高额成本。特别是实行网络股东大会，由于不需要物理的场所，高额的场地租金得以免除，并且还可以节省大量的纸质选票和委托书的印刷费用，同时大幅度降低邮寄会议材料和委托书的费用，从而大大降低了股东会会议的成本。股东参与的增加可能会改善公司治理，它可以导致更好的财务业绩。[③] 同时也会促使公司管理者改革管理模式，提高运作效率，转变监管观念，因而也有助于公司经营效率的提高。

---

① ［日］奥村宏：《股份制向何处去——法人资本主义的命运》，中国计划出版社 1996 年版，第 131 页。

② 周剑龙：《论股份有限公司经营的内部监督机制——中国公司发展之前瞻》，《法学评论》1995 年第 1 期。

③ Anatoli van der Krans, “The Virtual Shareholders Meeting: How to make it work?” *Journal of International Commercial Law and Technology* Vol. 2, Issue 1 (2007).

4. 从国家的政策层面看，公司法制上的信息化变革反过来肯定会促进企业及整个社会信息化的发展，对我国早日跨入信息强国乃至科技强国的目标提供法制上的支持。

三 企业信息化对我国公司法带来的现实挑战

企业运作方式的变化必将带来相关法律的改革，尤其是调整公司这一最重要的企业形态在设立、组织、活动、终止过程中发生的社会关系的法律规范——公司法的改革。信息化正在冲击和改变着传统公司法的规范手段和对外关系的格局，使传统模式发生了根本性的变化。公司在运营、管理中，其在对内和对外的关系上，需要制作并置备各类相关文件，需要向股东、债权人等发出各种通知和公告，需要公告财务报告。反过来，股东、债权人或其他人须向公司发出通知或行使某些权利的请求。关于公司当事人在实施这些事项时能否使用电子手段，我国公司法的有关规定并不是十分明确。同时，更为重要的是，现行公司法虽然没有明确的规定，但按照通常的理解，公司必须在有形会场召开股东大会及董事会，而股东也必须亲自到会场或委托代理人出席股东大会，否则其效力是会受到质疑。在公司实践中，有关股东大会的运营、股东表决权的行使、股东大会会议记录等文件的保存以及公司信息的公示等的电子化，大部分在我国已经付诸实践。在这样一种形势下，公司法关于能否使用电子手段来处理公司事务规定的缺位无疑已不适应信息时代的发展，不能为公司事务提供法律上的支持和保障。第一，网络投票这一电子化的表决方式已经在我国的股份有限公司特别是上市公司中普遍采用，但是这一方式是否符合《中华人民共和国公司法》的规定尚有疑惑。第二，视频会议、电话会议这些新的会议召开方式已经在我国公司的股东会、董事会中出现，但是否需要《公司法》加以确认与规范？第三，无纸化办公的普及使得公司的许多信息材料不是以传统的纸面形式而是以电子文档的形式而存在，公司信息资料的传送、披露已经普遍从传统的信件到电子邮件、QQ、网站等电子化方式进行，而我国《公司法》却依然停留在“纸面”阶段。《公司法》有着对公司活动进行事前规制的一面，如果不对《公司法》进行修改以应对 IT 革命的发展，则不仅会给企业的活动造成障碍，也会对国民经济的发展产生负面影响。[①]

虽然面对着信息技术的日益普及，但是公司法信息化改革并未被纳入2005年《公司法》的修改内容中，但这并不排除客观原因，可能公司法其他的问题就已堆积如山，暂时无暇顾及，而最近的《公司法》修改也主要围绕着注册资本制度改革进行。因此现行《公司法》还没有一条能直接体现公司法制信息化精神的规定，我国《公司法》在因应企业信息化方面还存在很大缺失。

1.《公司法》的许多规定体现其依然停留在“纸面”阶段。例如《公司法》第九十六条规定：“股份有限公司应当将公司章程、股东名册、公司债券存根、股东大会会议记录、董事会会议记录、监事会会议记录、财务会计报告置备于本公司。”又如第一百零七条规定：“股东大会应当对所议事项的决定作成会议记录，主持人、出席会议的董事应当在会议记录上签名。会议记录应当与出席股东的签名册及代理出席的委托书一并保存。”按照通常的解释，这里的“置备”、“保存”，只能理解为传统的对纸面形式的置备、保存。《公司法》中还有大量的“书面”形式的规定，如第三十三条第二款规定：“股东要求查阅公司会计账簿的，应当向公司提出书面请求，说明目的。公司有合理根据认为股东查阅会计账簿有不正当目的，可能损害公司合法利益的，可以拒绝提供查阅，并应当自股东提出书面请求之日起十五日内书面答复股东并说明理由。公司拒绝提供查阅的，股东可以请求人民法院要求公司提供查阅。”第三十七条第二款规定：“对前款所列事项股东以书面形式一致表示同意的，可以不召开股东会会议，直接作出决定，并由全体股东在决定文件上签名、盖章。”第一百零二条第二款规定：“单独或者合计持有公司百分之三以上股份的股东，可以在股东大会召开十日前提出临时提案并书面提交董事会……”。何谓“书面”？并没有相关的规定进行解释，而结合此处的法律规定，也只能理解成“纸面”。虽然我国《合同法》已经将数据电文作为合同的书面形式，但是不能据此就将

① ［日］田泽元章：《IT化进程中的日本股份公司法修改》，载渠涛主编《中日民商法研究》（第三卷），法律出版社2005年版，第271页。

《公司法》里的“书面”理解成为包括数据电文在内。再如第一百七十五条第二款规定：“公司分立，应当编制资产负债表及财产清单。公司应当自作出分立决议之日起十日内通知债权人，并于三十日内在报纸上公告。”第一百七十七条第二款规定：“公司应当自作出减少注册资本决议之日起十日内通知债权人，并于三十日内在报纸上公告。债权人自接到通知书之日起三十日内，未接到通知书的自公告之日起四十五日内，有权要求公司清偿债务或者提供相应的担保。”将公告的方式限定于报纸，这就没有了任何网络公告存在的余地。

2.《公司法》的许多规定依然停留在传统的会议方式上。最为典型的规定是关于“出席”会议的规定，如《公司法》第一百零三条第二款规定：“股东大会作出决议，必须经出席会议的股东所持表决权过半数通过。”与前述“书面”的解释一样，并无相关法条对“出席会议”的含义做出明确的解释，这里的“出席会议”还是应该按照传统意义上的“出席现场会议”进行理解。

3. 多媒体技术的广泛应用，再加上因特网的普及，股东会议的召开形式亦逐步实现电子化，在应用方面也日趋成熟，《公司法》在应对股东会议电子化及股东行使权利电子化这一方面还是一片空白。还有，《公司法》对公司和股东发出通知、请求的电子化和公告制度的电子化也缺乏明确的规定。

第二章

变革的现实基础：中国公司法应对信息化的制度回应

第一节　中国公司法因应信息化的立法基础

一　公司法存在着因应信息化的一定空间

虽然诚如前一章所言，《中华人民共和国公司法》并没有直接体现信息化精神的立法条文，但是不可否认的是，《公司法》并不绝对排斥信息化，甚至可以说，《公司法》也为因应信息化变革预留了一定的空间，使之成为可能，而这种“可能”通常是以以下方式实现的。

（一）通过对《公司法》相关规定的解释

法律解释是一定的解释主体根据法定权限和程序，按照一定的标准和原则，对法律的含义以及法律所使用的概念、术语等进行进一步说明的活动。法律解释是将抽象的法律规范适用于具体的法律事实的必要途径，是寻求对法律规范的统一、准确和权威的理解和说明的需要，是弥补法律漏洞的重要手段，也是调节法律的稳定性与社会的发展变化之关系的媒介。法律解释是必然的、也是必要的，《公司法》当然也要进行解释。事实上，《公司法》的许多规定是可以通过法律解释的方法实现对信息化的融合。《公司法》中大量的“书面”形式的规定，如第三十三条第二款规定："股东要求查阅公司会计账簿的，应当向公司提出书面请求，说明目的。公司有合理根据认为股东查阅会计账簿有不正当目的，可能损害公司合法利益的，可以拒绝提供查阅，并应当自股东提出书面请求之日起十五日内书面答复股东并说明理由。公司拒绝提供查阅的，股东可以请求人民法院要求公司提供查阅。"第三十七条第二款规定："对前款所列事项股东以书面形式一致表示同意的，可以不召开股东会会议，直接作出决定，并由全体股东在决定文件上签名、盖章。"第一百零二条第二款规定："单独或者合计持有公司百分之三以上股份的股东，可以在股东大会召开十日前提出临时提案并书面提交董事会……"第一百五十一条："董事、高级管理人员有本法第一百五十条规定的情形的，有限责任公司的股东、股份有限公司连续一百八十日以上单独或者合计持有公司百分之一以上股份的股东，可以书面请求监事会或者不设监事会的有限责任公司的监事向人民法院提起诉讼；监事有本法第一百五十条规定的情形的，前述股东可以书面请求董事会或者不设董事会的有限责任公司的执行董事向人民法院提起诉讼。"显然"书面"形式的规定，可以通过类似于《合同法》第十一条的规定进行解释，将电子化的形式纳入"书面"形式。《合同法》第十一条规定："书面形式是指合同书、信件和数据电文（包括电报、电传、传真、电子数据交换和电子邮件）等可以有形地表现所载内容的形式"，这一规定就把电子化的形式也纳入了书面形式之中，当然简单地把电子化的方式纳入书面形式中也不是最恰当的做法，独立规定才是其最终的选择。再如"出席会议"，《公司法》第一百零三条第二款规定："股东大会作出决议，必须经出席会议的股东所持表决权过半数通过。"也可以通过类似于《日本公司法》的规定，将通讯投票的股东"计入"出席股东的表决权数，从而使得电子化的表决成为可能。

（二）公司法对公司章程的授权

现代公司是一种自治公司，这种自治公司在现代法治的框架下，通过遵法、守信、自律来充分享有自主、自由的权利，从而达致其利益最大化的目标。[①] 公司自治的主要手段是公司章程自治。公司自治就是通

---

① 高鸿钧等：《法治：理念与制度》，中国政法大学出版社 2002 年版，第 388 页。

过公司章程这一自治性的基本法律文件，支撑和保障公司内部股东会——董事会——监事会的构建以及代表与代理制度的设计，并由此将公司股东的意思演化为公司的意思，实现公司的自我管理、自我约束，同时也实现着公司的利益目标。[①] 公司章程是“公司自治王国”的宪章。

据统计，“公司章程”一词在2005年修改以前的《公司法》中出现了54次，而在修改后的《公司法》中则出现了80次。[②] 从我国《公司法》授权“由公司章程规定”的条文看，其涉及与信息化相关的内容主要有两方面。一是有关公司机关的运行规则。如第一百一十九条第二款规定：“监事会的议事方式和表决程序，除本法有规定的外，由公司章程规定。”这一规定是针对股份有限公司而言的。而对于有限责任公司，类似的规定则更多，如《公司法》第四十三条规定：“股东会的议事方式和表决程序，除本法有规定的外，由公司章程规定。”第四十八条规定：“董事会的议事方式和表决程序，除本法有规定的外，由公司章程规定。”第五十五条第二款规定：“监事会的议事方式和表决程序，除本法有规定的外，由公司章程规定。”根据这些规定，公司章程可以规定有限责任公司的股东会、董事会、监事会和股份有限公司的监事会实行电子化运行，从而实现这些公司机关的电子化的运营。二是有关公司通知与公告方法。如《公司法》第八十一条第（十一）项授权公司章程规定“公司的通知和公告办法”，则使得电子化的通知与公告成为可能，而对于有限责任公司，《公司法》甚至就没有规定，在这种情形下，公司章程当然有权予以具体规定。

（三）《公司法》对相关国家机关的授权

按照国家机关的职权设置，政府是法律的执行机关，因此我国法律规定中也经常有对相关国家机关，特别是政府以及政府有关主管机关的授权性规定，《公司法》也不例外。如《公司法》第一百二十八条规定：“股票采用纸面形式或者国务院证券监督管理机构规定的其他形

---

① 高鸿钧等：《法治：理念与制度》，中国政法大学出版社2002年版，第417页。

② 刘俊海：《新公司法的制度创新：立法争点与解释难点》，法律出版社2006年版，第64页。

式。”这种“其他形式”，实际上就是指电子化形式。这一规定授予了国务院证券监督管理机构股票形式的决定权，从而使得股票的电子化形式成为可能，也成为现实。特别是上市交易的股票，早就已经实现了电子化。

当然，《公司法》为信息化预留了一定的空间，是指其并不排挤信息化，其可以通过某种方式实现与信息化的对接，而并不是意味着通过以上这些方式就可以实现信息化。事实上，这些方式对于实现信息化是远远不够的，其中有些方式，如对于“书面”形式的解释，也必须通过立法修改才能完成的，因应信息化必须要进行《公司法》的修法，实现公司法的变革。

二 《电子签名法》等法律基本奠定了公司运营信息化的法律基础

2004年8月28日，十届全国人大常委会第十一次会议表决通过了《中华人民共和国电子签名法》，并于2005年4月1日起施行。这是一部被誉为中国信息化领域的第一部法律，它的实施为电子商务的发展打造了一个良好的法律环境。2005年2月8日，原信息产业部发布了《电子认证服务管理办法》，[①] 作为《电子签名法》的配套制度实施。《电子签名法》通过确立电子签名法律效力、规范电子签名行为在法律制度上保障了电子交易安全，是中国信息化立法的一个突破。同时，《电子签名法》也为公司运营信息化奠定了基础。

（一）《电子签名法》确立了电子签名的法律效力

《电子签名法》确立了电子签名的法律效力，明确了电子签名具有与手写签名或者盖章同等的效力。

《电子签名法》第二条规定：“本法所称电子签名，是指数据电文中以电子形式所含、所附用于识别签名人身份并表明签名人认可其中内容的数据”。

---

① 此《办法》已被2009年2月4日中华人民共和国工业和信息化部发布新的《电子认证服务管理办法》所替代。

第十三条规定："电子签名同时符合下列条件的，视为可靠的电子签名：

（1）电子签名制作数据用于电子签名时，属于电子签名人专有；

（2）签署时电子签名制作数据仅由电子签名人控制；

（3）签署后对电子签名的任何改动能够被发现；

（4）签署后对数据电文内容和形式的任何改动能够被发现。

当事人也可以选择使用符合其约定的可靠条件的电子签名"。

第十四条规定："可靠的电子签名与手写签名或者盖章具有同等的法律效力"。

根据这些规定，电子签名获得了与传统签名同等的法律效力。

（二）《电子签名法》确立了数据电文的书面形式地位

《电子签名法》对于数据电文，也就是电子形式的文件作了相关规定。

《电子签名法》第二条第二款规定："本法所称数据电文，是指以电子、光学、磁或者类似手段生成、发送、接收或者储存的信息"。

第四条规定："能够有形地表现所载内容，并可以随时调取查用的数据电文，视为符合法律、法规要求的书面形式"。

第五条规定："符合下列条件的数据电文，视为满足法律、法规规定的原件形式要求：

（1）能够有效地表现所载内容并可供随时调取查用；

（2）能够可靠地保证自最终形成时起，内容保持完整、未被更改。但是，在数据电文上增加背书以及数据交换、储存和显示过程中发生的形式变化不影响数据电文的完整性"。

第六条规定："符合下列条件的数据电文，视为满足法律、法规规定的文件保存要求：

（1）能够有效地表现所载内容并可供随时调取查用；

（2）数据电文的格式与其生成、发送或者接收时的格式相同，或者格式不相同但是能够准确表现原来生成、发送或者接收的内容；

（3）能够识别数据电文的发件人、收件人以及发送、接收的时间"。

由上述规定可见，虽然《公司法》未直接承认数据电文的效力，但根据《电子签名法》，符合要求的电子化形式如电子文档是可能得到承认的。因此，在此基础上上述置备和保存的形式又包括了电子形式，即承认了公司文件置备和保存的电子化。

（三）《电子签名法》设立了电子认证服务市场准入制度

《电子签名法》设立了电子认证服务市场准入制度，加强了对认证机构的管理，这对电子签名真实性和电子交易安全性有着至关重要的作用和意义。为此，《电子签名法》对电子认证服务设立了市场准入制度，同时对认证机构的行为做出了相应的规范。在规范电子签名行为的基础上，明确了电子认证机构的法律地位及认证程序，并对电子认证服务机构应该满足的条件，认证机构暂停、终止认证服务的等制度作出了规定。

（四）《电子签名法》规定了电子签名安全保障制度

对于电子签名人，《电子签名法》一方面要求其妥善保管进行电子签名所使用的私人密码，另一方面，要求电子签名人向认证机构申请证明身份的电子证书时，提供的信息必须真实、完整和准确。对于认证机构，《电子签名法》要求其指定、公布电子认证业务规则；要求其必须保证所发放的证书内容完整、准确；要求其妥善保存与认证相关的信息。

（五）《电子签名法》规定了违反相关义务的法律责任

《电子签名法》规定了电子签名各方违反本法相关义务时应当承担的法律责任，在《电子签名法》附则部分对法律涉及的专门术语做了明确的解释，并为政务活动、司法活动、其他社会活动中的运用电子签名、数据电文时的规则适用留下了空间。

《电子签名法》开启了电子商务发展诚信之门，加强了电子商务的诚信建设，为我国电子商务的开展，以及在提高我国电子商务在信用管理、网络交易安全方面起到重要作用，为促进电子商务健康、有序、平稳地发展提供强有力的法律保障。2005 年 4 月 1 日零时刚过，国内著名反病毒厂商瑞星公司和地产大腕潘石屹在书生电子印章中心，签署了我国第一份电子合同，该合同的内容是，潘石屹的SOHO中国有限公司购买一套瑞星企业级防毒软件，合同金额为6400元。久经商场的潘石屹虽然签署过无数合同，但这却是他第一次签署电子合同，潘也随即成为我国电子签名第一人。随后，瑞星公司的代表马刚在与SOHO中国的《瑞星杀毒软件中小企业版销售合同》上盖上电子印章，使瑞星公司成为我国第一个进行电子签名的企业。

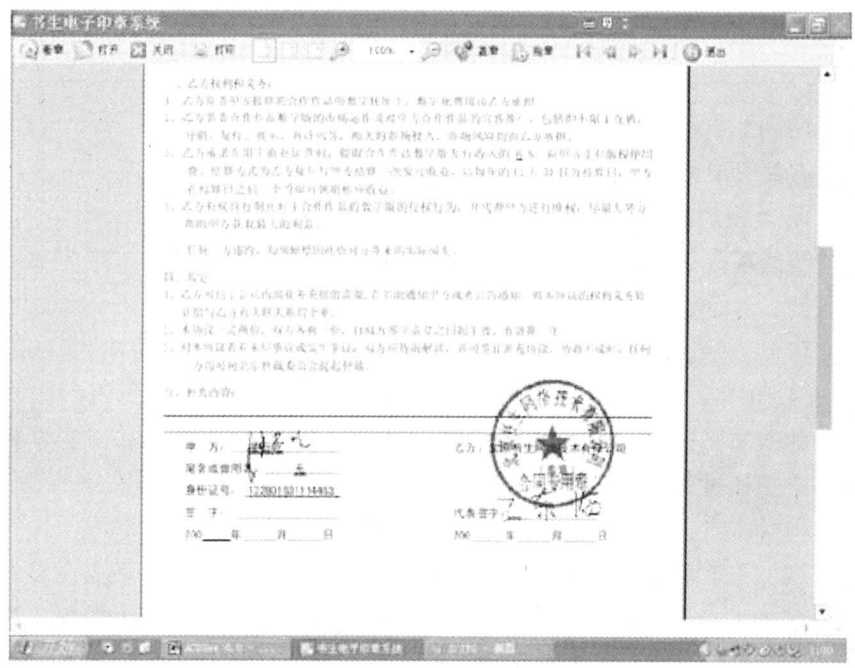

《电子签名法》的颁布实施，虽然不是专为《公司法》信息化变革所设计，但是它解决了公司运营信息化中的公司电子文件、电子署名、股东身份确认、委托代理、电子文件传输的合法性、有效性、准确性问题，基本奠定了公司运营信息化的基础，为《公司法》信息化起了个好头，使之成为可能。

但是，需要说明的是，《电子签名法》仅仅为公司运营信息化提供基础，它还需要《公司法》的最终确认，因此仅仅依靠《电子签名法》仍然无法满足企业信息化的需要。

三 中国证监会发布了一系列推进公众公司信息化运营的规章制度

伴随着企业信息化的发展，特别是信息技术在上市公司等公众公司中的广泛应用，中国证监会颁布的许多公众公司的规章制度确认了公司运用信息手段处理公司事务的有效性。这些规章制度大致可以分为两类：

（一）有关股票网上交易的规范性文件

有关股票网上交易的规范性文件还可以细分为以下三方面：

1. 关于证券网上发行

我国现行立法不允许网上证券直接发行，只允许进行网上路演和网上认购，并分别于以下两个文件中加以规定：

（1）《关于新股发行公司通过互联网进行公司推介的通知》。2001年1月10日，证监会发布了《关于新股发行公司通过互联网进行公司推介的通知》,① 规定从2001年3月1日起，新股发行公司在新股发行前，必须通过互联网采用网上直播（至少包括图像直播和文字直播）方式向投资者进行公司推介，也可辅以现场推介。

（2）《证券发行与承销管理办法》。2006年9月17日，证监会发布了《证券发行与承销管理办法》,②《办法》规定了证券的网上发行，第六十六条规定："本办法所称网上发行，是指通过证券交易所技术系统进行的证券发行"。《办法》并规定发行人及其主承销商网下配售股票，应当与网上发行同时进行。

2. 关于信息披露

（1）《上市公司新股发行管理办法》。2001年3月28日，证监会发布了《上市公司新股发行管理办法》，《办法》规定，上市公司必须将配股说明书和招股说明书放置在中国证监会指定的网站上，以供投资者

---

① 该《通知》被2006年9月17日证监会《证券发行与承销管理办法》废止。

② 该《办法》经2010年10月11日、2012年5月18日、2013年10月8日三次修改。

查询。

（2）《上市公司信息披露管理办法》。证监会于 2007 年 2 月 2 日发布了《上市公司信息披露管理办法》，《办法》规定：“上市公司及其他信息披露义务人依法披露信息，应当将公告文稿和相关备查文件报送证券交易所登记，并在中国证券监督管理委员会指定的媒体发布；而指定媒体，是指中国证监会指定的报刊和网站”。此规定再次肯定了网站作为证券信息披露媒介的合法性，并对上市公司信息披露作了详细的规定。

（3）《非上市公众公司监管指引》。为加强对非上市公众公司的监管，证监会于 2013 年 1 月 4 日发布了《非上市公众公司监管指引》1—3 号，其中《非上市公众公司监管指引第 1 号——信息披露》规定：“非上市公众公司应当本着股东能及时、便捷获得公司信息的原则，并结合自身实际情况，自主选择一种或者多种信息披露平台，如非上市公众公司信息披露网站、公共媒体或者公司网站，也可以选择公司章程约定的方式或者股东认可的其他方式。无论采取何种信息披露方式，均应当经股东大会审议通过。股票在依法设立的证券交易场所公开转让的非上市公众公司，应当通过证券交易场所要求的平台披露信息”。此外，《非上市公众公司信息披露内容与格式准则第 1 号——公开转让说明书》第五条具体规定了披露平台：“申请人应在中国证监会指定网站披露公开转让说明书及其附件，并作公开转让股票提示性公告：‘本公司公开转让股票申请已经中国证监会核准，本公司的股票将在全国中小企业股份转让系统公开转让，公开转让说明书及附件披露于中国证监会指定网站（nlpc. csrc. gov. cn）和全国股份转让系统公司指定信息披露平台（www. neeq. com. cn 或 www. neeq. cc），供投资者查阅’”。再如，《非上市公众公司信息披露内容与格式准则第 3 号——定向发行说明书和发行情况报告书》第六条规定：“申请人应在中国证监会指定网站（nlpc. csrc. gov. cn）和全国中小企业股份转让系统公司指定的信息披露平台（www. neeq. com. cn 或 www. neeq. cc）披露定向发行说明书及其备查文件、发行情况报告书和中国证监会要求披露的其他文件，供投资者查阅”。

3. 关于网上委托

（1）《网上证券委托暂行管理办法》。2000 年 4 月 14 日，中国证监会发布了《网上证券委托暂行管理办法》，《办法》规定："网上委托是指证券公司通过互联网，向在本机构开户的投资者提供用于下达证券交易指令、获取成交结果的一种服务方式"。《办法》并对网上委托业务及其监管规则加以具体规定。

（2）《证券公司网上委托业务核准程序》。基于《网上证券委托暂行管理办法》已经发布实施，证券公司开展网上委托业务须经中国证监会核准。为规范核准程序，提高工作效率，中国证监会于2000年4月29日制定了《证券公司网上委托业务核准程序》。

（3）《证券公司管理办法》。2001年12月28日，中国证监会发布了《证券公司管理办法》，[①]《办法》规定了网络券商的设立，第七条规定："设立专门从事网上证券经纪业务的证券公司的特殊要求：①证券公司或经营规范、信誉良好的信息技术公司出资不得低于拟设立的网上证券经纪公司注册资本的百分之二十；②有符合中国证监会要求的网络交易硬件设备和软件系统；③有十名以上计算机专业技术人员并能确保硬件设备和软件系统安全、稳定运行；④高级管理人员中至少有一名计算机专业技术人员"。

（二）有关股东网络投票的规范性文件

1.《关于推进资本市场改革开放和稳定发展的若干意见》是我国上市公司网络投票产生的根源

为解决《关于推进资本市场改革开放和稳定发展的若干意见》提出的股权分置问题的需要，切实保护流通股股东的合法权益，我国提出了类别表决机制。[②] 类别股东表决制，是指一项涉及不同类别股东权益的议案，需要本类别股东及其他类别股东分别审议，并获得各自的绝对多数同意才能通过的一种表决制度。类别股东大会就是保护类别股东合法权益的法律机制。[③] 类别股东表决机制是在承认由这些差距所导致"不

---

① 《证券公司监督管理条例》已经2008年4月23日国务院第6次常务会议通过，《证券公司管理办法》被中国证券监督管理委员会公告（2009）8号废止。

② 阎岳：《切实保护广大投资者利益，专家称类别表决机制是现实的选择》，《证券日报》2004年9月18日。

③ 王宗正：《论类别股东大会》，《求索》2002年第6期。

同股”客观存在的前提下，通过类别表决制度实行适当的“不同权”，从而实现相对的“同股同权”。从表面上看，这种制度有悖于公司立法理念，实际上恰恰相反，这种机制通过类别表决这种纠偏机制来发挥利益均衡作用，从而实现权利的动态平衡，其实质是发挥公司立法理念的本意，做到真正的公平、公正。

按照实行类别股东大会制度的立法例，如果由于公司发行数种股份，而某项决议使某种类股东受到损害时，必须事先通过该种类股东大会的决议，因而类别股东大会的同意是通过该项决议的必备条件，该种类股东的意见能得到充分的尊重。[①]

而现代信息技术的发展使我们看到了解决问题的前景，基于国际互联网的网络投票正以其低成本、高效率的特点进入我们的视野。方便快捷的网络投票不但能提高我国中小投资者参加股东大会的积极性，为完善上市公司法人治理结构提供了一个有效途径，也是我国证券市场信息化的一个重要内容。

2.《关于加强社会公众股股东权益保护的若干规定》提出建立股东大会网络投票平台

为落实国务院《关于推进资本市场改革开放和稳定发展的若干意见》的有关规定，2004年12月7日，中国证监会发布了旨在保护中小股东合法权益的文件《关于加强社会公众股股东权益保护的若干规定》，《规定》要求上市公司积极采取措施，提高社会公众股股东参加股东大会的比例。鼓励上市公司在召开股东大会时，除现场会议外，向股东提供网络形式的投票平台。上市公司召开股东大会审议下列事项的，应当向股东提供网络形式的投票平台。

（1）上市公司向社会公众增发新股（含发行境外上市外资股或其他股份性质的权证）、发行可转换公司债券、向原有股东配售股份（但具有实际控制权的股东在会议召开前承诺全额现金认购的除外）；

（2）上市公司重大资产重组，购买的资产总价较所购买资产经审计的账面净值溢价达到或超过20%的；

（3）股东以其持有的上市公司股权偿还其所欠该公司的债务；

① 王宗正：《论类别股东大会》，《求索》2002年第6期。

（4）对上市公司有重大影响的附属企业到境外上市；

（5）在上市公司发展中对社会公众股股东利益有重大影响的相关事项。

3.《上市公司股东大会网络投票工作指引（试行）》规定了上市公司股东大会网络投票的实施办法

虽然《关于加强社会公众股股东权益保护的若干规定》要求建立网络投票平台，并提出上市公司股东大会实施网络投票应按有关实施办法办理。但是，《关于加强社会公众股股东权益保护的若干规定》并没有对上市公司如何进行网络投票进行规定，因此中国证监会于2004年11月29日正式发布了《上市公司股东大会网络投票工作指引（试行）》。

《上市公司股东大会网络投票工作指引（试行）》对股东通过网络投票系统进行表决作出了明确的规定，确定了网络投票在上市公司股东大会表决中的合法有效性，并对网络投票涉及的有关问题进行了规定，其主要内容有：

（1）上市公司召开股东大会，除现场会议投票外，鼓励其通过网络服务方向股东提供安全、经济、便捷的股东大会网络投票系统，方便股东行使表决权。

股东大会议案按照有关规定需要同时征得社会公众股股东单独表决通过的，除现场会议投票外，上市公司应当向股东提供符合前款要求的股东大会网络投票系统。

（2）股东大会股权登记日登记在册的所有股东，均有权通过股东大会网络投票系统行使表决权，但同一股份只能选择现场投票、网络投票或符合规定的其他投票方式中的一种表决方式。

（3）上市公司召开股东大会并为股东提供股东大会网络投票系统的，应当在股东大会通知中明确载明网络投票的时间、投票程序以及审议的事项。

股东大会网络投票的开始时间，不得早于现场股东大会召开前一日下午3：00并不得迟于现场股东大会召开当日上午9：30，其结束时间不得早于现场股东大会结束当日下午3：00。

（4）上市公司年度股东大会采用网络投票方式的，提案人提出的临时提案应当至少提前十天由董事会公告。提案人在会议现场提出的临时提案或其他未经公告的临时提案，均不得列入股东大会表决事项。

（5）上市公司股东或其委托代理人通过股东大会网络投票系统行使表决权的，应当在股东大会通知规定的有效时间内参与网络投票。

上市公司股东或其委托代理人有权通过股东大会网络投票系统查验自己的投票结果。

（6）上市公司股东或其委托代理人通过股东大会网络投票系统行使表决权的表决票数，应当与现场投票的表决票数以及符合规定的其他投票方式的表决票数一起，计入本次股东大会的表决权总数。

股东大会议案按照有关规定需要同时征得社会公众股股东单独表决通过的，还应单独统计社会公众股股东的表决权总数和表决结果。

（7）股东大会投票表决结束后，上市公司应当对每项议案合并统计现场投票、网络投票以及符合规定的其他投票方式的投票表决结果，方可予以公布。

在正式公布表决结果前，股东大会网络投票的网络服务方、上市公司及其主要股东对投票表决情况均负有保密义务。

（8）上市公司董事会、独立董事和符合一定条件的股东可以通过股东大会网络投票系统向上市公司股东征集其在股东大会上的表决权。

（9）上市公司聘请的股东大会见证律师，应当比照《上市公司股东大会规范意见》的规定，对上市公司股东大会网络投票有关情况出具法律意见。

4.《上市公司股东大会规则》正式确立了股东大会的网络投票机制

2006年3月16日，中国证监会发布了《上市公司股东大会规则》，《规则》第二十条规定："上市公司应当在公司住所地或公司章程规定的地点召开股东大会。股东大会应当设置会场，以现场会议形式召开。上市公司可以采用安全、经济、便捷的网络或其他方式为股东参加股东大会提供便利。股东通过上述方式参加股东大会的，视为出席"。第二十一条规定："上市公司股东大会采用网络或其他方式的，应当在股东大会通知中明确载明网络或其他方式的表决时间以及表决程序。股东大会网络或其他方式投票的开始时间，不得早于现场股东大会召开前一日下午3：00，并不得迟于现场股东大会召开当日上午9：30，其结束时间不得早于现场股东大会结束当日下午3：00。”从此网络投票结束了“试行”阶段而顺利“转正”。

（三）依靠证监会的规范性文件因应信息化是有缺陷的

证监会的规范性文件为《公司法》提供了参考，但是依靠中国证监会的规范性文件来回应公司运营的信息化是不够的。

1. 以中国证监会的规范性文件来规定诸如股东表决权行使方式等问题有违反《立法法》之嫌

前述几个规范性文件的制定主体都是中国证监会，其规范性文件性质应该属于部门规章。但是，根据《立法法》的规定，部门规章规定的事项应当属于执行法律或者国务院的行政法规、决定、命令的事项，这实际上是在进一步强调部门规章不是创设性的立法，而是“执行性立法”,[①] 法律对部门规章立法权限的规定，更多的是突出了其作为最高国家行政机关部门的执行功能，即其任务和目的首先是或者主要是贯彻执行法律、行政法规和国务院的决定、命令。[②] 由于股东表决权行使方式等问题在我国有关公司、证券法律中没有相应的规定，甚至于立法精神中体现出了相反的意见，因此中国证监会的这些规定无法理解为执行法律与法规，其有违反《立法法》之嫌。

2. 行政规章来规定立法层级太低，与股东表决权的地位不相吻合

我国传统的亲自出席行使、委托他人代理行使两种表决权行使方式都是由《公司法》规定的，而唯独网络投票、书面投票等方式是由证监会的规章来规范。网络投票作为股东行使表决权的一种方式，应该享有与亲自出席投票、代理人投票同等的地位，由法律来规定，而不宜采用部门规章来规范。正如我国台湾学者所言，“大法官会议第133号解释，涉及人民权利之限制，其处罚之构成要件及数额，应由法律定之。‘行政程序法’第158条亦规定，法规命令无法律之授权而剥夺或限制人民之自由权利者无效。为使公司、中介机构及股东能确实遵守子法规之规范，并于违反时有处罚之依据，兼收吓阻犯罪之

① 刘莘：《行政立法研究》，法律出版社2003年版，第72页。

② 周旺生：《立法学》，法律出版社2004年版，第212页。

效益"[①]，因此要规定股东大会行使表决权的其他方式，必须通过修改法律来进行。

3. 以中国证监会适用于上市公司的行政规章来采纳使得其使用范围过窄

中国证监会作为统一监督管理证券期货市场的国务院直属事业单位，享有制定有关证券期货市场政策的权力，因此其基于证券市场的监管而制定《上市公司股东大会规则》和《上市公司章程指引》等规则，来指导上市公司改善公司治理结构。由于中国证监会的身份和职能导致相关规章的适用范围只能限于上市公司，而对于其他股份有限公司并不能适用。

（四）以中国证监会的规范性文件来规定股东表决权行使方式等问题是基于法律规定缺失下的无奈之举

虽然如此，笔者以为，中国证监会以层级较低的规章形式来规范表决权行使方式等问题也是事出有因、实出无奈，而并非有意"违法"。根据我国《公司法》的规定，股份有限公司的股东只能亲自出席或者委托代理人出席股东会行使表决权，股东大会决议的通过是以"出席会议"的股东所持表决权的过半数或2/3，而在网络投票中，股东行使表决权是以不出席会议为前提的，因此于法无据。

因此，《上市公司股东大会规则》并没有将网络投票作为会议召开方式，其第二十条第二款规定："股东大会应当设置会场，以现场会议形式召开。上市公司可以采用安全、经济、便捷的网络或其他方式为股东参加股东大会提供便利。股东通过上述方式参加股东大会的，视为出席。"第三款规定："股东可以亲自出席股东大会并行使表决权，也可以委托他人代为出席和在授权范围内行使表决权。"从《上市公司股东大会规则》第20条的立法可以看出，该条第2款规定股东可以以网络方式"参加"股东大会，随后第3款规定，股东可以亲自出席股东大会并行使表决权，也可以委托他人代为出席和在授权范围内行使表决权。

① 台湾证券集中保管股份有限公司：《股东会通讯行使决议权制度之研究》，http://www.tdcc.com.tw/tc_03pub.htm. 第96页。

这种安排实际上是将网络方式作为股东“参加”股东大会的方式，而股东表决方式依然只有亲自行使与代理行使两种，网络更不是会议召开的形式。

因此，这就说明在我国现有《公司法》的前提下，网络投票等表决方式的实行有一个现实的法律障碍，那么修改法律关于股东表决权行使的规定，全面确立基于网络条件下的表决方式作为股东表决权的行使方式就显得十分必要了。

第二节　中国上市公司运营电子化的制度实践

一　我国上市公司普遍实现了信息存放的电子化

随着办公自动化的推行，大多数企业早就实现了企业信息的电子化存放。1998 年 12 月 29 日，中国证监会发布《关于上市公司披露信息电子存档事宜的通知》，《通知》提出，从 1999 年开始，上市公司在公开披露信息的同时，应对各类定期报告的摘要和全文、临时公告信息，以及其他报审材料进行电子方式存档。《通知》并对电子文档的格式提出要求：“电子文档的存档格式应以交易所规定的格式为准。交易所未作格式规定的，应以两种格式保存：（1）文档正文使用 Word、Excel，版本不限；（2）正文制作完成后，另转换成纯文本格式（即存盘时另存为纯文本的保存类型）。对两种格式的文件都必须进行内部存档。”《通知》还要求对归档保存的电子文件名做必要说明，说明中应包括股票代码和信息内容类型（如：年报、中报、配股说明书、临时报告）等信息。

二　我国上市公司普遍实现了信息传送的电子化

（一）上市公司信息披露的网络化

2005 年 3 月，经国家标准化管理委员会批准，中国证监会颁布实施了《上市公司信息披露电子化规范》。该规范是上市公司信息披露制度实际运用的标准，主要规定了上市公司的电子公告文档，同时也对电子公告文档中重要信息的数据化过程进行了规定，包括信息披露和信息采集合而为一的过程。上市公司信息披露平台所引用的技术是XBRL，XBRL（Extensible Business Reporting Language）是XML（Extensible Markup Language）在财务报告信息交换方面的一种应用，是目前应用于非结构化信息化处理尤其是财务信息处理的最新技术，能保证数据的准确性，安全系统颇高，使商业信息可自动交换和可靠提取。目前，该技术被广泛应用于美国纳斯达克交易所、德国证券交易所、KOSDAQ、韩国证券交易所、美国证券交易所等海外证券市场上市公司的信息披露工作。[①]《上市公司信息披露电子化规范》是我国公司信息电子化的首例，对于公司全面进行电子化具有重要的指导和实践意义。为提高信息披露的质量、加强信息披露的引导，上海证券交易所、深圳证券交易所分别发布了《上市公司信息披露直通车业务指引》。所谓信息披露直通车，是指上市公司按照指引的规定，通过证券交易所信息披露系统自行登记和上传信息披露文件，并直接提交至证券交易所网站及其他指定媒体进行披露的信息披露方式。[②]《指引》规定了上市公司办理直通车业务的流程："（一）上市公司使用证券交易所信息网络有限公司配发的数字证书确认身份，登录本所网站的"上市公司专区"。（二）上市公司通过"上市公司专区"创建信息披露申请，选择并添加公告类别，上传信息披露文件，并对照指引和本所其他有关业务规则的规定检查文件是否符合相关要求。（三）上市公司对其上传的信息披露文件进行确认，并在本所规定时间内将信息披露申请提交至本所信息披露系统。（四）信息披露申请属于直通车业务范围的，本所信息披露系统将提示上市公司直接披露，上市公司点击确认，完成信息披露文件的登记。（五）本所信息披露系统自当日15：30起，将上市公司在规定时间内完成登记的直通车公告及相关信息披露文件自动发送至本所网站，本所网站即予

① 证券标准化委员会秘书处：《〈上市公司信息披露电子化规范〉的制订与实施》，《上海证券报》，2005－06－13。

② 《上海证券交易所上市公司信息披露直通车业务指引》第二条。

刊载。”[①] 在此基础上，上海证券交易所《上市公司日常信息披露工作备忘录第二号——信息披露业务办理指南》规定上市公司应当遵守本备忘录的规定，通过上海证券交易所公司业务管理系统办理信息披露业务，包括报送信息披露文件、申请证券停复牌、报备文件、接受及发送函件等。除本备忘录规定的特殊情形外，本所不再接受上市公司以书面或传真方式办理上述信息披露相关业务。[②]

（二）上市公司通知的电子化

《公司法》第一百零二条规定：“召开股东大会会议，应当将会议召开的时间、地点和审议的事项于会议召开二十日前通知各股东；临时股东大会应当于会议召开十五日前通知各股东；发行无记名股票的，应当于会议召开三十日前公告会议召开的时间、地点和审议事项。”这可以理解为发行记名股票的，应当“通知”股东，而发行无记名股票的，则“公告”即可。从《上市公司股东大会规则》第五十条看，“本规则所称公告或通知，是指在中国证监会指定报刊上刊登有关信息披露内容。公告或通知篇幅较长的，上市公司可以选择在中国证监会指定报刊上对有关内容作摘要性披露，但全文应当同时在中国证监会指定的网站上公布。”《上海证券交易所上市公司股东大会网络投票实施细则》第六条、《深圳证券交易所上市公司股东大会网络投票实施细则》第七条规定：“上市公司在股东大会通知中，应当对网络投票和累积投票的投票代码、投票议案号、投票方式等有关事项做出明确说明”。

三　我国上市公司广泛推行了股东表决权行使的网络化

2004年11月29日，中国证监会正式发布了《上市公司股东大会网络投票工作指引（试行）》，2004年12月22日，“首旅股份”（600258）首家“试水”网络投票表决，到2008年4月29日，华馨实

① 《上海证券交易所上市公司信息披露直通车业务指引》第八条，《深圳证券交易所上市公司信息披露直通车业务指引》第14条也有类似规定。

② 《上市公司日常信息披露工作备忘录第二号——信息披露业务办理指南》第二条。

业（000416）召开2007年度股东大会，成就了深圳证交所第一千次网络投票。[①]

由于《关于加强社会公众股股东权益保护的若干规定》赋予社会公众股股东的单独表决权，使得中小股东的话语权得到增强。如重庆百货临时股东大会，在网络投票表决时，由于没有得到参加表决的社会公众股股东所持表决权的半数以上通过，《关于重新确定本次发行方案的议案》未能在2004年度第一次临时股东大会上获得通过。这是实施类别股东表决制度以来，首个因流通股东举手反对而夭折的议案。中国人民大学金融与证券研究所所长吴晓求称，重百增发方案遭流通股东否决，显示出了分类表决制度的威力。这是中国证券市场的一大标志性事件，也反映出分类表决制度是现阶段一种有效的利益制衡机制，相关上市公司和投资人都应予以高度重视。

2005年6月10日，上市公司"清华同方"召开临时股东大会，表决公司董事会提出的股权分置改革方案，股东大会现场投票的统计结果是：共146张有效票，赞成票3.037 2亿股，反对票62 963股，参加投票的流通股股东共持有2 288 466股，其中赞成票2 137 201股，反对票62 963股，弃权票88 302股，赞成比率为93.39%。因此，如果只统计现场表决结果，那么该股权分置改革方案已得到了参加表决的股东所持表决权的2/3以上以及经参加表决的流通股股东所持表决权的2/3以上的赞成票，达到了《关于上市公司股权分置改革试点有关问题的通知》中规定的两个"三分之二"的标准。但是，当天晚上公布的现场投票及网络投票数据汇总结果显示，参与现场及网络投票的流通股股东共持有8 934万股，其中赞成票代表的份额是5 531万股，反对票代表的份额是3 303万股，另有弃权票代表100万股，赞成比率仅为61.91%，未达到第二个"三分之二"标准，因此"清华同方"董事会提出的股权分置改革方案被否决了。

据统计，深市自2005年实施网络投票以来，截至2009年底，主板和中小板共计实施网络投票1 573次，召开股东大会8 991次，平均占比

① 黄正群：《禧·千投——深交所"网络投票系统"服务1000次展顾》，《深交所》2008年7月。

17.50%。在实施网络投票的股东大会上，通过交易系统或互联网参与投票的投资者合计143.52万人，平均每个会议参与人数为920人，参与率1.94%。而对未实施网络投票的股东大会进行抽样统计显示，每个会议平均参与人数为8人，参与率仅达0.033%。由此可见，实施网络投票的股东大会中，小股东的参与率确实有所提高。另据深交所抽样统计显示，2008年未提供网络投票的股东大会否决率为2%，而提供网络投票的股东大会中，涉及股权分置改革的否决率为8.40%，其他临时及年度股东会议的否决率为19.86%，综合否决率为15.92%。①

我国上市公司股改前期86家公司网络投票指标

公司名称	总通过率（%）	流通股通过率（%）	参与投票非流通股人数	参与投票非流通股占总股份比例（%）	参与投票流通股人数	参与投票流通股占总股份的比例（%）	参与投票流通股占总流通股的比例（%）	参与网络投票流通股人数	参与网络投票流通股占总流通股比例（%）
清华同方	91.29	61.91	5	52.48	22 647	15.55	32.72	22 506	31.89
三一重工	98.66	93.44	5	75.00	6 144	19.18	76.72	5 998	59.24
紫江企业	93.54	76.97	5	58.47	17 887	22.80	54.90	17 710	47.10
金牛能源	95.76	81.07	1	70.53	7 625	20.37	69.12	7 605	69.08
长江电力	99.18	96.76	6	70.39	12 889	23.89	80.69	—	—
宝钢股份	99.40	96.48	1	77.86	13 796	15.91	71.87	13 650	39.52
中信证券	98.99	90.73	23	75.06	10 986	9.17	56.87	9 902	49.93
吉林敖东	91.89	71.86	4	46.38	5 133	18.77	35.01	5 128	34.83
苏宁电器	98.98	95.79	5	70.97	759	22.77	84.87	744	69.01
东方明珠	98.98	90.49	14	73.48	8 256	8.72	38.24	6 722	29.15
广州控股	97.53	84.42	1	74.21	8 400	13.96	54.15	8 356	49.35
韶钢松山	97.75	90.37	1	55.83	11 144	17.04	38.57	10 735	38.19

① 黎文靖、孔东民、刘莎莎、邢精平：《中小股东仅能“搭便车”么？——来自深交所社会公众股东网络投票的经验证据》，《金融研究》2012年第3期。

续表

公司名称	总通过率（%）	流通股通过率（%）	参与投票非流通股人数	参与投票非流通股占总股份比例（%）	参与投票流通股人数	参与投票流通股占总股份的比例（%）	参与投票流通股占总流通股的比例（%）	参与网络投票流通股人数	参与网络投票流通股占总流通股比例（%）
郑州煤电	99.07	92.49	1	73.33	6 525	10.38	38.91	6 358	37.69
上港集箱	99.71	98.42	5	76.72	2 423	16.94	72.77	2 350	61.62
中捷股份	0.99	95.09	6	69.77	1 119	14.81	48.99	1 115	48.85
新和成	99.03	92.85	9	73.69	1 059	11.59	44.07	1 053	43.63
银鸽投资	98.93	91.71	4	60.82	4 543	9.04	23.07	3 916	18.64
七匹狼	97.21	85.72	5	70.59	834	17.15	58.32	833	58.29
物华股份	98.86	93.91	6	57.27	2 767	13.18	30.86	2 759	30.73
恒生电子	98.09	78.75	17	75.00	1 520	7.42	29.68	1 517	29.35
凯诺科技	95.77	89.03	5	48.28	4 158	30.34	58.67	4 121	38.33
伟星股份	99.09	92.09	5	71.92	1 203	9.38	33.41	1 198	31.51
国投电力	98.95	96.69	2	58.80	1 462	27.21	71.43	1 455	64.91
海特高新	96.54	85.66	6	69.38	839	22.06	72.06	824	71.25
宏盛科技	99.14	90.57	3	41.88	1 048	8.01	58.76	894	25.50
苏泊尔	99.20	94.81	6	74.89	915	13.75	54.74	913	54.34
风神股份	99.62	97.96	7	70.59	1 662	16.15	54.91	1 658	50.85
长力股份	97.49	85.27	5	60.00	2 430	12.29	30.73	2 380	25.74
申能股份	99.28	95.63	15	64.09	7 014	12.37	53.96	6 797	51.53
中化国际	96.43	83.09	6	67.80	8 590	18.17	56.44	8 372	53.71
浙江龙盛	99.41	96.71	38	74.89	1 586	16.33	65.05	1 570	45.64
华海药业	99.65	98.86	8	65.00	462	28.89	82.54	461	80.95
华发股份	98.88	96.79	37	41.14	1 621	14.79	49.31	1 579	44.48
人福科技	96.46	87.26	4	42.52	3 677	16.37	28.47	3 355	21.27
金发科技	99.14	95.94	25	73.76	1 207	19.77	76.88	1 137	41.17
天威保变	99.57	97.06	4	72.43	1 934	12.30	45.10	1 913	37.26
农产品	95.86	89.77	13	38.61	1 954	26.21	42.69	1 808	35.47
亨通光电	98.42	84.30	6	72.25	1 963	8.10	29.17	1 954	28.70

续表

公司名称	总通过率（%）	流通股通过率（%）	参与投票非流通股人数	参与投票非流通股占总股份比例（%）	参与投票流通股人数	参与投票流通股占总股份的比例（%）	参与投票流通股占总流通股的比例（%）	参与网络投票流通股人数	参与网络投票流通股占总流通股比例（%）
卧龙科技	97.97	86.61	16	67.92	1 801	12.17	37.92	1 598	28.15
传化股份	99.40	96.35	7	75.00	991	14.61	58.43	983	56.50
中孚实业	94.48	78.79	5	52.29	3 968	18.42	38.60	3 811	35.51
永新股份	98.53	85.17	7	74.95	1 229	8.24	32.91	1 224	27.06
华联综超	99.46	98.46	3	60.18	2 109	32.59	81.84	2 098	48.49
鑫富药业	99.66	98.14	7	71.43	616	16.01	56.03	610	44.77
鲁西化工	99.24	93.71	2	68.80	3 016	8.43	29.23	2 985	27.81
宝胜股份	96.48	77.20	5	62.50	1 958	11.39	30.38	1 902	20.85
辽通化工	99.48	89.53	2	73.78	2 202	3.87	15.19	2 200	15.01
中金岭南	98.33	94.62	2	49.58	2 093	22.32	46.98	2 080	40.83
建投能源	99.04	94.39	5	57.25	940	11.91	39.74	892	39.06
铜都铜业	96.17	88.97	2	49.62	2 367	0.26	52.44	2 349	52.27
珠海中富	94.69	77.80	2	48.23	5 342	15.17	29.30	5 325	29.13
福星科技	98.42	92.88	4	60.38	1 628	17.23	45.64	1 531	38.82
新中基	98.69	90.57	8	63.89	1 170	8.86	24.54	1 168	24.21
西山煤电	91.36	67.94	5	64.36	2 965	23.75	66.65	2 959	66.60
江苏琼花	99.64	96.34	6	67.28	1 012	7.45	22.76	1 002	19.28
德豪润达	96.79	71.67		74.26	1 604	9.50	36.92	1 603	31.15
精工科技	98.23	87.23	5	62.50	1 033	10.10	26.95	1 028	25.55
华兰生物	98.52	92.27	5	67.16	1 143	15.95	48.56	1 141	48.52
天奇股份	97.08	81.48	7	56.56	992	10.58	24.37	988	24.07
凯恩股份	97.36	80.96	13	72.03	2 511	11.59	41.80	2 506	37.25
中航精机	96.97	81.27	11	60.00	947	11.56	28.91	945	27.68
霞客环保	97.53	86.10	6	60.25	631	13.04	32.81	630	30.18
威尔科技	98.70	94.31	7	54.61	1 149	16.15	35.58	1 148	35.46
华星化工	99.57	97.34	19	69.23	1 155	13.48	43.81	1 150	41.54

续表

公司名称	总通过率（%）	流通股通过率（%）	参与投票非流通股人数	参与投票非流通股占总股份比例（%）	参与投票流通股人数	参与投票流通股占总股份的比例（%）	参与投票流通股占总流通股的比例（%）	参与网络投票流通股人数	参与网络投票流通股占总流通股比例（%）
京新药业	99.15	91.61	9	74.00	876	8.36	32.17	872	30.83
科华生物	98.99	92.23	48	73.38	1 279	11.07	43.50	1 238	37.40
七喜股份	98.46	86.81	8	74.10	1 735	9.82	37.91	1 734	37.83
巨轮股份	99.10	94.38	4	73.05	962	13.93	51.47	962	51.47
丽江旅游	98.87	90.30	6	74.83	610	9.83	39.05	610	39.05
华帝股份	97.86	83.86	6	68.21	1 420	8.75	27.54	1 420	27.54
久联发展	97.23	82.59	5	63.64	1 353	12.06	33.19	1 350	32.71
南京港	97.47	77.97	6	74.95	2 030	8.34	33.30	2 030	33.30
江苏三友	96.78	79.09	5	64.00	2 030	11.65	33.11	2 024	32.37
宁波华翔	99.06	95.15	5	68.42	523	16.44	52.07	520	49.96
上海汽车	99.62	97.66	1	70.00	3 983	13.52	45.06	3 924	37.60
天药股份	99.40	95.67	5	69.80	851	11.25	37.25	850	36.80
上海金陵	99.77	98.68	8	51.84	1 919	10.94	27.30	1 835	21.81
张江高科	98.82	89.94	5	64.51	7 521	8.54	24.05	7 266	22.50
重庆路桥	99.02	80.53	1	70.97	1 657	0.16	12.91	1 517	12.36
南化股份	99.53	96.51	6	60.63	1 154	9.53	24.21	1 145	23.27
承德钒钛	98.06	81.11	8	65.69	3 447	7.54	26.80	3 415	18.68
康美药业	98.59	91.85	5	74.57	828	15.58	61.26	817	36.77
综艺股份	99.25	95.59	2	58.33	4 184	11.93	32.54	4 179	30.80
民生银行	98.78	92.33	32	89.98	13 049	11.82	38.30	13 004	37.58
江淮汽车	99.42	98.76	4	45.00	2 208	39.43	71.79	2 200	60.62
泰豪科技	98.39	88.47	5	69.94	1 428	11.38	37.87	1 393	35.43

四　我国上市公司已经出现了董事会会议的电子化

2006年5月12日，上海证券交易所发布《上市公司董事会议事示范规则》,《规则》第十四条规定:“董事会会议以现场召开为原则。必要时,在保障董事充分表达意见的前提下,经召集人(主持人)、提议人同意,也可以通过视频、电话、传真或者电子邮件表决等方式召开。董事会会议也可以采取现场与其他方式同时进行的方式召开。非以现场方式召开的,以视频显示在场的董事、在电话会议中发表意见的董事、规定期限内实际收到传真或者电子邮件等有效表决票,或者董事事后提交的曾参加会议的书面确认函等计算出席会议的董事人数。”这一规定,不仅实现了董事表决权行使的电子化,甚至可以理解为董事会会议的电子化方式召开。中国保险监督管理委员会发布的《保险公司董事会运作指引》第六十一条第二款规定:“通过视频、电话等方式召开会议,能够保证参会的全体董事进行即时交流讨论的,视为现场召开。”事实上许多公司已经在运用了,如四川长虹,其《董事会议事规则》第二十六条规定:“必要时,在保障董事充分表达意见的前提下,经召集人(主持人)、提议人同意,也可以通过视频、电话、传真或者电子邮件表决等方式召开。”

第三章

变革的发展理路：中国公司法因应信息化的基本理念与基本策略

第一节 公司法现代化变革的基本理念

公司法的发展有其自有的规律，它与一个国家的经济体制、社会经济结构和经济水平是紧密联系的。当今社会是一个充满变动、充满创新的社会。当经济全球化的浪潮风涌而起，知识经济的气息扑面而来之时，人们不禁惊呼一个有别于传统时代的新时代的到来。自2001年我国加入世界贸易组织，中国经济逐步融入全球经济一体化的进程，在这种情况下，公司的竞争力不仅是投资者和经营者关心的问题，也是公司法的立法者关心的问题。因此，公司法变革与全球竞争联系起来了。

一 全球竞争与公司法变革

（一）全球竞争开阔了人们观察公司法的视野

全球竞争带来了什么？显然，全球竞争不会给公司法直接带来什么。但毋庸置疑，全球竞争改变了公司法作用的条件。①

1. 资本流动范围的扩大

全球经济竞争带动了资本在全球范围内流动。之所以如此，是因为

① 王保树：《竞争与发展：公司法改革面临的主题》，《现代法学》2003年第3期。

资本运作的高度选择性。换言之，资本“总是趋于只投入在以营利为目的的运营活动中，其目的是让资本‘生出利润’。为了使资本‘生出利润’，以营利为目的的运营活动从根本上说（不过这并非重言）是有‘选择性’的”。[①]

由于资本流动的选择性不受地域限制，资本可以在全球范围内流动。但流向也是有规律性的：一是流向门槛低的国家或地区，即注册资本低的国家或地区；二是流向劳动力价格低的国家或地区；三是流向综合投资环境好的国家或地区。

2. 信息获得难度加大，风险增加

公司和公司法的实践都表明，无论是保护投资者利益，还是有效的公司治理，都需要公司信息的公开。并且需要信息的充分性。无疑，在全球经济一体化的进程中，人们要获得那些跨国经营的公司（不只是跨国公司）信息，显然要比获得仅仅在国内经营的企业的信息难得多。正因为如此，公司和公司的投资者的风险加大了。

3. 规则趋同性要求与解决冲突的需求增多

由于公司经营范围越出了一国的国界，虽然公司法是国内法，但规则的趋同性是不可避免的。同时，全球范围内的经营也不可避免地带来法律冲突，虽然这主要依靠国际私法解决，但公司法对其关注也是不可缺少的。

（二）公司法变革面临的主题：竞争与发展[②]

面对全球竞争提出的问题，公司法变革的主题是什么？

1. 公司法变革必须注意公司竞争的需求

公司法的制度规则应有利于为所有出资人建立公司进入市场提供均等的机会。公司法的实践表明，对公司的设立政府介入得越多越深，投资者设立公司进入市场的限制就越多。实践也表明，公司法设定的投资门槛越高，越不利于造就在资本流动中的优势环境。所以，公司法在满足公司竞争需求时，必须解决这些问题。

---

① 弗朗索瓦·沙奈：《资本全球化》，齐建华译，中央编译出版社2001年版，第11页。

② 王保树：《竞争与发展：公司法改革面临的主题》，《现代法学》2003年第3期。

2. 公司法变革必须满足公司发展的需求

公司是社会经济的微观组织，它的健全程度和活力状况，直接关系到社会经济发展的总体水平。因此，公司法变革满足公司发展的需求，实际上也是满足国家经济发展的需求。无疑，公司发展需要解决许多技术环节的问题。这里，我们只能在制度规则上考量。其中，关键是公司治理问题。

应该说，公司治理问题从公司一问世就存在。特别是那些典型的所有与经营分离的大型股份有限公司，它们一开始就存在如何构建一种治理机制的问题。之所以现在人们如此重视公司治理问题，是因为 20 世纪 70 年代以来公司治理失灵的问题更加突出了。

公司治理的着眼点很多，但核心是效率与监督的问题。公司运营没有效率不可能有效地发展，而缺乏有效的监督机制，公司也不可能持续发展。所以，公司治理应成为解决公司发展的重大问题。

（三）全球竞争背景下各国公司法的现代化变革

为了适应世界经济一体化的新变化，自 20 世纪个别国家已着手进行公司法的变革。如果说这些零星的改革犹如涓涓细流，那么，进入 21 世纪已迅速汇集成为世界性公司法改革的浪潮，汹涌澎湃，蔚为大观。美国《标准公司法》于 20 世纪最后 10 年先后经过 7 次频繁的修订，最近的修改发生在 2002 年。在以安然公司为代表的一系列公司丑闻的压力下，时任美国布什总统在 2002 年 7 月 30 日签署了萨班斯—奥克斯利法案（Sarbanes-Oxley Act）。布什总统称该法案是“罗斯福时代以来，有关美国商业实践影响最为深远的改革”。[①] 1998 年 3 月，英国贸工部（DTI）发起了一个大规模的公司法审查活动，对现行公司法进行审查研究，为大规模修订公司法做准备。这次活动由公司法审查“指导小组”（CLR）组织实施。指导小组组织发表了大量的咨询文件及研究报告，并于 2001 年公布《竞争经济中的现代公司法：最终报告》，这份报告系统总结了这次公司法审查活动对公司法改革的建议。CLR 于 2001 年 7 月 26 日提交了它的第一份关于州务秘书的报告，目的是实施

① 李丹：《美国公司改革法案对我国公司治理的启示》，《经济体制改革》2003 年第 2 期。

CLR 的提案，即 2002 年 7 月的治理问题白皮书“公司法现代化”和 2005 年 3 月的“公司法改革”，这个提案奠定了 2005 年 11 月公布的公司法改革法案的基础。2006 年 11 月女王批准了英国《2006 年公司法》，这是英国 50 多年以来对公司法最全面的一次修改。德国 1998 年颁布《企业监督与透明化法》修订了股份法与商法的规定。从 1990 年至 2002 年德国联邦议会陆续公布了四个金融市场奖励法与《有价证券取得与收购法》、《透明与公示法》，修改了企业内部治理与外部监督。2000 年联邦政府总理召集第一个公司治理的政府委员会，建议应修改股份法，制定一个一致的德国公司治理规约。在联邦政府的倡导下，由知名公司法学者参与公司治理的检讨工作，联邦政府遂于 2003 年 5 月 21 日公布《德国公司治理规约》。2005 年联邦议会通过《企业完整与撤销法》。2006 年经修订，在联邦电子公报公布了新版的《德国公司治理规约》。[①] 日本 2002 年修改了《关于股份公司监察的商法特例法》，2002 年 9 月日本立法咨询机构法制审议委员会公司法分会开始公司统一立法工作，2004 年公布《公司法现代化纲要》，同时草拟《公司法草案》，2005 年提交参众两院通过，7 月 26 日正式公布《日本公司法》。[②] 2001 年 5 月 15 日，法国颁布《新经济规制法》，2002 年制定《关于 NRE 法律涉及公司事项的实施条例》，2003 年 8 月，出台《经济创新法》、《金融安全法》。欧洲委员会于 2003 年提出《欧盟公司法现代化和公司治理走向完善的行动计划》。此外，韩国于 1995 年、1998 年，意大利于 2004 年也对公司法进行大规模的修订。在最近十几年左右的时间内，横跨两大法系的诸国几乎是不约而同的，如此密集地展开公司法修订活动，绝非偶然巧合，而是面向新世纪经济一体化不断地扩展和深化，把握机遇，迎接挑战的必然反映。[③]

这场全球性的公司法改革，在很多国家直接被冠以“现代化”，如

① 陈丽娟：《从德国〈公司治理规约〉看该国公司治理改革》，《东海大学法学研究》2007 年第 26 期。

② 吴建斌：《日本公司法的本国化、现代化与法典化演进》，载吴建斌等译《日本公司法典》，法律出版社 2006 年版。

③ 郭富青：《各国公司法现代化改革：竞争、趋同与融合》，载顾功耘主编《公司法律评论》（2008 年卷），上海人民出版社 2009 年版，第 40 页。

英国的 *Modem Company Law for Competitive Economy* 报告以及 *Modernizing Company Law* 政府白皮书、法国的《社会法现代化法》、欧盟的“欧盟公司法现代化和公司治理走向完善”的行动计划、日本的《关于公司法制现代化的纲要试案》。各国公司法现代化改革都是对 21 世纪经济全球化、一体化在立法上的回应，因此，通过公司法的修订增加公司经营的灵活度与活力，改善、提高公司治理水平，促进公司治理机制趋向科学、合理和高效，吸引国际资本进入本国市场，使本国公司能够融入国际社会，并在全球一体化的市场竞争下取得优势地位，这毫无疑问是各国公司法现代化改革的共同目标。[①] 但是，由于各国社会经济发展的现状及公司法制发展的阶段存在着明显的差异，所要解决公司法中出现的现实问题也各不相同。也就是说，各国公司法现代化改革肩负着各自不同的历史使命，决定着各国公司法现代化改革的原则和目标存在着差别。

在 2002 年到 2003 年的两年时间里，欧洲国家在欧盟统一的高度上及各成员国的内部，都进行了公司法和公司治理方面的改革。欧洲委员会于 2003 年 5 月 21 日提出了一个名为《欧盟公司法现代化和公司治理走向完善》的行动计划。内部市场委员会委员弗里茨·博尔凯斯廷（Frits Bolkestein）在行动计划公布后说，公司法和公司治理应当是政治议题的核心内容，因为只有公司运转有效率和具有透明度，经济才发展。我们已经明明白白地看到公司无效率和不透明运转的后果：投资流失，失业增加，更糟糕的是，股东、雇员和债权人及社会公众受到欺诈和掠夺。为了稳定公众对金融市场的信心，及时行动是必要的。行动计划提供了一个经过认真考虑和清晰的解决问题的框架。行动计划的主要目标是：（1）强化股东权，加强对雇员、债权人和其他公司涉及对象的法律保护；修改公司法和公司治理规则，使之适应不同类型的公司。（2）培育企业的效率和竞争力，对某些特定的跨境交易问题予以特别注意。德国公司治理政府委员会将其任务定位于：找出德国企业在管理与监督制度上的缺失，在考虑金融市场全球化与国际化的趋势下，落实德国企业与市场结构的转型，完成公司法现代化的使命。2000 年 6 月

---

① 郭富青：《各国公司法现代化改革：竞争、趋同与融合》，载顾功耘主编《公司法律评论》（2008 年卷），上海人民出版社 2009 年版，第 42 页。

联邦政府总理表明应具体明确公司法现代化的下列目标：加强德国金融市场，改善德国企业的竞争力，利用国际化的机会，利用资讯与信息技术的快速发展，扩展德国的企业监督与企业管理制度，以及消除现存的弊端，不再有其他的国家管制，而是重新调整国家制度的范围与企业自律方法间的关系。①

英国公司法改革的目标是发展一个简单的、现代的、低成本高效能的、公平的和透明的公司法架构，以保证英国经济在21世纪的竞争力和持续繁荣。英国公司法改革遵循公司“有所为”的原则。在英国，公司法除为国内经济服务外，国际业务也是其不可忽略的重要服务内容。英国公司法改革指导委员会指出，在日益增长的全球化经济中，不能孤立地考虑国家的公司法构架。公司法代表国家制度的某一个方面……政府应确保公司法不会成为投资者进人英国开展业务的障碍。②英国公司法的发展存在缺乏系统化、体系化等严重的问题。例如，公司法的修改缺乏系统的理论准备和通盘考虑，没有重新审视公司法的基本原则。有的是为应付一时之需的应急之作，有的是为反映时任政府偏好的应景之作，不停地增添修补，使公司法的体系过于庞杂和臃肿。1998年3月，英国贸工部（DTI）发布了名为《公司法现代化与竞争经济》的咨询意见书，提出了全面改革公司法所应遵守的原则是：在稳定性、前瞻性和透明性这三大原则的基础上，构建高效率的公司制度。

二 各国公司法变革的基本理念

公司法变革的基本理念是指那些体现在公司法的修改完善中的价值取向和指导公司法变革的基本法律原则。时代的变迁给传统的公司法学理论和公司法理念带来了前所未有的冲击和挑战，由此带来的是公司法理论及理念的更新和革命。可以说，当今的时代同时也是一个公司法理论更新与变革的时代。显然，我国公司法的变革当然应当在这种变革后

① 陈丽娟：《从德国〈公司治理规约〉看该国公司治理改革》，《东海大学法学研究》2007年第26期。

② 徐克：《英国公司法改革》，《经济导刊》2005年第1—2期。

的理论指导之下进行。

(一) 公司民主的理念

1. 正在被重新阐释的公司民主

公司素来被传统的西方学者视为资本民主的典型形态，资本多数决原则成为公司资本民主的体现。资本民主被视为天经地义和亘古不变，且最为科学和公正。然而，曾一度被人们奉为圭臬的“资本多数决原则”和“股东本位”的资本民主理念却受到了现实的巨大冲击，遭到了人们越来越多的质疑。[①] 首先，股东本位理论在飞速发展的社会现实面前表现出越来越大的局限性。在当今社会，由于经济发展对知识的依赖，以往的以物质资本所有权为中心的各种权力结构已经不能适应时代的需要，对公司权力结构进行改造，也成为知识社会的一个最为基本的要求。在今天，人们已经普遍认为，对公司而言，股东的物质投入是公司存在的一个重要因素，但物质因素并不是公司存在和发展的唯一因素。从财富创造的角度来说，公司并非股东的简单集合，而是一个法律框架，其作用在于治理所有在公司的财富创造活动中作出特殊投资的主体间的相互关系。对公司“投资”的主体包括股东，但公司的债权人、雇员往往作出了特殊的“投资”。另一方面，传统的资本民主的理念以及股东本位思想与强调以人为本的人文主义思想的矛盾与不和谐也日益突出。因此，一套全新的公司民主理念应运而生。

人力资本理论、利益相关者理论等认为，建立在资本多数决原则基础之上的股东本位主义的资本民主并非真正的民主，主张摒弃传统的股东本位主义，推行职工及债权人对公司管理的参与，并对公司的治理和运作模式的变革产生了巨大的影响。这种新的公司民主理念和公司治理与运作模式被有的西方学者视为一种“新资本主义”的化身，为新的资本主义阶段的开始。以“民主参与”与“自由企业”为标志的“新资本主义”公司体制对旧的公司体制的替代过程，被认为是资本主义

① 冯果:《变革时代的公司立法——以台湾地区“公司法”的修改为中心考察》,《南京大学学报(哲学·人文科学·社会科学)》2003年第2期。

“革命”，是“资本主义反对资本主义”的过程。[①] 其次，即便是坚持资本民主的学者也认为，绝对的资本多数决原则体现的也只能是一般意义上的公正，在股权高度集中的公司内部，所谓的资本民主也只能是大股东的民主，对于广大的中小股东而言，民主只能是一个空洞的神话。[②] 因此，主张限制大股东的表决权，强化小股东地位的呼声越来越高涨，并最终导致各国公司法的修改。

2. 投资者革命和股东积极主义的勃兴

近十多年以来，以对冲基金和养老基金为代表的机构投资者强势崛起，大型金融机构持有公众公司的股份比例日益提高，“股东法人化”现象方兴未艾，股东投资理念及其投资的广度与深度均发生了深刻变化，这种现象不妨称之为“投资者革命”（或称“股东革命”）。[③] 具体而言，投资者革命：一是表现为投资者类型的更新，即机构投资者持股比例不断上升，超越个人投资者成为资本市场的主导力量；二是表现在投资对象的扩张，即从银行存款等相对单一的投资对象拓展至种类繁多、令人目不暇接的金融商品，投资多元化的时代已经来临；三是表现在投资范围的延展，即投资者打破了地域限制和国别藩篱，开始普遍性地进行全球投资，从本土投资者转变成国际投资者，投资无国界已经是一个不争的事实；最后表现在投资理念的更新，即价值投资逐渐取代了趋势投资，成为资本市场投资理念之圭臬。这场轰轰烈烈的投资者革命将随着时代的发展呈现出新的动向与前景，[④] 并至少在公司治理、公司融资和公司并购三个方面深刻塑造着公司法的制度环境。[⑤]

所谓股东积极主义（Shareholder Activism），是指机构投资者凭借其所持有的股份，通过征集代理投票权和提出股东议案等形式积极参与公

---

① 哈拉尔：《新资本主义》，社会科学文献出版社 1999 年版，第 7 页。

② 牧人等：《股份有限公司》，西南财经大学出版社 1994 年版，第 88 页。

③ 冯果、李安安：《投资者革命、股东积极主义与公司法的结构性变革》，《法律科学》2012 年第 2 期。

④ ［美］彼得·L. 伯恩斯坦著，高小红译：《投资新革命》，机械工业出版社 2010 年版，第 192—199 页。

⑤ 冯果、李安安：《投资者革命、股东积极主义与公司法的结构性变革》，《法律科学》2012 年第 2 期。

司治理的行为。[1] 作为一种社会现象，股东积极主义并不是近年内才出现的新鲜事物。事实上，早在20世纪90年代，股东积极主义就演进成为西方证券市场的一个重要特征，并成为公司治理及公司变革的一个重要载体。在新的时空背景下，尤其是随着网络时代的到来，股东积极主义又呈现出新的发展动态，对公司法制的影响与冲击愈演愈烈。对于公司民主的实现有很大助益，从而会更深层地影响公司的治理结构。[2]

（二）效率之上的安全

保障商事交易的安全与促进商事交易一直以来就是商法的基本原则。公司法作为商法的核心，也把安全和效率作为其基本的理念。

1. 安全与效率的关系

安全作为法律价值取向在理论研究中源远流长，它既是个体和群体自身存在的内蕴要求，又是提供自由、平等、公平等价值取向得以持久存续实现的前提。它使得参与公司事务的各方面的人相信交易的规则和限制，相信自己的利益能够得以被法律所保护。效率是经济分析法学所崇尚的最根本的法律价值取向。由于公司是一种以营利为目的的组织，其基本的经济和社会功能在于获取投资收益、限制投资风险，因此，从本质上说，公司就是股东赚钱的工具。[3] 由此决定，公司法宗旨之一在于通过对当事人行为的规范和对公司内外法律关系的调整，鼓励社会投资，促进企业发展和公司繁荣，追求经济利益的最大化。

安全与效率这两个价值，虽然其含义不同，但是却又相互联系、相互作用、密不可分的。安全的积极意义在于可保障交易的自由、平等、安全，并使公平竞争和法律的可预见性成为可能，从而一定程度上能够促进商事竞争，提高商业效率。但是安全的存在，需要公司法设定一系列的强制的规范来实现，安全的作用越大所需要的这种强制性的规范就越多，也就越束缚了公司的自由，从而限制了公司的效率。要增强公司

---

① 冯果、李安安:《投资者革命、股东积极主义与公司法的结构性变革》,《法律科学》2012年第2期。

② 冯果:《网络时代的资本市场及监管法制之重塑》,《法学家》2009年第6期。

③ 赵旭东:《公司法修订的基本目标与价值取向》,《法学论坛》,第19卷第6期。

的效率，就要放松对公司的限制，允许其自由的交易，然而公司越自由，公司法对公司的约束就越少，确定性的规范就越少，对参与人的保障也就越少。因此公司法的现代化应当协调好安全与效率的关系。

2. 效率与安全等价值的理念被重新定位

效率与安全作为各国公司立法所追求的两大最根本的价值目标，二者之间既相互关联，又有一定的对立和冲突。在二者之间发生冲突时，如何取舍，直接取决于立法者的认识和态度。虽然不同法系、不同国家，甚至不同的历史时期，对待二者之间关系的态度会有一定的差异，但总体来讲，面对剧烈的国际竞争，越来越多的国家和地区的立法者，开始由二者的并行兼顾，改为采用效率优先的原则。牺牲效率换取安全的做法，被视为非明智之举。尤其是随着知识经济的到来和融资技术的更新以及交易手段的变化，传统的资本理念发生了巨大变化，资本的理性投资功能增强，担保功能锐减，由此带来了资本三原则的衰落和各国公司资本制度的变化。[①] 从各国公司立法变革的实践和公司法的发展趋势来看，效率优先已成为当代公司立法的主旋律，它贯穿在公司设立、合并、分立、资本筹集与增减以及公司治理等各个环节，而法律对安全的追求及对债权人的保护，则从形式和程序上的追求与保护转向对实质结果的维护，立法的理性与科学色彩更为浓厚。

（三）减少管制扩大公司自治空间

自治与管制的矛盾同样是公司法立法中要解决的一对矛盾。自治与管制相互联系、相互制约，根据经济发展的不同阶段，各国的公司法在自治与管制之中有所侧重。随着公司在社会生活中角色和地位的日益彰显，如何调和公司的私利性与公益性之冲突，以缓和二者间二律背反之紧张关系，并寻求公司自治与政府监控之竞争性平衡，被学者们视为公司法的根本目的所在。[②]

---

① 冯果：《论公司资本原则理论的时代局限》，《中国法学》2001 年第 3 期。

② 王志诚：《员工参与机关之法理与论争（中）——企业法与经营学之交错领域》，《集保月刊》，1998（52）。

1. 公司自治与政府管制

自治就是意思自治，它是私法上的范畴，指民事或商事主体能够按照自己的自由意志决定自己的活动，或者按自己的意志产生自己所希望形成的法律关系。管制就是国家的干预、国家的强制，是指基于公共目的所施加的强制性的限制。在公司法中，管制就是政府对公司法私法领域的公法的介入情况，主要表现为公司法律中的强制性的规定。自治与管制相互联系、相互影响、相互制约。政府加强对公司的管制，就会限制公司的自由，挤压其自治的空间。如果要扩大公司的自治就要放松政府的管制，给予公司自由。因此立法应该根据不同的经济发展确定不同的理念。

2. 当前公司法的变革应该扩大公司的自治空间

强化监控与放松管制的呼声同时并存，此消彼长。尽管理论分歧仍在，但从各国的立法实践来看，放松管制却成为公司立法变革的强音。21世纪的公司法制不宜再以简单地规制公司的行为作为核心内容，而应该为企业提供一个富有弹性的、促使企业能够进行富有创造性活动的公司法律制度。可以说，至今为止的公司法的修改内容，基本上是一种“需要牵引型”与“政策诱导型”相混合的产物。① 日本2002年修改公司法的一个重要特征就是扭转“政策诱导型”的立法模式，废除了旧商法从保护出资人和债权人的观点出发，长期以来对公司经营活动所采取的各种不必要的强制性限制。现阶段的公司法的变革就是要扩大公司自治的空间，减少对公司的管制。因为公司乃由股东所组成的营利性社团，要想因应源源不断的国内外竞争压力，必须不断扩大公司自治的空间，增强公司立法的弹性和适应性，以满足公司随时调整组织战略及经营策略之需要。②

首先，自由主义是公司法的精髓和灵魂，③ 公司应该具有意思自治的能力，这是由公司法的性质和公司法人的性质决定的。第一，尽管公司法

---

① 穴户善一：《类别股份、新股认购权等自由化》，《法学家》2001年第1206期。转引自刘永光：《日本公司法最新修改述评》，《厦门大学法律评论》第3期，厦门大学出版社2006年版，第233页。

② 赖源河：《从法规松绑与公司监控论公司法之修正方向》，《月旦法学》2002年第1期。

③ 施天涛：《公司法的自由主义及其法律政策》，《转型中的公司法的现代化》，社会科学文献出版社2006年版，第601页。

是国家公法限制和干预较多的一个领域，但是公司法本质上具有私法的性质。因此作为私法核心的意思自治的理念理所当然的应该贯彻在公司法中。第二，公司法人的性质也决定了公司应该具有意思自治。公司这种法人组织是在市场经济中出现的，在社会现实生活中真实存在，其并不是一种因为法律的规定而拟制的组织。因此公司应该具有其权利能力和行为能力，有其独立的人格。既然公司有独立的人格特征，就应该有其独立的意思能力，即意思自治。公司意思自治，意味着公司作为独立的法律主体可以根据自己的意思自主决定私法领域内不受强制性规范约束的任何行为或活动。

其次，是现实原因。在20世纪之前，自然法学派盛行的阶段是契约完全自由的时代，在商事活动中强调当事人的意思自治。但是这种契约完全自由也导致了一系列的后果，危害了社会公平竞争和有序发展，于是政府便加强了干预。20世纪后，国家强有力的干预使契约没有了自由，所以西方法学家宣称契约死亡了。[①] 尽管在近一二十年来，各国也开始放松政府的管制，恢复契约的自由，但是政府干预的程度依然非常重，严重阻碍了公司的发展。政府管制的公权力与公司自治的私权利相比较，后者处于弱势地位。如果不着力确保公司的自治权力，那么政府的公权力会有一种天然的扩张性，极易吞噬公司自治的私权利。公司的旺盛生命力在于公司与股东的自治，随着世界经济的全球化、自由化和现代化的加速，公司法也应该顺应世界经济的发展，加大公司的自治空间，适度减少政府的干预。因此弘扬和扩展公司意思自治就成为公司法现代化运动的重任。

第二节　中国公司法因应信息化的基本策略

一　因应信息化必须及时进行公司法的变革

（一）因应信息化需要公司法的及时推进

公司在运营、管理中，其在对内和对外的关系上，需要制作并置备

① 郭锋：《新公司法中的意思自治》，《中财论坛》，中国财政经济出版社2007年版，第44页。

各类相关文件，需要向股东、债权人等发出各种通知和公告，需要公告财务报告。反过来，股东、债权人或其他人须向公司发出通知或进行某些权利的请求。关于公司当事人在实施这些事项时能否使用电子手段，我国《公司法》的有关规定并不是十分明确。同时，更为重要的是，现行《公司法》虽然没有明确的规定，但按照常识性的理解，公司必须在有形会场召开股东大会及董事会，而股东也必须亲自到会场或委托代理人出席股东大会，否则其效力将会受到质疑。近年来，随着我国经济尤其是 IT 产业的高速发展，整个社会正在走向信息化，IT 技术在企业经营与活动中得到了快速的发展和应用。在公司法务中，有关股东大会的运营、股东表决权的行使、股东大会会议记录等文件的保存以及公司信息的公示等的电子化，大部分在我国已经付诸实践。在这样一种形势下，公司法关于能否使用电子手段来处理公司法务规定的缺位无疑已不适应信息时代的发展，不能为公司法务提供法律上的支持和保障。[①]

公司法制的 IT 化改革，能节约公司信息处理、信息公开的成本，并能使公司的运营更加迅捷。而对于股东而言，能迅速、低成本地取得公司信息，改善与公司的交流，从而能更好地参与公司的管理和决策，促进公司管理的民主化。尤其是通过股东会议 IT 化的实现，能同时减轻公司的会议成本和出席股东的成本，能使更多的小股东真正参与公司的管理，从而改善公司的治理结构，提高公司的价值乃至保障证券市场的稳定。同时，从国家的政策层面上来讲，公司法制上的 IT 改革反过来肯定会促进企业及整个社会 IT 化的发展，对我国早日跨入 IT 强国乃至科技强国的目标提供法制上的支持。

目前，不需要进行公司法修改就可以实现公司 IT 化运营的主张在我国是有市场的，因为我国公司实践中的 IT 化运营，包括股东大会网络投票的实施，似乎并没有人提出不同的意见，更不用说对其是否合法的质疑声。日本在公司法修法之前，即是在当时现行法律的框架之下，在某些事项上使用电子手段来实施公司法务也不一定被认为是违法，但在为使该国较快地成为世界最先进的 IT 国家这样一个指导思想之下，日本政府积极果断地推进了包括公司法在内的多个法律的立法和修改。

---

① 刘小勇：《日本公司法制的 IT 化改革及对我国的启示》，《法学》2005 年第 1 期。

尽管我国目前在某些方面也可作出可使用电子手段的法律解释，但我国也应像日本那样，从国家发展的战略高度上着眼，果断地进行立法和修法，明确电子手段的应用，给经济活动提供法律保障和法的安定性，从而促进现代信息技术的发展和应用。[①]

（二）因应信息化需要实现公司法的制度变革

这里，我们没有使用“公司法修改”、“公司法完善”，而是使用了“公司法变革”。为什么？这需要从深层次寻找原因。[②] 毫无疑问，“公司法变革”包括“公司法修改”和“公司法完善”。这里之所以提出“公司法变革”，当然应该赋予它新的含义。

首先，我们在审视公司法时应有一个改革的态度，即从关注一国范围的适应性转向关注对全球竞争的适应性。因为，公司法所规范的公司，特别是大公司，其存续、经营和发展都必须面向全球竞争，只不过有主动与被动之别而已。如果仍然仅仅以国内的适应性为标准审视一国的公司法，其公司法就只能落后于形势。

其次，修改与完善公司法，必须有改革的精神。迄今为止，修改与完善公司法的模式主要有两种：一是修补式，即针对个别条文，修修补补；二是结构式，即考虑到整个公司法的不适应，进行大幅修改。如何评价这两种不同模式？不可一概而论。换言之，这两种模式都有其适用的领域与情形。但是，亚洲金融危机和世界范围内虚假财务会计报告的冲击，使人们已经感到现有公司法律制度的脆弱，不能只采用修补的方式而应采用变革的精神完善公司法。

再次，公司法变革重在制度变革。无疑，公司制度变革应具有全面性、结构性和深刻性。迄今的公司制度理念比较注意逻辑结构和应然性，对于实践偏离法律的考察也大多注意违法性的判断而忽视经济结构、经济条件对公司法的影响和对公司法实效性的考察。如今讨论公司法变革，应多强调一些实然性，多关注公司法制度结构与经济结构之间的互动，即注意经济结构对公司法变革提出的要求和公司法对改善经济

---

① 刘小勇：《日本公司法制的 IT 化改革及对我国的启示》，《法学》2005 年第 1 期。

② 王保树：《竞争与发展：公司法改革面临的主题》，《现代法学》2003 年第 3 期。

结构的引导、促进作用，而不是就事论事。当然，结构性的公司制度变革不是一蹴而就的，应将结构性改革的长期目标与实现阶段性成果的阶段性目标结合起来。阶段性改革的目标也应与关键性的具体制度紧密结合起来，不能只拘泥于个别条文的考量。

显然，将公司法变革与全球竞争体制结合起来，并非相信公司法的万能，似乎只要有了一部完善的公司法，公司就会自然有了竞争力。相反，在同样的公司制度条件下，有些公司很有竞争力，而有些公司则毫无竞争力。我们强调两者的结合，是指全球竞争给公司法的变革提出了课题，公司法变革应给一个国家公司参与全球竞争提供必要性条件，易言之，公司法变革应能提高一国公司竞争的整体水平。

二　移植外来制度是实现我国公司法变革的必要选择

（一）我国公司法变革需要法律移植

在发展中国家，公司法现代化的过程，在很大程度上表现为法律移植，而被移植的对象主要是发达国家特别是英美国家的公司法。[①] 按照法律改革的功能路径和历史路径交会的思路，在法律移植过程中我们则应当坚持公司制度功能与刻度形式、制度规则与制度理念相分离的原则。一方面，我们应当尽量遵循公司制度客观规律，使修改后的公司法能够像发达国家的公司法那样保护投资者利益，使得公司法能够适应社会经济活动发展的需要。另一方面，则必须注意，经济压力并不是其唯一演进动力，公司法的发展有其内在的规律，不同国家对投资者保护目标的认识也并非一致。即使一致也并非采取相同的实现路径。某个国家公司法的适应改进显示出强烈的路径依赖特征，不仅因为替代机制大量存在，而且因为各个替代性机制的历史起点又并不一致。同时，路径依赖也并不是决定各个国家公司制度的适应性改进的唯一因素，强有力的外部环境和选择机制也是重要因素。在外部压力下，公司制度如何改进呢？坚持功能性改进而非引进具体制度，是一种好的

① 曹兴权：《公司法的现代化：方法与制度》，法律出版社2007年版，第239页。

选择。[①] 一方面可以回应变革的压力，另一方面则又可以回避体制变革能遇到的阻碍。同样，公司法现代化的适应性改进，在提升股东权利、强化公司内部监督、强化公司社会责任方面的先进理念，我们完全可以借鉴。

（二）坚持制度移植的适应性标准

遵循功能路径与历史路径相交会的思路，我们在以移植方式促进公司法变革的过程中应当考虑这两个关键问题："如果没有按照移植国的国情引进法律制度，或者只是单纯按照殖民者政策进行移植，而被移植的国民并不适应该法律体系，那么人们对所移植的法律的需求不大，移植进来的法律就不可能像在母国那样发挥作用。"在这里，必须注意两个问题："已经拥有正规法律秩序的国家接受法律制度移植后，是否使移植进来的法律制度适应了本国国情？""引进的法律制度的基本原则是否是该国已经适应了的东西？"[②] 因此，公司有关各个主体的法律地位如何界定、权利如何涉及、国家强制与公司自治的关系在这个权利结构的配置过程中如何处理，可能更多地要考虑适应性标准，先确定那些能够为本国适应的公司法基本原则，然后在此基础上引进具体规则。[③]

三　公司法因应信息化的变革应当考虑我国信息化的发展现状

因应信息化的公司法变革应当要植根于我国信息化的现状与发展趋势，要注意到不同企业、不同群体之间 IT 化水平的不均衡，应当注意不同的公司形式的区别并考虑数字鸿沟问题。

---

① 曹兴权：《公司法的现代化：方法与制度》，法律出版社 2007 年版，第 240 页。

② 鹤光太郎：《用"内生性法律理论"研究法律制度与经济体系》，载吴敬琏主编《比较》（第 8 期），中信出版社 2003 年版。

③ 曹兴权：《公司法的现代化：方法与制度》，法律出版社 2007 年版，第 244 页。

所谓数字鸿沟是指不同社会群体之间在拥有和使用现代信息技术方面存在的差距。特别是在我国，城乡之间、东西部之间、大小企业之间的数字鸿沟还是很大的，准确测量、客观描述数字鸿沟的发展现状与变化趋势，是客观评价政策效果、提出正确应对策略的前提和基础。2005年起，国家信息中心组建“中国数字鸿沟研究”课题组，对“数字鸿沟指数（DDI，Digital Divide Index）”进行跟踪测算和研究。

研究表明，虽然从变化趋势看，中国数字鸿沟总指数继续呈下降趋势，但是2012年中国数字鸿沟总指数为0.38，表明仍然存在明显的数字鸿沟。①

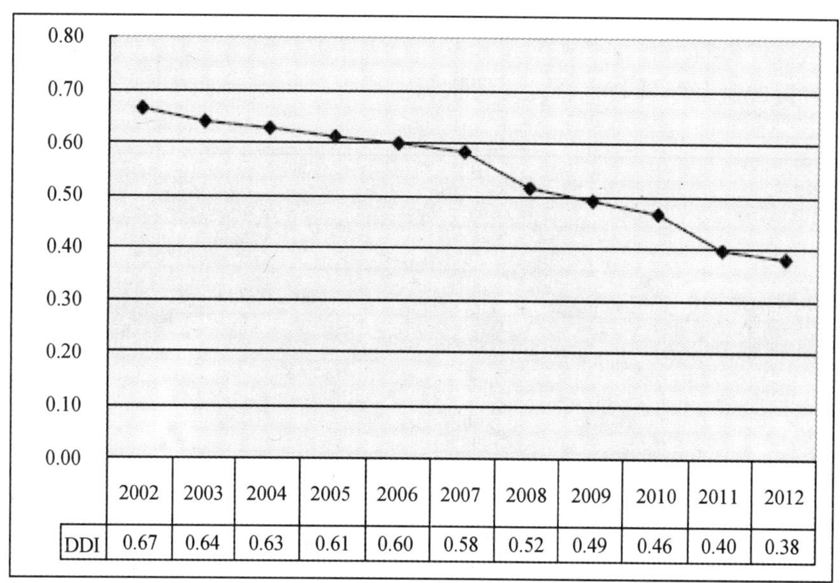

	2002	2003	2004	2005	2006	2007	2008	2009	2010	2011	2012
DDI	0.67	0.64	0.63	0.61	0.60	0.58	0.52	0.49	0.46	0.40	0.38

2002—2012年中国数字鸿沟总指数变化

来源：《中国数字鸿沟报告2013》。

① 国家信息中心《中国数字鸿沟研究》课题组：《中国数字鸿沟报告2013》，http://www.sic.gov.cn/archiver/SIC/UpFile/Files/Htmleditor/201402/20140219182509139.pdf，2014年2月10日访问。

中国数字鸿沟主要体现在城乡之间和地区之间。2012 年城乡数字鸿沟指数为 0.44，表明农村信息技术应用水平比城市落后 44%；地区数字鸿沟指数为 0.32，表明最落后地区的信息技术应用水平比全国平均水平落后 32%。[①] 另外，从企业信息化角度看，企业之间的数字鸿沟也是一个重要考虑因素。

（一）城乡数字鸿沟

城乡数字鸿沟是指城市居民与农村居民在拥有和使用信息技术方面的差距。城乡数字鸿沟总指数是反映城乡数字鸿沟水平的主要指标，代表城乡数字鸿沟的大小，由城乡互联网、计算机、固定电话、移动电话、彩色电视机普及率 5 个相对差距指数构成。从电子方式而言，影响最关键的是互联网与计算机两项指标。

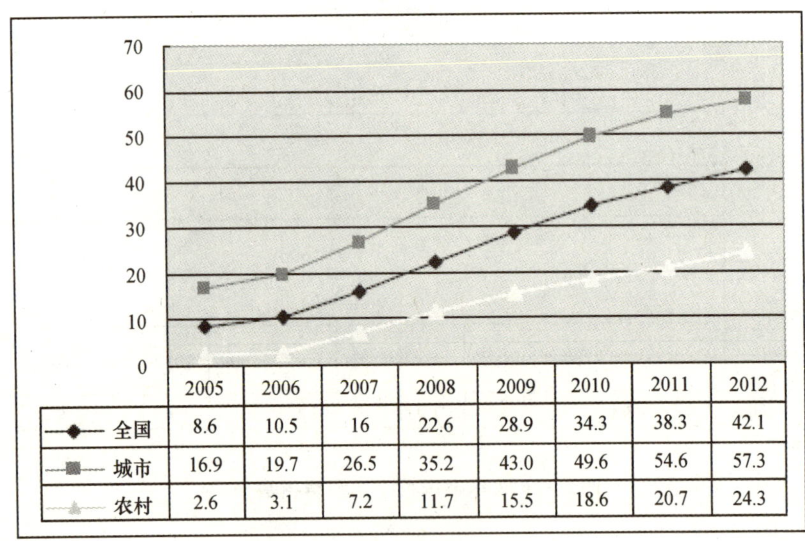

	2005	2006	2007	2008	2009	2010	2011	2012
全国	8.6	10.5	16	22.6	28.9	34.3	38.3	42.1
城市	16.9	19.7	26.5	35.2	43.0	49.6	54.6	57.3
农村	2.6	3.1	7.2	11.7	15.5	18.6	20.7	24.3

2005—2012 年中国城乡网民普及率（%）

来源：《中国数字鸿沟报告 2013》。

---

① 国家信息中心《中国数字鸿沟研究》课题组：《中国数字鸿沟报告 2013》，http://www.sic.gov.cn/archiver/SIC/UpFile/Files/Htmleditor/201402/20140219182509139.pdf，2014 年 2 月 10 日访问。

城乡互联网差距是指城市居民与农村居民在互联网应用方面存在的差距，上表为2005—2012年中国城乡网民普及率表。

从绝对差距看，2012年城市网民普及率高出农村33个百分点，比上年减少0.9个百分点。这也是城乡互联网绝对差距首次出现缩小。从相对差距看，2012年城市网民普及率是农村网民普及率的2.36倍，城乡之间互联网相对差距指数为0.58（即农村落后于城市58%），比上年（0.62）缩小了7%，表明我国城市和农村之间在互联网应用方面仍存在着明显数字鸿沟。

城乡计算机差距是指城乡居民在拥有和使用计算机方面存在的差距。下表为2005—2012年中国城乡百户居民家庭计算机拥有量表。

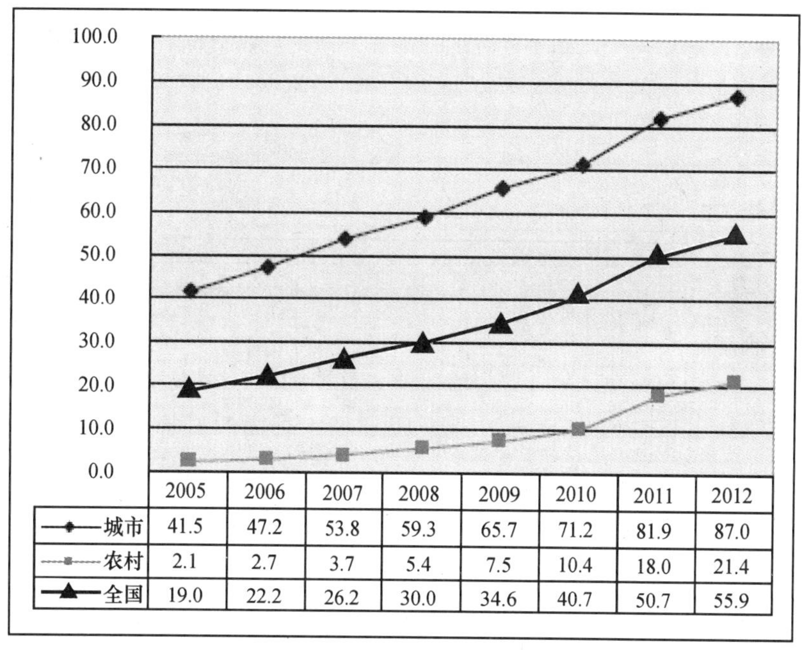

	2005	2006	2007	2008	2009	2010	2011	2012
城市	41.5	47.2	53.8	59.3	65.7	71.2	81.9	87.0
农村	2.1	2.7	3.7	5.4	7.5	10.4	18.0	21.4
全国	19.0	22.2	26.2	30.0	34.6	40.7	50.7	55.9

2005—2012年中国城乡百户居民家庭计算机拥有量（台/百户）

来源：《中国数字鸿沟报告2013》。

从绝对差距看，2012年城市家庭每百户计算机拥有量比农村多65.6台，差距比上年继续扩大1.7台。差距扩大的主要原因是尽管农村已进入快速扩张期，但扩张幅度仍没有城市大。从相对差距看，2012年城市居民家庭计算机拥有量是农村的4.1倍，城乡计算机相对差距指数为0.75（即农村比城市落后75%），表明农村与城市之间在计算机应用上存在巨大的数字鸿沟。

（二）地区数字鸿沟

地区数字鸿沟是指不同地区之间在拥有和使用现代信息技术方面存在的差距。地区数字鸿沟总指数（地区DDI）是反映地区数字鸿沟水平的主要指标，代表地区数字鸿沟的大小，由地区互联网、计算机、固定电话、移动电话、彩电5个相对差距指数构成。我们依然以最关键的互联网与计算机两项指标加以说明。

地区互联网差距是指不同地区之间在互联网应用方面存在的主要差距，考察指标是互联网普及率。下表为2012年中国各地区互联网普及率分布表。

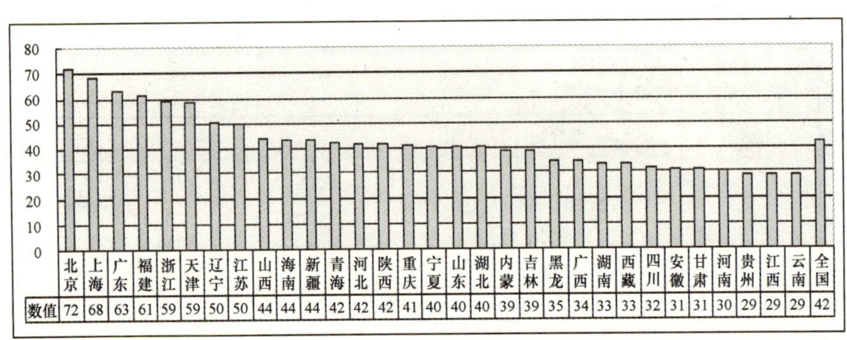

	北京	上海	广东	福建	浙江	天津	辽宁	江苏	山西	海南	新疆	青海	河北	陕西	重庆	宁夏
数值	72	68	63	61	59	59	50	50	44	44	44	42	42	42	41	40

	山东	湖北	内蒙	吉林	黑龙	广西	湖南	西藏	四川	安徽	甘肃	河南	贵州	江西	云南	全国
数值	40	40	39	39	35	34	33	33	32	31	31	30	29	29	29	42

2012年中国各地区互联网普及率分布（%）

来源：《中国数字鸿沟报告2013》。

2012年，全国互联网普及率达到42.1%，比上年增加3.8个百分点。在31个省区市中，北京互联网普及率继续保持全国最高水平，达到72.2%，云南最低，为28.5%，北京互联网普及率是云南的2.52倍。

2012年地区互联网相对差距指数（地区DDI－互联网）为0.32（即最低地区落后于全国平均水平32%），比上年下降12%，比2001年下降了 60%（即差距缩小了 60%）。2012 年地区互联网最大相对指数也比上年有所降低，但仍保持在较高水平（0.61）。

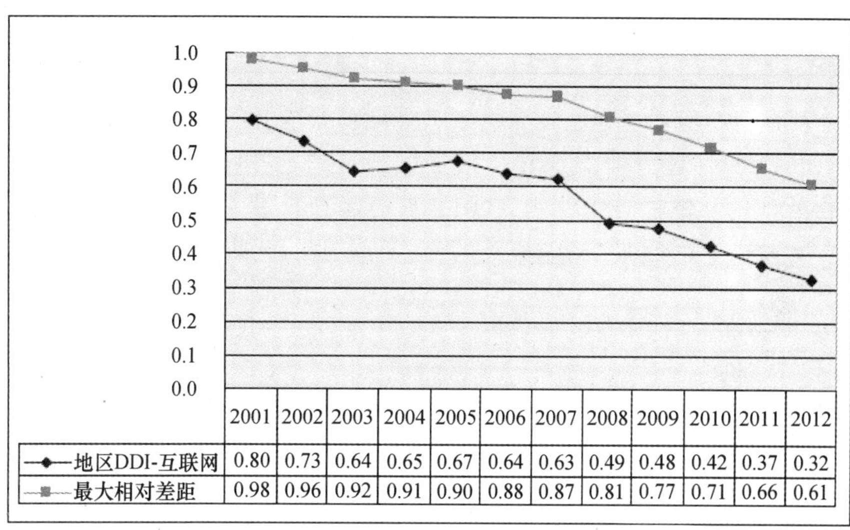

2001—2012 年中国地区互联网相对差距指数

地区计算机差距是指不同地区之间在拥有和使用计算机方面存在的差距。考察指标是城市居民家庭每百户计算机拥有量。

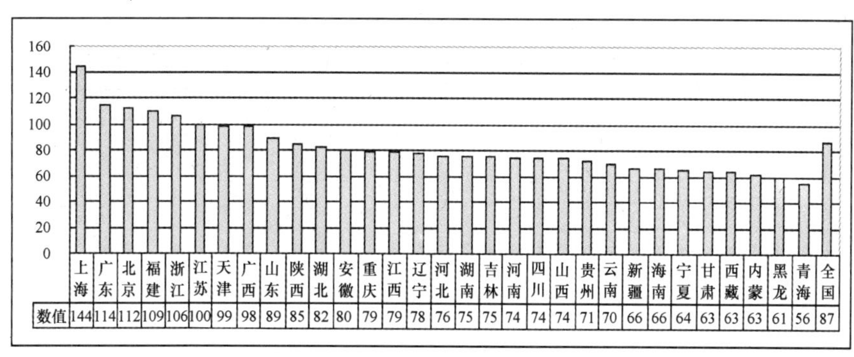

2012 年中国城市居民家庭每百户计算机拥有量地区分布（台）

来源：《中国数字鸿沟报告 2013》。

受家庭收入、教育水平等多种因素影响，地区间计算机普及率存在很大的差距。2012 年上海城市家庭计算机拥有率最高，每百户居民拥有计算机 144.4 台；青海省城市家庭电脑拥有率全国最低，每百户居民拥有计算机 55.7 台；最高地区城市家庭计算机拥有量是最低地区的 2.59 倍。

从绝对差距看，地区计算机绝对差距在上年出现首次下降后有所反复。2012 年每百户拥有计算机量最低地区落后于全国平均水平 31.3 台，差距比上年扩大 1.9 台。2012 年最高地区比最低地区高出 88.7 台，差距比上年扩大 3.6 台。

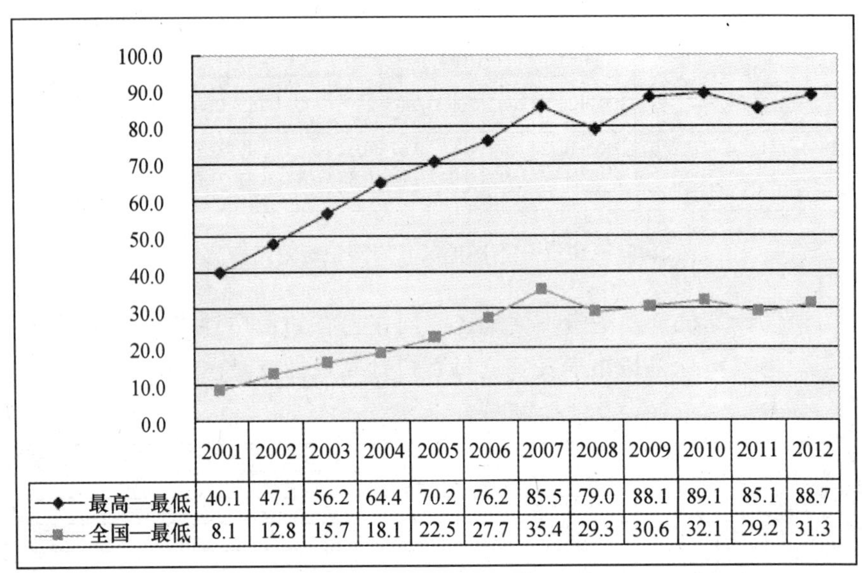

	2001	2002	2003	2004	2005	2006	2007	2008	2009	2010	2011	2012
最高—最低	40.1	47.1	56.2	64.4	70.2	76.2	85.5	79.0	88.1	89.1	85.1	88.7
全国—最低	8.1	12.8	15.7	18.1	22.5	27.7	35.4	29.3	30.6	32.1	29.2	31.3

2001—2012 年中国地区计算机绝对差距

从相对差距看，2012 年地区计算机拥有量相对差距指数（地区 DDI-PC）为 0.36（即最低地区落后于全国平均水平 36%），与上年持平，表明地区间计算机应用仍存在明显数字鸿沟。2012 年地区计算机最大差距指数仍高达 0.61（即最低地区比最高地区落后 61%）。

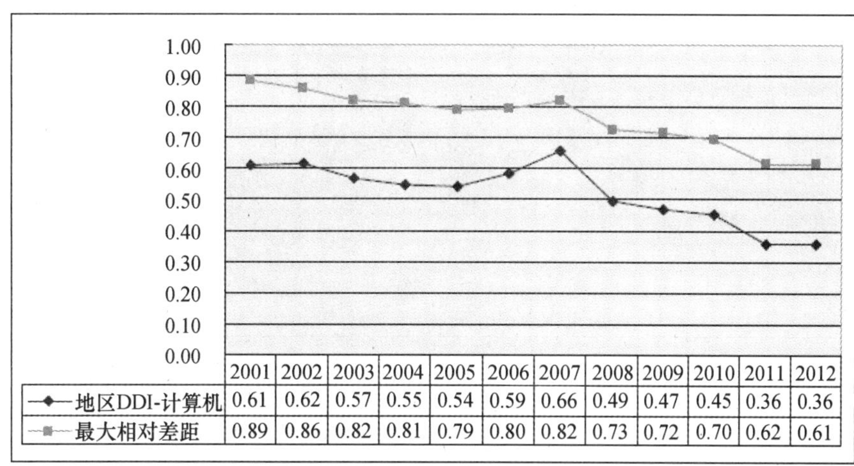

2001—2012 年中国地区计算机相对差距指数变化

（三）企业数字鸿沟

反映不同规模企业之间数字鸿沟水平的指标主要从企业计算机使用情况、互联网使用情况与企业建站状况 3 项。①

计算机使用情况。截至 2013 年 12 月，全国使用计算机办公的企业比例为 93.1%。分从业人员规模看，7 人及以下的微型企业计算机使用率最低，仅为 83.5%，与其他规模企业间仍然存在较大差距。100 人以上规模的企业，计算机使用率接近 98%。

互联网使用状况。截至 2013 年 12 月，全国使用互联网办公的企业比例为 83.2%。分从业人员规模看，7 人及以下的微型企业的互联网使用率依然最低，相比全国平均水平低 14.4 个百分点。而规模在 100 人以上的企业，互联网的使用率均超过 90%。

企业建站状况。截至 2013 年 12 月，全国企业中有 41.7% 建立了独立的企业网站，同时有 18.0% 的企业在电子商务平台上建立了网店。企业的从业人员规模越大，建立独立的企业网站、开设网店的比例就越高，7 人以及下规模的企业建立网站、开设网店的比例分别仅

---

① 以下数字与图表来源于中国互联网络信息中心：《2013 年下半年中国企业互联网应用状况调查报告》，http：//www.cnnic.net.cn/hlwfzyj/hlwxzbg/hlwqybg/201403/P020140310340922635594.pdf，2014 年 3 月 10 日访问。

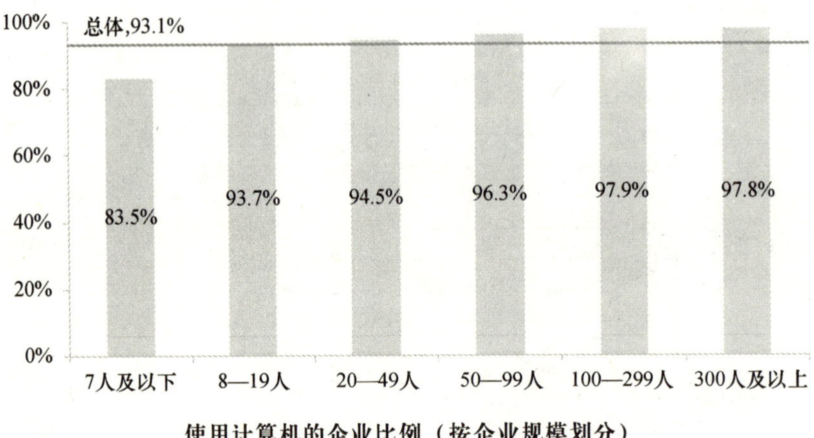

使用计算机的企业比例（按企业规模划分）

来源：CNNIC 2013 年下半年中国企业互联网络应用状况调查 2013. 12。

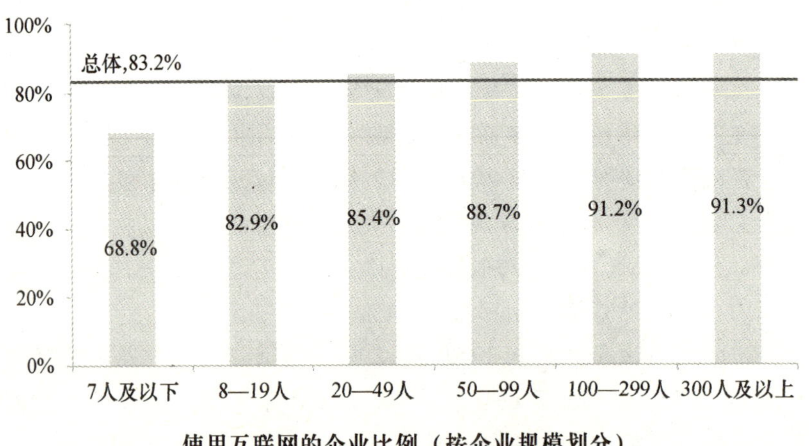

使用互联网的企业比例（按企业规模划分）

来源：CNNIC 2013 年下半年中国企业互联网络应用状况调查 2013. 12。

为 21. 1% 与 10. 3%，而 100 人以上规模的企业比例在 60% 左右和超过四分之一。

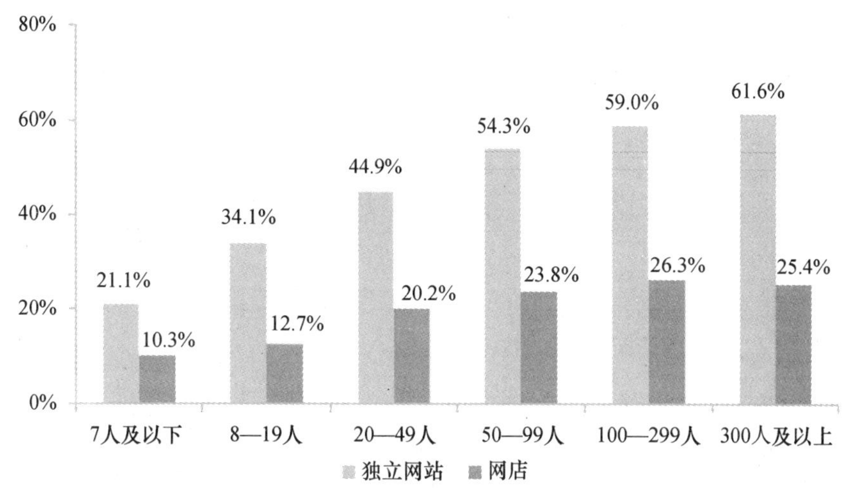

建立独立网站/网店的企业比例（按企业规模划分）

四　因应信息化的公司法制变革是一个循序渐进的系统工程

因应信息化的公司法变革是一项系统工程，是一个需要循序渐进的工程，无法一气呵成。这在各国莫不如此。

为使日本在5年之内成为世界最先进的IT国家，日本政府于2000年制定了其著名的“IT基本战略”计划，确定了许多基本方针，其中重要的一条就是必须要调整包括公司法在内的相关法律。在这一年里，日本先后修改并颁布了以导入用于商业登记制度的电子认证制度及电子公证制度为内容的《修改商业登记法等一部分的法律》、规定电子签名手续方面制度的《关于电子签名及认证的法律》以及以信息披露制度电子化为目的的证券法修改等法律。在此之后，又颁布了以确定IT社会形成的基本理念、国家的责任以及基本方针为内容的《IT基本法》，以及承认可用电子手段来代替在民商法律关系中所必需的书面手续的《书面一括法》（对以证券交易法为首的50个法律中的相关规定进行了修改）等法律。在这样一连串的改革之后，日本又于2001年11月正式颁布了《关于商法等的一部分法律的修改》。在这次修改法中，以公司有关文件电子化为主要内容的公司法修改是其十分重要的组成部分。随后又在2002年的商法修改中，针对股东大会的电子化作出了个别的补充规定。由于电子公告关系到其所公告的行为是有效还是无效的问题，所以和只起到情报提供效果的财会文件的公开相比，须更加慎重，所以日本在经过两年的酝酿后，才在2004年单独通过了对涉及这一问题相关法律的修改法案，即《为了电子公告制度的导入而修改商法等一部分的法律》。

从我国公司法修法过程的角度来说，我国可借鉴日本的做法，不必一步到位，先修改问题比较单纯的部分，如可先承认公司相关文件的电子化（股东大会、董事会的记录以及财会文件等），在此基础上，再来处理股东大会、董事会的运营、公司公告等的电子化问题。即使是日本，到现在也没有彻底完成公司法的IT化如承认网上股东大会的召开等。

公司法修改，是一项遗憾的艺术。公司法与社会需要之间达到最佳契合状态，只是我们不断追求的目标。时代不同，对公司法现代化的适应性目标的认识就不同，对实现现代化目标的路径选择就不同。在这个意义上，公司法是恒久变动的，公司法现代化运动没有终点，修改公司法则成为法律工作者的一项常务。[①]

---

① 曹兴权：《公司法的现代化：方法与制度》，法律出版社2007年版，第263页。

第四章

变革的他山之石：信息化背景下公司法变革的群体经验

为了适应电子化的发展，各国都对公司法进行了修改。电子革命以及以此为主要背景所引发的大企业之间以超越国界的规模所进行的竞争的激化、各国资本市场规模的扩大，是引发这些修改的社会、经济方面的原因。公司法有着对公司活动进行事前规制的一面，如果不对公司法进行修改以应对 IT 革命的发展，则不仅会给企业的活动造成障碍，也会对国民经济的发展产生负面影响。[①] 从各国公司法变革情况观之，以美日英最为典型，本章将以该三国为例介绍各国公司法的发展与变革情况。

第一节 美国公司法信息化变革的真实图景

作为发达资本主义经济下的美国公司治理一直保持领先水平，且其改革一直为行业内所津津乐道并学习，其中很大一部分原因在于美国法律对于新事物新技术的开放态度。美国企业利用电子方式的情况十分普遍，无论是发行市场或交易市场都一定程度得到进步。美国证管会（SEC）最先对电子存档技术（Electronic Filing）进行规范，继而将电子方式的利用扩大到电子交付股东通知及与投资人沟通交流等事项。

---

① ［日］田泽元章：《IT 化进程中的日本股份公司法修改》，载渠涛主编《中日民商法研究》（第三卷），法律出版社 2005 年版，第 271 页。

一 美国证管会的开放态度

在传统上，美国股东可以书面投票的方式行使表决权。随着科技发展的迅速，再加上电话与网络的普及，因此在公司与股东之间的互动上，利用电话与网络的情形也日趋普遍。为了对这种新兴的电子通讯方式有所规范，美国证管会（SEC）早就针对利用电子方式发布了 Regulation S-T，对利用电子方式传送相关资讯有明确的规定，日后 SEC 更进一步将电子方式的利用扩大到利用电子方式交付股东会通知等与股东通讯有关的事项，或是利用网络进行投资人与发行公司沟通等问题，并进而提出适用的原则以供业界遵循。①

（一）电子交付

美国证管会在 1995 年就明确地表示，公开发行公司利用电子媒体（例如网络）交付公开说明书或是其他应交付的文件，在符合一定的要件下，可以被视为符合证券交易法相关的交付规定。而在 1995 年 10 月所公布的解释令（Interpretative Release）中，SEC 更明确的订定出利用电子方式交付文件的三个要件，若符合该等要件，即可视为符合美国证券交易法之相关规定。

（1）交付之通知（Notice of Delivery）

原则上，由于利用网络与利用邮件交付不同，前者系属于一种被动的交付系统（Passive Delivery System），因此仅在网站上张贴通知或其他文件，并不足以构成合法的通知。是故，除非发行人可以证明其确实已经为交付，否则实行被动式交付方式（例如利用网络）时，发行人应另行以电子邮件或信件告知，以促使投资人了解该通知之交付。

（2）接触（Access）

发行人应提供投资人和以邮寄方式相当的方式，以使投资人接触电子信息。

---

① 冯震宇：《公司证券重要争议问题研究》，元照出版公司 2005 年版，第 73 页。

（3）显示已为交付之证据（Evidence to Show Delivery）

若发行人利用电子交付方式，应有合理的确信投资人可以接悉该等信息，并取得已为交付之证据，例如电子邮件的回函，或是其他足资证明投资人已接触、下载或打印该等信息的证据。

嗣后，美国证管会又在1996年发布另外一个解释令进一步厘清电子交付的相关问题。在该解释令中，美国证管会更进一步主张，充分了解后的同意应以书面或电子方式为之。不过此等说明，亦引发是否可以利用电话方式同意的争议。为平息此种争议，美国证管会在2000年5月4日生效的Use of Electronic Media解释令（Interpretive Release on the Use of Electronic Media）中明确的指出，利用电话方式所得的同意（Telephonic Consent）亦可符合充分了解后的同意之要求，只要其为交付之证据要求即可。

另外，虽然美国证管会已经就发行公司通过网络方式交付股东会数据（包括委托书数据）的问题有所规定，但是实际交付时，则仍然有其他应注意的规范。首先，在交付之通知方面，公司应在股东会开会前六个星期寄发开会通知，并告知股东可以利用网络以电子投票的方式投票。而在接触方面，公司不但应该使用最容易让股东下载信息的方法，更应该将相关的文件置于网站上方便股东能够易于接触。而在交付的证据方面，公司若要符合美国证管会的要求，往往必须取得股东的书面同意。一般而言，美国证券专家建议，此种同意，还必须是充分了解后的同意（Informed Consent），并载明下列事项：①交付信息所利用的电子媒体；②采用电子交付方式股东所可能增加的成本；③同意的有效期间；④该同意所可适用的文件。至于交付文件的方式，各公司则可以根据其实际情况决定，一部分以书面方式，一部分以电子方式，例如年报或公开说明书，但是开会通知以邮寄方式为之。[①]

（二）股东表决权等权利行使的电子化

美国的许多机构投资人或股东亦开始利用网络以行使股东权，例如以网络征求股东连署以便在股东会提出议案、利用网络征求委托书或鼓励其他股东支持或反对特定议案，亦有在面临恶意并购时征求股东同意

① 冯震宇：《公司证券重要争议问题研究》，元照出版公司2005年版，第76—77页。

并购，或是与其他股东就应如何投票相互沟通。[①]

在股东权益中，对股东最有价值的莫过于股利分配请求权和董监事选举权，前者可满足股东的经济需要，后者则可满足股东对公司经营阶层的人事控制需要。而这两种权利之实现莫不以股东表决权之行使为前提。正如 Easterbrook 和 Fischel 所言，“如果说有限责任是公司法最显著的特征，那么表决权则是第二个特征”。[②]

1. 股东以电子方式直接行使表决权

由于利用网络交付股东会通知与委托书已经为美国证管会（SEC）所许可，而利用网络进行相关事宜不仅可以促进股东的参与以及股东会的民主，也可为发行公司节省大量的费用。根据美国学者统计，网络投票的成本仅为书面投票的 9%，[③] 另外，由于网络投票可以节省印刷、邮资与纸张等费用，因此业者也估计，只要 5% 的股东改用网络投票的方式，就可以为美国企业每年节省4 000万美元有关召开股东会之费用。[④] 由此业者也对利用网络行使股东权的方式逐渐趋向肯定的态度，随着网络技术的进步，为了极可能发生仅有部分股东真正至现场出席股东会议，而绝大多数散居各地的股东则会利用网络来参与股东会的情形。1996 年，美国 Bell & Howell 公司允许经纪商为客户代理进行股东大会的网络通讯表决，成为美国第一家直接在互联网上进行股东大会表决的上市公司。1998 年，ADP 投资者通讯服务公司（ADP Investor Communication Services）推出了 Proxyvote 网上投票系统。到 1999 年，已有多家美国公司利用网络现场实况转播股东会进行的情况，并允许股东事后亦可利用网络重新观看。[⑤]

---

① 冯震宇：《公司证券重要争议问题研究》，元照出版公司 2005 年版，第 74—75 页。

② Frank H. Easterbrook and Daniel R. Fischel, “The Economic Structure of Corporate Law”, *Harvard University Press*, 1991, p. 63.

③ http: //www. streetlink. com/serv. htm.

④ Adam D. Amsrerdam, “Electronic Options For Street Name Shares”, *Securities*, August27, 1999.

⑤ 到 1999 年有 Intel Corp. , Ford Motor Co. , Bell & Howell Co. , Gateway 2000 Inc. 等公司利用 broadcast. com 公司所提供的技术支援，进行网络股东会。请参见 Lawrence T. Kane & Loren D. Danzis, “The Net May Be A New Venue For Annual Meetings”, *The National Law Journal*, June 28, 1999, at p. B06.

2. 代理电子投票

表决权可以由股东自行行使，也可以委托他人行使。在美国，公开发行公司大多数以委托方式，透过中介机构进行召开股东会之相关事宜。目前中介机构处理股东会事项系依据与发行公司签约的内容，其项目可包括寄发股东会通知、通讯行使议决权、委托表决数之汇整统计等。证券主管机关对中介机构成立条件并无特别限制，由市场自由竞争。以美国 ADP（Automatic Data Processing Inc.）公司为例，ADP 为 NYSE 上市公司，其营业项目除接受发行公司委托，办理通讯投票之作业外，尚提供薪资计算及税务管理等其他服务项目；根据 ADP 之 ICS（Investor Communication Services）部门提供之资料，目前美国公司均有提供股东以通讯方式行使议决权，据其统计采通讯方式行使股东会议决权之比率，约占市场总发行股份 90%，通讯方式中采计算机因特网方式约占 76%，电话方式约占 4%，书面方式约占 20%。故以因特网行使议决权，已经成为美国最主要的通讯行使股东会议决权方式。①

二　特拉华州公司法的变革与创新

根据美国宪法规定，公司的设立与规范等事项原则上属于各州的权限，在美国的公司法中，特拉华州的议会和最高法院成了今天现代公司法的主创者，虽然特拉华州是最小的州之一，但在美国，它的公司立法是最重要的。超过 50% 在证券交易所上市的美国公司和 60% 以上的财富五百强企业在特拉华州注册。特拉华州的吸引力在于灵活和先进的特拉华州普通公司法、相对较低的州税，州务卿办公室现代和服务导向的方式，以及作为特拉华州司法机构一部分的特拉华州高度专业化的法院的事实。②

① 台湾证券集中保管股份有限公司：《股东会通讯行使决议权制度之研究》，http：//www. tdcc. com. tw/tc_ 03pub. htm，第 12 页。

② Anatoli van der Krans，"The Virtual Shareholders Meeting：How to make it work？" *Journal of International Commercial Law and Technology* Vol. 2，Issue 1（2007）.

早在1989年特拉华公司法首先放宽对公司股东大会开会及表决的限制，准许特拉华州公司以电话投票的形式组织股东会，该规定领先美国其他各州，如同时期的加州就无此规定。[①] 之后在2000年特拉华州又配合网络传输技术的发展作出大幅度的修改，主要包括准许公司召开电子会议，承认股东通讯投票以及公司以电子方式递交通知等规定。通过对特拉华州公司法1996年修正案与2000年修正案进行对比，我们可以发现，2000年修正案19处修改中有10处与公司股东大会召开、投票、通知采用电子方式有关。

（一）虚拟股东会议法效之确立

为确保公司法上下文修改的严谨，特拉华州公司法第232条（c）项中对电子传输（Electronic Transmission）作了定义："电子传输方式指不直接涉及纸张实体，但能够创设可供接收人保存、检索和复阅的记录，并且也可以由接收人通过自动化程序直接复制为纸质形式的任何通讯方式。"[②]

第211条（a）（1）删除了原来若公司章程未对股东会地点有特别规定时，股东会应在特拉华州注册地举行股东会的原则规定，而改为"股东会议可以按照章程大纲或者章程细则确定的地点，或者按照确定的方式，在州内或者州外召开。章程大纲或者章程细则没有确定的，由董事会指定。根据本项规定，或者根据章程大纲或者章程细则的规定，董事会被授权指定股东会议召开地点的，董事会可以自行斟酌决定不指定会议地点，而只是采用本条第（一）款第（2）项授权的远程传输方式召开会议。"[③] 该规定实际上是否认了原来召开"实体会议"的强制性规定，而确认了召开"虚拟会议"的法律效力，这是美国公司法上的一大跨越。但此规定并非完全开放虚拟会议的召开，因为是否召开虚拟股东会议需依董事会的决定。若董事会认为没有必要召开虚拟会议，

---

① William. O. Gauger, "The Proxy Process: Electronic and Telephonic Voting", *Insights*, Dec. 14, 1995.

② 特拉华州公司法DGCL232（c）。

③ 特拉华州公司法DGCL211（a）（1）。

仍须按照公司章程或章程细则确定的会议召开地点举行会议。

（二）股东电子投票之确立

第 211 条（a）（2）的修改则是承认了股东通讯投票的效力，经董事会自行斟酌决定后授权，并且符合董事会通过的原则和程序的，不现场出席股东会议的股东和股东代表人，可以通过远程传输的方式：①参加股东会议；且②无论股东会议在指定的地点召开，还是只通过远程传输方式召开，都视为亲自参加会议并投票。[①] 因此无论股东亲自参加股东会议还是远程通讯投票，都具有相同的法律效力。

确认股东通讯投票效力的同时，法律也对公司提出了要求：a. 公司应当采取合理措施，证实通过远程传输参加会议并投票的每个人都是股东或者股东代表人，b. 公司应当采取合理措施，向股东和股东代表人提供能够参与会议并就提交于股东的事项表决的合理机会，包括能够阅读或者收听与会议程序实质性同步的会议程序。并且，c. 股东或者股东代表人通过远程传输方式在会上表决或者采取其他行为的，公司应保留该表决或者其他行为的记录。根据该次修改法案的立法说明，b 项要求也即公司应向股东提供能够参与会议或就股东提案表决的合理机会在于确保股东均有参与会议及投票的相同机会。

值得一提的是，第 211 条（e）项还将所谓的“书面投票”的范围扩大到了董事会选举，虽然对董事的选举原则上应当进行书面投票，但在经过董事会同意后，可以以电子传输的方式进行投票，只要满足以下条件：电子传输必须载明，或者提交有关信息能够证明该电子传输已经由股东或者股东代表人授权。[②] 对电子投票适用范围扩大到董事会选举的这一规定一定程度上代表了美国公司法改革中加强信息化的趋势。

特拉华公司法第 212 条（c）项还对电子委托书（Electronic Proxies）的内容进行了修改：“根据本条（b）项的规定股东可采取委托书的方式授权第三人代为行使表决权，公司不得特别限制该委托的形式：

① 特拉华州公司法 DGCL211（a）（2）。

② 特拉华州公司法 DGCL211（e）。

股东授权一人或者多人作为投票代理人采取行为，还可以通过电报、海底电报或者其他电子传输方式，或者授权他人通过此种方式，向将成为股东投票代理人的人，或者该人充分授权的接收文件传输的代理征集公司、投票代理支持服务组织或者类似代理人传输文件；但是，电报、海底电报或者其他电子传输方式必须载明，或者提交有关信息证明电报、海底电报或者其他电子传输方式已由股东授权。电报、海底电报或者其他电子传输方式经确定为有效的，监察人或者（没有监察人时）作出该确定的其他人，应当指明作出确定所依据的信息。”①

为配合第212条（c）项对电子委托书之修正，第228条作了相应的修改。如第228条（d）项第（1）款明文规定可以用电子方式传送股东的同意意见，根据该条，如向公司登记地交付，应当以亲自交付或以保证或挂号信件交寄同时请求收信证明的方式交付。不过，若经董事会同意并根据董事会所规定的方法，则亦可用电报、海外电报或其他电子传输方式向公司主要营业所在地或交付给具有负责处理公司有关股东会程序记录簿册之人员或代理人等方式为之，不受前述向公司所在地交付方法之限制。

通过电报、海底电报或者其他电子传输方式对将做出的行为表示同意，并由股东、成员或者其代表人发送的，或者由股东、成员或者其代表人授权的一人或者数人发送的，视为符合本条规定的书面要求、签字要求和日期要求，但任何电报、海底电报或者其他电子传输方式必须载明下列信息，或者传递有关信息使公司可以确定下列内容：①该电报、海底电报或者其他电子传输方式由股东、成员或者其代表人发送，或者由股东、成员或者其代表人授权的一人或者数人发送；以及②该股东、成员、代表人或者经授权的一人或者数人发送该电报、海底电报或者其他电子传输方式的日期。该电报、海底电报或者电子传输方式的发送日期视为同意书签署日期。通过电报、海底电报或者其他电子传输方式表示的同意书，只有以纸质形式复制，并通过公司位于本州的注册办事处、公司主营业地或者保管载有股东或者成员会议程序记录簿册的公司高级职员或者代理人递交于公司的，方可视为已经递交。向公司注册办

① 特拉华州公司法 DGCL212（c）。

事处递交的，应当人工递交，或者通过证明邮件或者挂号邮件递交，并须提供回执。尽管上文对同意书的递交方式做出了限制，但是公司董事会或者管理机构另行做出决议的，通过电报、海底电报或者其他电子传输方式做出的同意书，可以在决议的范围内，按照决议的其他方式，向公司主营业地或者保管载有股东或者成员会议程序记录簿册的公司高级职员或者代理人递交。①

（三）公司电子方式发送通知之规范

第 232 条（a）项为确定以电子方式发送通知的法律效力而作出修改。根据修改后的条文，原则上当股东已经同意公司可以用特定的电子传输方式发送通知时，则公司利用该电子传输方式向该股东所为的任何通知均属有效。不过股东若有需要，也可随时以书面方式向公司撤销该同意。

公司根据本章条款、章程大纲或者章程细则向股东发送的通知，如果以接收人同意的电子传输方式发送的为有效通知；但通过其他有效方式向股东发送通知的，并不因此受到限制。股东对电子传输方式的同意表示，可以由股东向公司发送书面通知撤销；如果：①公司连续两次不能以股东同意的电子传输形式递交公司通知，且②公司秘书或者助理秘书，或者转让代理人或者其他负责发送通知的人已经知道的，股东的同意视为已经撤销；但由于疏忽而不能递交通知，并引起股东同意被视为撤销的，并不导致会议或者其他行为无效。②

值得注意的是，第 232 条（a）项并不意味着以某种电子传输方式发送的通知，且经股东确实接收后仅因该股东表示并未同意此种电子传输方式而无效。与之相反，第 232 条（a）项明确地规定。根据第（1）款规定发送的通知，在下列情况下视为已经发送：①通过电讯传真发送的，发送到股东同意接收通知的号码时；②通过电子邮件发送的，发送到股东同意接收通知的电子邮件地址时；③将通知在电子网络上公布并将公布之事同时另行通知股东的，（A）在电子网络上公布与（B）将

① 特拉华州公司法 DGCL228（d）。

② 特拉华州公司法 DGCL232（a）。

公布事宜另行通知，两个行为中较晚的一个做出时；④通过其他形式的电子传输方式发送的，发送给股东时。秘书或者助理秘书做出宣誓书，或者转让代理人或者公司其他代理人做出宣誓书，说明通知已经通过电子传输形式发送的，如果不存在欺诈，则是所陈述事实的初步证据。[①]

三　美国其他州公司法的规则举要

（一）纽约州

在特拉华州之后，纽约州对于根据其州法所注册的纽约州公司也提供相当弹性的规定，使纽约州公司也能充分利用电子传输的特征，并配合电子商务的发展。因此，纽约州公司法乃在第609条（i）、（j）两项中，采取类似特拉华州的立法方式与文字，对纽约州公司可以利用的委托方式做了极为周延的规定。

根据纽约州公司法第609条（i）项规定，依据本条第（a）项之规定："股东得授权一人或数人为其代理人（Proxy），公司不得特别限制其委托之方式。若有下列情事之一时，即应构成该股东已为有效之委托：

（1）股东得签署一份书面，授权其他一人或数人担任其代理人。此项授权，得由该股东亲自为之，亦可由经该股东被授权之经理人员、董事、受雇人或代理人签署此项委托之书面为之，或将此等授权人士之签名以任何合理方式附着在此等书面上为之，包括但不限于传真签名。

（2）股东得自行传输，或以传输电报、海外电报或其他电子传输方式（other means of electronic transmission），授权其他第三人为其代理人之方式为该股东代为行使权利。该第三人可为持有委托书之人，或是征求委托书之公司，或是委托书服务机构或经此等第三人适当授权去接收此等传输的代理人。但此等电报、海外电报或其他电子传输方式均应载明或提供必要的信息，以确定此等电报、海外电报或其他电子传输方式系由该股东所授权。若该等电报、海外电报或其他电子传输方式经证明为真正，检查人或若无检查人时其他有权决定之人，应陈述其所依据

① 特拉华州公司法 DGCL232（b）。

之信息”。

至于第 609 条第（j）项亦与特拉华州公司法相同，明文规定：“（d）任何根据本条第（I）项所创作的拷贝、传真电讯或其他可有效重制之书面或传输方式，得取代或替代原始书面或原传输所欲达成之全部或一部目的，但该拷贝、传真电讯或其他重制物应完整重制该原始书面或原传输之信息。

纽约州法案规定将会允许部分公司举行部分网络股东大会。① （b）（i）股票在证券交易市场或者场外交易场所交易的公司应该（1）为那些没有亲自到股东大会现场的股东提供一个合理的基本上可以同时见证股东大会进展情况的机会。（2）提供合理的方式确保股东通过电子通讯的方式在股东大会上投票或者代理投票。（ii）如果其他公司的董事会决定遵循以上规定的话，那么以上规定也同样适用于其他公司。（iii）对（i）和（ii）中规定的内容没有局限、限制和取代其他形式投票和参与的任何要求。（iv）在本段中，关于见证会议进展的“合理的措施”应该包括但是不限于音频网络直播或者其他广播形式，至于投票表决应该包括但不限于电话通讯和互联网表决。

（二）加利福尼亚州

特拉华州开放电子投票之后，加州亦立即跟进，不过加州的规定却与特拉华州与纽约州的规定不同，而是采取定义委托书的方式为之。根据加州公司法第 178 条规定，“委托书（Proxy）”系指由股东或该股东事实上的律师（attorney in fact）所签署的书面授权或一个电子传输的授权，给予其他一人或多人就该股东拥有股份进行投票的权利。“签署（signed）”就本条之目的而言，系指由该股东或其事实上律师将该股东的姓名与其他授权事宜登载于委托书之上（包括以书写方式签名、打字、电报或电子传输或其他方式）。若委托书附随的资料能判断其是经该股东或其事实上律师之授权所为时，该委托书得以口头电话方式（oral telephonic）传输。

另一方面，加州公司法第 195 条亦明确的规定，“书面（writing）”

① S 5793，2009 State Assemb.，Reg. Sess.（NY 2009）.

或“以书面（in writing）”包括传真与电报等方式的通讯在内。

从加州公司法的规定观之，加州对于利用电子方式显然采取鼓励的态度，虽然并未如同特拉华州与纽约州一般，对网络投票作详细的规定，但是却已实质地将投票方式扩大至包括网络在内的电子方式。是故依加州法律成立之加州公司，已经可以利用电子方式（包括电话与网络等方式）行使其股东权。但是值得特别注意的是，加州公司法对股东会与董事会开会方式的不同态度与规范，虽然加州首开各州风气之先，对董事会开会采取开放态度，准许公司以电子方式，包括电话会议（conference call）、电子视讯银幕讯（electronic video screen communication）或其他通讯设备（other communication equipment）为之，但是亦要求发行公司必须符合三点规定，方能合法召开董事会，反而较股东会之规定严格，亦显示出在电子投票方面，立法者对股东会与董事会所设定之角色与规范的不同。①

第二节 日本公司法信息化变革的制度剖析

为使日本在5年之内成为世界最先进的IT国家，日本政府于2000年制定了其著名的“IT基本战略”计划，确定了许多基本方针，其中重要的一条就是必须要调整包括公司法在内的相关法律。在这一年里，日本先后修改并颁布了以导入用于商业登记制度的电子认证制度及电子公证制度为内容的《修改商业登记法等一部分的法律》，规定电子签名手续方面制度的《关于电子签名及认证的法律》，以及以信息披露制度电子化为目的的证券法修改等法律。在此之后，又颁布了以确定IT社会形成的基本理念、国家的责任以及基本方针为内容的《IT基本法》，以及承认可用电子手段来代替在民商法律关系中所必需的书面手续的《书面一括法》（对以《证券交易法》为首的50个法律中的相关规定进行了修改）等法律。

① 陈锦旋：《公开发行公司股东通讯行使股东会议决权之法制与实务》，《现代公司法制之新课题——赖英照大法官六秩华诞祝贺论文集》，元照出版公司2005年版，第322页。

在这样一连串的改革之后，日本又于2001年11月正式颁布了《关于商法等的一部分法律的修改》。在这次修改中，以公司有关文件电子化为主要内容的公司法修改是其十分重要的组成部分。随后又在2002年的商法修改中，针对股东大会的电子化作出了个别补充规定。虽然在上述修改中作出了关于公司法制IT化的详细规定，但进行公司法制IT化改革并没有就此止步。为了导入电子公告制度，日本国会又于2004年5月通过了《为了电子公告制度的导入而修改商法等一部分的法律》。

一 相关概念的确定

关于IT化过程中涉及的一些基本概念的规定，日本大致是放在《公司法》以外的一些基本法里，很显然这不应属于《公司法》规定的范畴。如日本关于电磁记录、电磁方法的定义就是规定在商法总则以及商法施行规则里。

1. 电磁记录和电磁方法

2001年日本商法修法中，新增加了许多关于公司法制IT化改革的有关规定。这些规定，大致可分为两种类型：一种是关于公司相关文件的电子化，另一种则是关于股东行使权利的规定。这些以前只承认用书面方式进行的事项，根据2001年修改法的规定，今后都可用电磁记录以及电磁方法来行使。所谓电磁记录，指的是用电子方式或磁气方式以及其他人的知觉所不能认识的方式来作成的，能够用电子计算机进行信息处理，并且由法务省令（商法施行规则）所规定的记录方式。电磁方法指的是，使用信息处理系统以及利用其他信息通讯技术，并由法务省令（商法施行规则）所规定的方法。

2. 电子签名

根据日本旧商法的规定，当作成书面文件时，有些文件作成者必须签名。如果这些文件是用电磁记录作成的话，应考虑利用电子签名。不过，日本新商法并没有统一规定所有要求签名的场合，都可以使用电子签名，而是在一些个别规定中规定了电子签名利用的可能性。关于电子签名的定义，新商法没有直接给出，一般认为商法中电子签名的概念应参照《关于电子签名及认证的法律》第2条第1项中所规定的电子签名。根据其规定，电子签名指的是，为表明该记录的信息是由本人所作成的，并且是没进行过任何改变的，而针对该作成的记录所采取的措施。

3. 关于用电子手段发出通知的到达效力

根据旧商法的规定，公司向载于或记录于股东名册上的股东住所或股东所通知的住所发出通知时，将通常应该到达时视作通知的到达。2001年修改法将该条规定中的"所通知的住所"改为"所通知的联络处"。这样一来，电子信箱等自然就包括在内了。至于如何判定到达时间，一般认为只要向电子信箱发出通知就应该视作到达。但考虑到有人不会使用电脑或互联网等问题，发送方为了要享受这种实质发信主义的恩典，必须事先得到接受方的承诺。

二　公司相关材料的电子化

公司运营的电子化在很大程度上主要表现为公司相关材料的电子化。日本在商法修改之后明确规定利用电磁记录制作公司相关报表材料，并将其具体的规定分成两种类型，即确认规定型和创设规定型。前者是指商法修改之前被解释为不必利用纸张的部分，即未必禁止利用电磁记录制作的部分。后者是指商法修改之前要求采用书面形式制作的材料。

但关于已经制作的材料的电子化，即日本商法修改之前已经以书面形式制作的公司相关材料，2001年日本商法修改之后对于其是否可以变换为电磁记录并加以保存没有规定。日本学者认为，章程、股东名册等可以适宜地利用记载包含有这些实质性内容的信息的电磁记录进行保存，以供查阅，这样做，包括与法律上的其他制度之间的关系在内，并不会产生特别的问题。问题是，股东会会议记录等要求特定时期的董事等签名的材料，在以书面形式制作之后，是否可以利用电磁记录加以保存。因为法律上要求制作这些材料时的关系人及制作人签名，并且具有法律上的效力，而事后利用电磁记录保存时，董事等的电子签名已经没有意义。

三　公司及股东等发出通知、请求的电子化

通知、请求的电子化是指根据法律规定，以收信人的同意为要件，采用电磁方法提供本应记载于书面形式材料中的信息。这里所要着重强调的是，通知、请求的电子化以收信人的同意为要件。之所以以收信人的同意为要件是考虑到，有的人不能适应利用电磁方法发送通知等，或者在多种多样的电磁方法中，有些人无法适应某些方法。出于对接收信息一方的保护，法律应要求在采用电磁方法时应得到接收信息一方的同意。

此外，对于以“取得收信人同意”为要件，日本商法立法思想中指出，原则上股东或者公司可以自由决定是否同意，但也有例外情况，即如果采用电磁方法发出请求的股东是同意公司利用电磁方法发送股东会召集通知的股东，那么公司在一定时期内，只要没有正当的理由，公司就不能拒绝股东提出的请求的电子化。这里的正当理由是指股东提出的电磁方法太离谱，从系统上公司难以应付，或者股东发送过来的电子邮件经公司计算机病毒检测系统检测，认定包含病毒的可能性很大等等。

四　材料的存放、查阅、抄写以及缕本、抄本的交付请求的电子化

各国商法都允许利害关系人请求查阅、抄写商法规定公司有义务以书面形式制作并存放于总店的特定的材料。日本商法也不例外，其有关材料采用电磁记录形式的，规定与采用书面形式基本上相同，但是考虑到了电磁方法及电磁方法的特性。

1. 存放

日本商法要求存放的材料采用电磁记录制作的，应该放置于采用书面形式制作时所应该放置的地方。但“电磁记录的存放”不同于书面的存放，日本学者认为可以对存放的物理场所作灵活解释。因为电磁记录的存放义务是作为股东等查阅请求的前提而规定的，在法律规定了存

放义务的场所，出于随时可以查阅的状态，即可以说达到了存放的目的。所以在设置电脑终端的地方能够履行对于查阅、抄写请求的同意义务即可。

2. 利用电磁记录对原材料进行二次制作与存放

这个问题主要表现在以某种形式把已经用纸张制作的材料转换为电磁记录对原材料进行保存或存放之后，不再保存最初用纸制作的材料原件，这样做是否可以说已经履行了对于该材料的保存或者存放义务？日本学者认为，最初用纸张制作材料的，只有当其后来利用的电磁记录对纸张材料上的制作人的签名做了明了、正确的记录，足以能够确认签名是否被篡改，利用这样的电磁记录加以保存或存放的，才能认为等同于最初制作的纸张媒体原件被保存或存放。拍摄成缩微交卷或者将数码相机拍摄成的数据保存于电脑硬盘等是解决上述问题比较好的方法。

3. 已经电子化的公司相关材料的查阅、抄写等

日本商法对于公司相关材料规定了两种类型：一种是股东名册之类的材料，除允许查阅请求外，还允许抄写请求；另一种是会计报表之类的材料，除了允许查阅请求外，还允许请求交付材料的缕本、抄本。二者的区别在于请求人自己制作复制件，还是由公司制作复制件。后一种由公司制作复制件，请求人支付费用。参照以上的区别，日本商法针对公司的相关材料采用电子化处理的情况下作出了以下立法规定：

第一，以法务省令规定的形式表示的电磁记录信息中可以提出查阅、抄写的请求的材料有会计报表、股东会议记录等。

第二，日本商法规定了三种请求权：（1）对以法务省令规定的形式表示的采用电磁记录的信息提出查阅请求；（2）以法务省令规定的电磁方法提供有关信息的请求（提供电磁信息的请求）；（3）对记载信息的书面的请求（交付输出的书面材料的请求）。

五　股东会及股东权利行使的电子化

因为召集程序的电子化主要涉及公司采用电磁的方法发送股东会召集通知，这与前面论述的公司向股东等发出通知相似，因此在此不再赘

述。我们将重点论述股东行使表决权的电子化。

1. 新设电子投票制度，与书面投票制度并存

日本商法允许书面投票制度和电子投票制度并存，公司可以同时采用两个制度。这是因为考虑到未必所有的公司都能应对电子化，强制电子投票制度为时过早。结合中国的基本国情，采用两个制度的并存是可取的。但日本商法规定具有表决权的股东人数在1 000人以上的商法特例法上的大公司即使采用了电子投票制度，也不能免于采用书面投票制度的义务。笔者认为这样的规定显得有些死板，并且会带来如何处理利用书面表格和电磁方法双重投票的问题，因此在我国进行公司法 IT 化改革时是不可取的。

2. 召集通知与参考材料

采用电子投票制度的公司需要向股东交付：（1）电子投票表格，（2）召集通知，（3）参考材料，其中电子投票表格只需要发送给同意召集通知电子化的股东，没有必要提供给其他股东。如果召集通知是以书面形式交给股东，那么参考材料也需要采用书面形式。此外，召集通知即使是采用电磁方法发送，如果股东请求以书面形式交付参考材料，则必须满足股东的要求。

3. 行使表决权对股东身份的确认

《日本商法施行规则》第 24 条第 1 款、第 26 条规定，表决权行使表格上必须为每个议案设置赞成与反对栏目、股东姓名以及可行使的表决权数目以及股东盖章的栏目。采用电子投票表格的，要把记载有以上事项的电磁记录用电磁方法发送给股东，但即使设置相当于股东盖章栏的栏目，股东也不可能盖章。书面形式的投票表格上的盖章栏其作用是确认股东的身份，因此采用电磁方法行使表决权的时候，需要说明采取何种办法去确认是由该股东投的票。日本商法和施行规则对此并没有作出特别的限制，但公司需要选择合适的方法确认股东的身份并加以实施。对此，日本学者提出了比较可行的方法，即在行使表决权的时候，输入由公司事先提供的 ID 以及密码等方法。此观点与我国《电子签名法》中有关电子签名验证数据的规定相一致。

六 公司公告的电子化

日本在经过两年的酝酿之后，于 2004 年单独通过了涉及公司公告电子化这一问题的相关法律修改法案，即《为了电子公告制度的导入而修改商法等一部分的法律》。因为电子公告关系到其公告行为的效力，因此日本在这部分修改时采取了比较慎重的态度。电子公告的电子化主要包括以下几方面：

1. 电子公告的承认

日本商法规定公司的公告除了可以采用登载于官报、日刊报纸的方法外，还可以采取措施，采用法务省令规定的电磁方法，使不特定多数的人处于能够得到公司提供应公告内容之信息的状态。具体指利用因特网进行公告，即把公告内容登载于用以公告的网页，使不特定多数的人处于能够查阅的状态。电子公告和传统公告方式一样，必须在一定期间内把公告内容登载于公告的网页上。此外，笔者认为在公告期间内发生的中断、终止事由也与传统公告相同。

2. 电子公告调查

日本商法规定对于是否确实在公告用的网页上进行了公告、不特定多数的人是否出于能够接受所公告之内容的提供的状态，必须接受调查机构的调查。由经法务大臣批准登记的调查机构负责实施。

运营电子公告网页的主体并不限于具有特殊资格的机构，当公司使用自己的网页进行电子公告时，为了防止没有把公告内容登载于公告用网页，却以已经进行电子公告为由申请虚假登记，公司需要向作为第三者的证明机构申请有关公告内容已经登载于公告用网页的证明。这与我国《电子签名法》中有关电子认证服务提供者的规定又是相一致的。

3. 资产负债表等的公开

日本商法规定采用电子公告作为公告方法的公司在公告资产负债表的时候，不需要接受电子公告调查，但应该公告其全文。这是因为电子公告不存在篇幅上的限制。资产负债表公告后并不发生特别的法律效果，所以没有必要要求公司提供证明机构的证明。

此外，日本商法还规定采用官报或日刊报纸作为公告方法的公司，经董事会决议，可以采用类似于电子公告的电磁方法公开资产负债表，但采用电子公告作为公告方法的公司，不能再采用电磁方法公开资产负债表。

第三节　英国公司法信息化变革的规范表达

为保持“在设立和经营企业方面，保持英国是世界上最有吸引力的地方的地位”[①]，英国的公司法自然不甘落后，力求在法律制度上实现创新与突破，以期为公司的发展提供最有利的条件，在国际竞争中赢得优势。英国于2000年5月颁布了《电子情报传达法》，规定了可披露的文件、通知及权利行使可使用电子情报传达的方式。[②] 1998年，英国又一次迎来了大规模的公司法改革，这次改革的成果是，产生了英国历史上最长的一部成文法，即《2006年公司法》。

虽然英国《2006年公司法》一个指导性方针是“首先考虑小公司”，但是因应信息化仍然是英国《2006年公司法》的一个重要内容。而国务大臣2009年制定的《公司（股东权利）条例（2009)》，则对股东权利的行使有了新的规定，其中不乏有关于信息化的应对。通过对这些法律的梳理，除了大量关于上市公司网上信息披露的规定外，英国公司信息化变革主要有以下内容。

一　电子格式的界定

《2006年公司法》第1168条界定了“纸质副本和电子格式以及相关表述”，主要规定有：“……（3）文件或信息以电子格式被发送或提供，如果其以下列方式被发送或提供——（a）电子方式（例如，电子

---

① 石慧荣：《从英国公司法的改革看中国公司法的修订》，《广东社会科学》2006年第1期。

② ［日］北村雅史：《关于英国公司法股东会议的规整》，《日本商事法务》第1584号（2001年），第23页。

邮件或传真），或者（b）当处于电子格式时，任何其他方式（例如，通过邮寄方式发送磁盘），所称的电子副本具有相应的含义。（4）文件或信息以电子方式被发送或提供，如果其——（a）通过数据加工（包括数字压缩）和储存之电子装备的方式最初被发送并在其目的地被接收，并且（b）通过电线、无线电、光学方式或其他电磁方式被完全传递、传输以及接收，所称的电子方式具有相应的含义。（5）被授权或要求以电子格式发送或提供的文件或信息，必须以发送人或提供者合理认为将使收件人能够作出下列行为的格式和方式被发送或提供——（a）阅读该文件或信息，以及（b）留存其副本。"①

二　公司信息服务电子化

1. 公司记录格式的电子化

第1135条"公司记录的格式"规定了公司记录的电子化方式，（1）公司记录——（a）可以纸质副本或电子格式被备置，并且（b）可以公司董事认为合适的方式被安排，前提是正被讨论的信息，为了将来的参照而被充分记录。（2）当记录以电子格式被备置时，其必须能够以纸质副本格式被复制。②

2. 文件传送电子化

根据《2006年公司法》，公司的所有文件（设立文件或行政文件）都可以电子通讯方式传送，即通过电子邮件或者网站公布的方式。在与成员的通讯中，公司如果通过电子邮件提交文件，应当取得意图收件人的同意；如果该成员不同意，则公司应当以纸质副本格式提交。在与成员的通信中，公司如果用网站，必须要取得成员批准，修改章程以允许公司这样做；此时，公司应当确保其章程不受限于某些特定种类的文件，并且取得每个意图收件人的同意。成员通过电子通讯方式收到文件后，仍然可以要求公司发送纸质副本格式的文件。

第333条规定："（1）当公司在召集会议的通知中已经给出电子地

---

① 《英国2006年公司法》，葛伟军译，法律出版社2008年版，第729—730页。

② 同上书，第709页。

址时，其视为已经同意，与会议程序相关的任何文件或信息可以电子方式被发送至该地址（隶属于在通知中被指定的任何条件或限制）。（2）当公司在下列文件中已经给出电子地址时——（a）公司发送的与会议相关的代理人文件，或者（b）公司签发的与会议相关的任命代理人的邀请，其视为已经同意，为该会议的与代理人相关的任何文件或信息可以电子方式被发送至该地址（隶属于在通知中被指定的任何条件或限制）。（3）在第（2）款中，与代理人相关的文件包括（a）与会议相关的代理人任命，（b）表明代理人任命或与其相关的有效性所必要的任何文件，以及（c）终止代理人授权的通知。（4）在本条中，"电子地址"指为以电子方式发送或接收文件或信息之目的而使用的任何地址或号码。"①

三　股东会议电子化

1. 会议通知电子化

第 308 条规定："公司成员大会的通知，必须通过下列方式发出——（a）以纸质副本格式，（b）以电子格式，或者（c）通过网站，或者部分通过该一种方式部分通过该其他方式。"第 309 条规定了在网站上公布会议通知："（1）会议通知没有通过网站由公司发出，除非根据本条被发出。（2）当公司将网站上通知之出现告知成员时，告知必须（a）载明其牵涉公司会议的通知，（b）指定会议的地点、日期和时间，并且（c）如果是公众公司，载明会议是否将是年度成员大会。（3）自该告知之日起至会议结束之日的整个期间，通知必须可以在网站上获得。"②

2. 电子会议与电子表决

根据国务大臣 2009 年制定的《公司（股东权利）条例（2009）》，英国《2006 年公司法》第 360 条后插入："第 360A 条电子会议与电子表决"，原文内容是：（1）本部分并不是要以"不在同一地方的股东可

① 《英国 2006 年公司法》，葛伟军译，法律出版社 2008 年版，第 198 页。

② 同上书，第 188 页。

以通过电子方式参与会议、进行发言和表决”的方式来排除会议的举行和进行。(2) 只要满足以下要求和限制条件时，一个可交易公司才可能为了使股东参加股东大会而运用电子方式召开会议：(a) 要确保与会者的身份和电子通信的安全，且 (b) 与实现上述目的相应。(3) 第 (2) 款并不影响公司要求非股东的个人参加会议必须提供合理证明的权利。[①]

3. 股东书面决议的电子化

英国《2006 年公司法》第 298 条规定了“以电子方式发送与书面决议相关的文件”。主要内容包括：

(1) 当公司在包括或附带被提议书面决议的任何文件中给出电子地址，公司视为已经同意与决议相关的任何文件或信息可以电子形式发送到该地址（隶属于在文件中被指定的任何条件或限制）。

(2) 在本条中，“电子地址”指为以电子方式发送或接受文件或信息之目的而使用的任何地址或数字。

而第 299 条则规定了公司通过网站向一个人发送书面决议，或者与书面决议相关的声明。

从各国公司法的发展看，法律对技术变革的因应很值得关注，以法律条文的形式确立虚拟会议的法律效力、规范股东通讯投票制度、发布通知的各种公司法修改不仅为股东大会改革注射了一剂强心针，更从侧面表示对发展信息技术并为商业化运营服务的开放式鼓励态度。这不仅是一种保障，更是一种鼓励和支持。同时，自由与开放是信息社会最重要的特征，最大限度保障股东自由选择也是一大特征，较为充分的自由选择权一来提高股东行使权利的积极性，增强股东参与决策的积极性，二来最好的不一定是最合适的，股东可以依照周围合适的情形选择对自己最有利的方式才是保证权利行使的重点。这些公司法例因应信息化的变革值得我们去思考、学习与借鉴。

---

① 王高英、李翰杰译：《关于〈英国 2006 年公司法〉的相关条例（2009）》，载顾功耘主编《公司法律评论（2010 年卷》，上海人民出版社 2010 年版，第 233—234 页。

第五章

变革的具体建构(一):公司登记的电子化

第一节　中国商事登记改革的情感期待

一　中国的商事登记法律制度

商事登记制度是指商主体或商主体的筹办人，为了设立变更或者终止其主体资格，依照商事登记法规及其实施细则规定的内容和程序，由当事人将登记事项向营业所所在地登记机关提出申请，经登记主管机关审查核准，将登记事项记载于登记簿的一项强制性的商事管理制度。从商事登记制度的概念中我们可以看到商事登记涉及两个行为，即商主体的申请行为和主管机关的审查核准行为，这两个行为一个具有私法属性，另一个具有公法属性。

我国的商事登记法律制度是伴随着经济体制改革而逐步建立和发展起来的。经济体制改革初始，国家就十分重视商事登记法律制度的建设。1980 年 7 月，国务院发布了《中外合资经营企业登记管理办法》，1983 年 3 月国家工商局公布了《外国企业常驻代表机构的登记管理办法》，对外资企业、外国企业常驻机构的登记做了专门的规定。1982 年 8 月，国务院发布了《工商企业登记管理条例》，12 月，国家工商行政管理局发布了《实施细则》，条例和细则对国营工商企业、集体所有制的工商企业、联营和合营企业等企业的登记做出了规定。1985 年 6 月和 8 月，经国务院批准，国家工商行政管理局发布了《工商企业名称登记管理暂行规定》和《公司登记管理暂行规定》，1986 年 3 月，国家工商行政管理局又发布了《经济联合组织登记管理暂行办法》。1983 年，国家工商行政管理局还制定了《工商企业登记档案管理办法》，这些条例或规定初步构建起我国的商事登记法律制度。

1988 年 6 月，国务院第 1 号令公布了《中华人民共和国企业法人登记管理条例》，取代了上述《中外合资经营企业登记管理办法》、《工商企业登记管理条例》和《公司登记管理暂行规定》，对全民所有制企业、集体所有制企业、联营企业、外资企业、私营企业等企业法人的登记做出了的规定。同年 12 月，国家工商行政管理局公布了《中华人民共和国企业法人登记管理条例施行细则》，《企业法人登记管理条例》及其《施行细则》的颁布，标志着不同所有制企业法人的商事登记实现了统一。依据该条例及其细则的规定，非法人企业、在中国境内从事经营活动的外国（地区）企业以及经国务院有关部门和各级计划部门批准的筹建期满一年的新建企业，仍按照企业有关规定办理。因此，总体上看，我国大陆商事登记立法仍处于分散的状态。此外，国家工商行政管理局于 1990 年制定了《企业法人登记档案管理办法》以取代 1983 年的《工商企业登记档案管理办法》，并制定了《企业法人的法定代表人审批条件和登记管理暂行规定》、《企业法人登记公告管理办法》等，进一步充实了商事登记法律制度。

1992 年，中共十四大召开，确立了市场经济体制的改革目标。在商事主体立法方面，改变了以往的以所有制为标准的企业分类法，采取市场体制国家通行的企业组织形式分类法，先后颁布了《中华人民共和国公司法》（1993）、《中华人民共和国合伙企业法》（1997）和《中华人民共和国个人独资企业法》（1999）。相应的，在商事登记立法方面，国务院于 1994 年 6 月发布了《中华人民共和国公司登记管理条例》，1997 年 11 月发布了《中华人民共和国合伙企业登记管理办法》，2000 年国家工商行政管理局发布《个人独资企业登记管理办法》，对公司、合伙企业和个人独资企业的登记分别作了专门的规定。此外，国家工商行政管理局于 1998 年发布了《企业法人法定代表人登记管理规定》（1999 年修订），取代了 1990 年的《企业法人的法定代表人审批条件和登记管理暂行规定》。上述公司登记等法规或规定的颁行，确立了我国商事登记法律制度的市场化取向，例如，依《企业法人登记管理条例》

第15条规定，申请企业法人开业登记时，应提交主管部门或审批机关的批准文件；但是依《公司登记管理条例》第17条的规定，设立有限公司，只有在“法律、行政法规规定必须报经审批的”情况下，才应提交批准文件，通常情况下，设立有限公司无须提交有关部门的批准文件，这标志着我国商事登记法律制度顺应了企业设立从“许可主义”（“审批制”）向“准则主义”的制度变革的需要。

二　信息化是中国商事登记制度改革的机遇

（一）传统商事登记的弊端

首先，从商事登记的程序看，根据《企业登记程序规定》之规定，主要有以下程序：第一，要进行申请。第二，登记机关分别依据第九条和第十条对材料进行审查和受理。如果符合条件的就允许登记，反之则不允许。第三，登记机关做出是否准予登记的决定，准予登记的核发营业执照。但是事实上成立不同的商事主体要求是不一样的。例如个体工商户所准备的材料就会比较有限，可能也就是一些身份证、住址出资情况等一些基本信息，如果是经营食品的要另加一个食品经营许可证。可能一天甚至是半天就能把一个个体工商户的营业执照办下来。但如果办理一个企业法人的营业执照就不同了，由于企业牵涉的面很广，除了具备一些基本的商事登记信息外，还有其他许多前置审批事项，这就需要办理企业的人挨个去找这些部门或者在行政服务大厅去办理，这样直接加大了设立的成本支出，而且也挫伤了投资主体的积极性。根据2005年美国哈佛大学、耶鲁大学和世界银行的4位教授对85个国家和地区的创业环境做的系统调查，结果表明，从注册开始到最终营业平均要经历的审批环节，加拿大只要2天，而我国大陆则要经过7个步骤并且时间长达111天，注册审批费用更是相差10倍左右。[①]

其次，从申请方式看，根据《企业登记程序规定》第六条规定：“申请人或者委托的代理人可以采取以下方式提交申请：（一）直接到企业登记场所；（二）邮寄、传真、电子数据交换、电子邮件等。乍一

① 魏也:《高昂成本阻碍个人创业》,《上海证券报》2007年9月19日。

看，第二种方式好似给我们提供了极大的方便能让我们享受电子化的申请，实则不然，在随后的规定中要求申请人在通过申请后还是需要提交申请材料的原件。第六条第二款的规定：“对企业登记机关予以受理的申请，申请人应当自收到《受理通知书》之日起十五日内，提交与传真、电子数据交换、电子邮件内容一致并符合法定形式的申请材料原件。”对于涉及前置许可项目的，申请人应当提交法定形式的证件。

第三，从商事登记的管辖看，我国的商事登记管辖是以属地管辖为主。根据《公司登记管理条例》第十二条规定，“公司的住所是公司主要办事机构所在地。经公司登记机关登记的公司的住所只能有一个。公司的住所应当在其公司登记机关辖区内。”如果公司设立人与准备设立的公司不在同一地，这就更加加重了申请主体的人力和物力成本，容易造成申请者来回奔波的现象。

第四，从审查方式上说，我国的商事登记制度的审查方式以形式审查为主、实质审查为辅。在形式审查过程中审查人员对于申请人递交的申请材料只关注它的形式，只要符合了法律规定的形式就是合格的，但是它的弊端在于申请和审查的不同步导致了申请人可能会重复填写，浪费时间、浪费资源。

（二）信息化为商事登记法律制度变革带来的机遇

信息化发展当然也体现在政府信息化。政府信息化就是应用现代信息和通信技术，将管理和服务职能转移到网络上来完成，以及对政府需要的和拥有的信息资源的开发和管理，同时实现政府组织形式和工作程式的重组优化，摆脱时间、空间和部门分割的制约，迅速、透明方便和高效地处理行政机关之间、行政机关与公民之间以及行政机关与企业之间的电子化业务，为全社会提供一个高效优质、规范透明的管理和服务。

政府信息化具有管理服务职能网络化，因此带来的时间、空间和部门之间的便捷性，使得政府能为社会提供一个高效优质、规范透明的管理与服务。而这些鲜明的特色正是我们商事登记制度的变革所需要的。

信息化为商事登记法律制度带来了新的技术手段和工作模式，不仅有利于商事登记信息的共享、公示，而且极大地提高商事登记的效率与安全。

1. 提高了商事登记的效率

商事登记管理机关通过电子政务建设，逐步实现登记管理工作的电子化、流程化、规范化。建立登记网站，拓展政务公开渠道，公布和宣传登记管理法规、办事指南，提供各类申请书格式文本网上下载，很多地方还开通了查询、登记、年检等业务的网上受理功能。使登记对象可随时随地地了解进行登记所需要的信息，比照办事指南和办事流程的详细说明来准备所需提交的各项资料，通过“预审核”环节来办理相关手续，例如企业名称的预先审核工作等，从而简化现场所需办理的手续，节省登记对象和登记主管机关的时间，提高效率。针对中国当前商事登记过程中前置审批事项多，属地管辖，申请和审查不同步等影响效率的情况，通过电子化商事登记能够在一定程度上解决这些问题。首先，对于前置审批事项多。电子化商事登记使得各部门之间通过网络实现信息资源共享，对于各部门审核的相同的内容就无需重复审核，另外如果审核部门之间如果没有顺序要求就可以根据要求部门个数群发，所有这一切都只要申请人在办公室轻点鼠标即可完成。其次对于商事登记的属地管辖。申请人想在本地区之外经营只能去该区域的工商登记管理机关进行登记，这对登记人着实不方便，增加了申请人的时间成本和人力成本，对于外资企业更是一种灾难。最后，对于申请和审查不同步情况。申请登记过程中申请人通常都会把要交的材料事先写好，但是申请人很可能会写错或者写的不符合要求，就会被要求涂改或者是重写，一来浪费了时间，二来浪费了资源。如果工商登记管理机关能够在自己的网站上挂出表格写明填写要求，并在填写的空格中增加填写限制，这样就能达到省时省力的效果了。

2. 有利于廉洁和依法行政

通过各种方式的信息公示使各级商事登记主管机关的政务网站成为社会各界了解商事登记主管机关的工作动态和政务信息的重要渠道，更为方便深入地了解登记主管机关的执法程序，有利于行政相对人行使自己的权利，维护自己的权益，对行政行为进行有效监督。电子化的商事登记就像是我们平常注册 QQ 一样，网站给我们提供的是一个统一化、规范化、程序化的平台，每个人只要符合填写要求就可以成功注册。这就有利于避免传统审查过程中的“暗箱操作”，以及由此产生的权力寻租行为。

3. 提升了公示功能

公示功能主要是公示有关商主体的类型、住址、注册资本、经营范围等这些基本信息，在信息化背景下公示功能所产生的安全和效率两方面效果将会大大加强。

在安全上，商事登记制度要求交易双方公布基本信息，这就给了交易主体一个相互选择的机会。交易双方可以通过查看对方资信状况等信息来选择是否和其进行交易，这就在一定程度上降低了交易双方的风险。

信息化给我们提供的是一个获取信息全面性的可能，交易方通过访问政府的网站可以轻而易举地、全面地了解自己想要了解的信息，在信息足够透明的情况下做出的选择应该会相对可靠点。

在效率上，同样因为交易双方基本信息的公开，可以让交易双方在了解信息的基础上快速做出是否交易的选择，从而促进市场的快速流转，提高交易的效率。

至于信息化在提高交易效率方面所扮演的是一个加速器的角色，交易双方通过政府网站可以便捷快速的获得与交易相关的信息，这样就大大降低了交易的时间成本，也就提高了交易的效率。

4. 节约资源

传统上我们习惯于依靠文书来传递信息，而这样的信息传输特点使得我们每年需要耗费大量的纸张。电子化商事登记则可以克服纸张消耗的弊端，在商事登记过程中所有步骤都是在网上完成，并且连执照都是电子化的，真正实现无纸化登记，也就实现了节约资源的效果。

（三）商事登记的信息化处理是市场经济发达国家的共同选择

目前，多数市场经济发达的国家和地区均采用了电子登记方式，实现了商事登记的自动化。[①] 澳大利亚和新西兰80%左右的商事主体都实行了网上注册和年检。申请和发照都有电子文本，年检可以在网上进

① 赵万一主编：《商事登记制度法律问题研究》，法律出版社2013年版，第246页。

行，公告可以在网上发布，公众可以在网上查询公司信息。公司注册可以直接通过网络申请，公司注册机关可以直接在网络上批准成立公司。澳、新两国公司注册证都可以在网络上下载。新西兰公司注册机关随后还要寄去一份有注册官签名的正式文本，澳大利亚网上下载的公司注册证可以作为正式文本使用。公司的有关资料，公众可以免费在网上进行查询。公民也可以通过网络了解公司注册的程序和国家有关的政策。由于公司注册内容和程序简单，又实行网上注册、电脑管理，因此注册审批时间很短，效率很高，最短的一分钟即可完成。新西兰有25万个公司，公司注册署加上两个办事处共计60人，而负责注册工作的只有10来个助理注册官员。澳大利亚负责全国注册工作的证券与投资委员会，主要职能有六项，公司注册只是其中一项，工作人员332人。全国120万个公司，注册审查官只有几十人。① 另外，《韩国商法典》第34条第2款规定：（1）可以用计算机情报处理系统进行全部或一部分商业登记业务。（2）根据前款规定处理商业登记业务的程序，适用大法院规则。②《德国商法典》第8a条和第9a条对登记信息的电子化处理进行了明文规定，其中第8a条（1）规定：州政府可以通行政法规规定，以机器方式作为自动化文件对包括为管理所必要的目录在内的商业登记簿进行管理，以及在某种范围内进行此种管理，第8a条（2）规定：一项登记一经存入为商业登记指定的数据存储器，并且能长期以可读形式再现而不发生内容上的任何改变，即发生效力。③ 德国有两种方式进行电子化登记，第一种是申请人提交书面材料，初级法院通过人工输入方式实现电子登记和查询；第二种是申请人通过互联网进入初级法院系统提交电子文本材料直接实现电子登记。英国的申请人通过互联网在网上申请注册，注册机关对提交的申请进行审查，在网上发送注册证（营业执照），申请人下载注册证后即可开展经营活动，基本上看不到有人再到企业登记管理机关去登记的情形了。我国澳门地区《商业登记法典》

---

① 国家工商总局赴澳大利亚、新西兰考察团：《关于澳大利亚、新西兰商事登记和个体商贩登记管理的考察报告》，《中国工商管理研究》2003年第4期。

② 《韩国商法典》，吴日焕译，中国政法大学出版社1999年版，第9页。

③ 《德国商法典》，杜景林、卢谌译，中国政法大学出版社2009年版，第5页。

第 23 条规定：商业登记以计算机处理。第 31 条规定：（1）为监管商业名称之合法性，商业及汽车登记局及经济司须各设一个可透过计算机相互查阅之数据库，使其保存商业名称、商标、营业场所名称及标志之最新资料。（2）为上款所规定之效力，登记局须设置一个按名称分类，并以计算机处理之数据库。

三 信息化对商事登记法律制度的发展带来的严峻挑战

信息化为商事登记法律制度带来了新的技术手段和工作模式，但是从目前看，信息化时代的商事登记还存在亟待解决的难题。

（一）网络经营主体的登记范围难以把握

一般来说，市场主体是指市场中提供商品或服务的营利性组织和个人，它必须取得“经济户口”即营业登记后才能开展营利性活动。[①] 而从性质上分析，电子商务也并不完全是一个新兴市场的概念，而只是一种新型商务模式，或者说只是利用了电子化的商务工具与传统市场的结合。但是，在这种情况下，进入这一所谓新兴市场领域的组织或个人的身份就比较复杂：它既可能是已取得合法经济户口的传统企业或个人，也可能是单纯利用网络工具开展商务活动的新兴单位或个人，那么，传统的市场主体是否还需要再进行电子商务登记？新出现的市场主体如何进行电子商务登记才能拥有电子商务市场的准入资格？这就成为了新环境下商事登记法律制度需要研究的问题。

电子商务对市场主体身份的影响还表现在“亮照经营”上。根据工商行政管理的有关规定，市场主体必须将营业执照置于营业场所的显著位置，但在电子商务模式下，经营场所已经虚拟化到网络之上，对此，营业执照是否也应该数字化，并置于市场主体所运用的网络页面的显著位置上，以明确市场主体的身份和经营资格呢？

由于各种主客观原因，工商部门对整个网络经济的现状把握不准，

---

① 杰文：《商事登记的范围——商事主体的确认标准与类型划分》，《工商行政管理》2003 年第 15 期。

对网络经营主体的研究较少，到底对哪些网络经营主体需要登记也就无从谈起。目前，凡是开展网站备案登记的地方都是简单地以《互联网信息服务管理办法》中规定的所谓经营性网站作为登记对象，而把大量也需要工商部门确认主体身份的非经营性网站排除在外。[①] 实际上，网络主体的经营性与非经营性的标准在实践中难以把握。如大量的公共服务性网站、论坛网站，甚至个别学术性网站等，无论从表面来看，或者从其主要的运行内容来看，都是非经营性的，但是里面植入了大量的商业性广告，并且广告为这些网站提供了不菲的收入。因此，网络经营主体的登记范围难以把握，已成为网络经营主体登记的首位难题。[②]

（二）登记项目上的法律障碍

在住所和经营场所必备事项的登记上，我国登记法律制度对不同商事主体采取区别对待的态度：对商事法人主体而言，登记法律规范只要求将经营住所纳入登记事项；对非商事法人主体而言，则只要求经营场所的登记。就许多非法人网络经营主体来说，其住所易于确定，而经营场所则难以界定。如近年来随着网络交易飞速发展，数量庞大的个人用户在网上开设虚拟网店，或销售商品，或提供服务。然而，这一新兴行业交易的特点是成本低、推广快，交易迅速，跨越时空界限，买卖双方不见面，并且虚拟网店只是在网上注册，经营范围也是网络销售，大部分网店都没有固定经营地点。根据营业执照发放的有关规定，经营者除了要出示真实身份信息，还必须具有固定的经营场所。因此，从目前情况看，虽然一部分既有实体店又进行网络销售的店铺，顺利领取了营业执照，但对于纯粹的虚拟网店，鉴于法律的障碍，工商部门暂时没办法进行工商登记而发放网店营业执照。[③]

（三）网络环境对属地登记管辖制度的影响

在传统的商事登记法律制度中，属地登记管辖一直是商事登记主管

---

① 孙建新、冯会新：《网络经济主体的登记与规范》，《中国工商管理研究》2009 年第 9 期。

② 赵万一主编：《商事登记制度法律问题研究》，法律出版社 2013 年版，第 283 页。

③ 同上。

机关遵循的基本原则，但是，电子商务的一个突出特点就是市场边界的国际化，电子商务是以互联网作为其交易载体的，而互联网的一个重要特征就是全球联通，在互联网上并没有明显的地域和国家界限，任何单位和个人只要通过一台联网的电脑，就可以访问世界任何一个角落的服务器，并可以轻易地选择一个网站进行注册并开展商务活动。如此一来，身处全球大市场中的电子商务主体的属地确认就比较困难。[①] 是根据参与者的现实经济户口所在地予以确认？或是以其所使用的网站的注册地为标准进行确认？解决这一问题，对于登记管辖和商事纠纷处理都有着十分重要的意义。

（四）网络环境对商事主体监管模式的影响

电子商务是伴随着信息网络的发展而发展的，其经营方式和交易方式与传统经济有着不同的特点，以虚拟的数字化信号作为商务沟通的方式，在市场形态上，没有固定的市场平台，商事行为在时间上是全天候的，在空间上是全球性的，在技术上，电子商务是数字化、无纸化和交易的高速化、网络化。这种商事运作模式给商事登记主管机关对商事主体的监管带来了新的挑战。[②] 如何在网络环境下加强网络巡查和网络监管就成为了当前商事登记主管机关需要面对和解决的问题。

（五）网络环境对商事登记程序的影响

网络的发展为电子政务的现代化办公提供了可能，有利于依法行政，简化程序，提高效率，我国很早就已经开始这方面的尝试。但是，大多只是各自为政式的尝试，缺乏统一与规范，相关立法滞后的不利影响在商事登记法律行为及其他涉及法律问题的领域中则必然会产生一系列深远的不利影响。[③] 因而，加快网络环境下商事登记相关法律制度建设就显得相当紧迫。

---

① 田丰：《网络环境下我国商事登记法律制度探析》，硕士学位论文，河南大学，2007年，第23页。

② 同上书，第23—24页。

③ 同上书，第24页。

第二节　中国公司登记电子化的实践场景

随着我国信息技术的发展，我国在较早的时候就着手建设电子政务了，到如今各级政府已经普遍实现了政府上网，并且以此为依托建立了网上服务工程涉及税务、海关、公安等部门。为电子政务而配置的硬件软件设备为我们如今的电子化商事登记制度的建立夯实了基础。当然我国政府也适时进行了公司登记的电子化改革。

一　公司登记管理部门积极推进公司网上登记

作为我国公司登记的主管机关，我国工商行政管理部门顺应信息化的进程，出台了相应的政策文件，积极推行网络技术的运用和公司电子化登记工作。

1.《企业登记程序规定》允许公司登记申请文件提交的电子化

2004年6月10日，国家工商行政管理总局发布了《企业登记程序规定》，自2004年7月1日正式施行。《企业登记程序规定》第四条提出，有条件的企业登记机关应当建立企业登记网站，受理企业登记申请，方便申请人下载申请书格式文本、提交申请材料、查询企业登记办理情况和企业登记管理规定等。第六条规定，申请企业登记，申请人或者其委托的代理人可以采取以下方式提交申请：（一）直接到企业登记场所；（二）邮寄、传真、电子数据交换、电子邮件等。这一规定允许申请公司登记以“电子数据交换、电子邮件”等电子方式提出，这就迈出了公司登记电子化的第一步。但是，该条第二款紧接着规定，通过传真、电子数据交换、电子邮件等方式提交申请的，应当提供申请人或者其代理人的联络方式及通讯地址。对企业登记机关予以受理的申请，申请人应当自收到《受理通知书》之日起十五日内，提交与传真、电子数据交换、电子邮件内容一致并符合法定形式的申请材料原件。这就意味着申请人仍然需要提交纸质的申请材料。《企业登记程序规定》对于实现公司登记电子化的作用还是很有限的。

2.《关于改进和加强企业登记管理工作的意见》提出了大力推行网上登记

2007年7月25日，国家工商行政管理总局发布了《关于改进和加强企业登记管理工作的意见》。《意见》提出全面建立企业登记管理自动化系统，要求在当年年底前，力争所有企业登记机关都要建立企业登记管理自动化系统。进一步完善企业登记管理软件，把企业登记管理法律法规规定的条件、统一的登记标准、统一的登记程序、统一的登记要求纳入自动化系统，充分利用现代信息技术手段加强登记辅助审查，进一步规范登记行为，增强工作的透明度，提高登记效率，确保企业登记管理工作做到依法、规范、高效。《意见》同时提出大力推进网上年检和网上登记。积极创造条件利用登记网站为企业提供服务，不断完善网站的服务功能，提供网上下载企业登记和年检的表格、文书，大力推进网上名称核准、网上年检和网上登记，提高办事效率。2008年年底前，地市级以上企业登记机关都要为企业提供网上提交材料的渠道，保障网上登记和网上年检工作的实施。已实行网上登记和网上年检的，要进一步完善服务功能，充分发挥网上登记和网上年检的效能。根据《关于改进和加强企业登记管理工作的意见》的要求，实现了公司的网上登记。

二　我国各地积极探索公司登记的网络化

在越来越多的国家和地区推进商事登记网络化的趋势下，我国商事登记机关也进行了积极的探索和尝试。

（一）各地“网上登记注册大厅”纷纷推出

如果你登陆各地工商行政管理部门的网站，“网上注册”这样的“网上登记注册大厅”随处可见，如北京市海淀区工商分局的“网上注册系统”、上海市工商局的“网上并联审批”、厦门市工商局的“企业登记远程电子行政指导”，等等，公司登记电子化迈出关键步伐。

2012年12月3日，浙江省宁波市工商局开通网上注册厅，一年来，该局已实现85%的登记注册事项线上办理。截至9月底，该局网上注册厅受理网上申请1.39万件。网上名称核准登记从网下的2个工作日提速到当天办结，登记事项从网下的7个工作日提速到2个到3个工作日办结。

通过网上注册厅，企业可完成名称注册、表格下载、材料递交等事项，大大方便了办事。以注册一家新公司为例，企业通常需要经历领取表格、名称预审、提交验资材料等环节，网上注册厅开通前，以企业名称预审核一次性通过算，要注册一家新公司至少需要跑4次工商窗口；而开通网上注册厅后，只要两次就可办结。

（二）网上登记注册全覆盖的实现

江苏省工商局早在2011年2月就开始自主研发企业网上登记注册软件。2012年3月，该局在南京、常州、扬州3个市工商局开展试点工作。7月31日，全省工商系统网上登记培训班在南京举办，共有15个直属局48名登记业务骨干参加此次培训。培训完毕，南京市工商局江宁、秦淮、白下、浦口等分局受理了企业登记注册网上申请。其中，仅浦口分局就成功办理了582件登记注册手续。江苏省苏州、常州、扬州、连云港等市陆续传出通过网络办理登记注册发放营业执照的消息。这标志着江苏省工商系统过去“面对面”登记注册模式改为现在的“键对键”登记注册模式，实现了全省网上登记注册服务的全覆盖。

这一变化让投资者不论身在何处，均可通过网上登记注册通道申请设立公司。“只需登录工商部门网站，进入网上登记模块，按系统提示录入登记事项相关数据并提交就行了。”江苏省工商局一名登记注册工作人员介绍说。数据检查无问题，符合所有登记规则，通过预审，辅助系统会自动生成相应制式表格和文书。企业下载、打印所有表格、文书，并将公司设立所需的电子资料通过网络上传至工商部门数据库，即可等候领照了。

2012年以来广东省东莞市全面铺开商事登记制度改革，作为改革的八项措施之一，全程电子化网上登记年检是便捷登记的一大亮点。5月，市工商局在外资企业中启动全程电子化网上年检，当年办理1351户。一年多累计有8119家外资企业申领数字证书并进行网上年检，覆盖率已达2013年应参检外资企业的七成。网上商事登记平台从2013年3月18日起向外资企业开放使用。

三 全流程电子化登记模式的最终实现

2012年10月30日，深圳市第五届人民代表大会常务委员会第十八次会议通过了《深圳经济特区商事登记若干规定》，自2013年3月1日起实施。其中第二十四条规定，商事登记推行网上申报、受理、审查、发照和存档。电子档案、电子营业执照与纸质形式具有同等法律效力。

2013年7月29日，根据《深圳经济特区商事登记若干规定》等有关规定，深圳市市场监督管理局印发了《深圳经济特区网上商事登记暂行办法》，自2013年8月1日起实施。《暂行办法》第三条规定，网上商事登记，是指申请人办理商事主体名称核准、设立登记、变更（备案）登记、注销登记等商事登记时，通过互联网提交电子申请材料，商事登记机关实行网上受理、审查，颁发电子营业执照或电子登记通知书，保存电子档案的全流程电子化登记模式。

2014年2月19日，国务院修订了《中华人民共和国公司登记管理条例》，第五十九条第二款规定，国家推行电子营业执照。电子营业执照与纸质营业执照具有同等法律效力。

2013年8月1日，全国首个企业在深圳通过“全流程网上商事登记”模式完成了网上公司的注册登记，标志着深圳在全国率先实现商事登记全流程、无纸化网上办理，让足不出户拥有一家企业成为现实。其登记基本流程是：

（1）申请人用户注册：申请人登录深圳工行网站 www.sz.icbc.com.cn 或商事登记机关门户网站，在线录入申请人姓名和身份证等基本身份信息，之后使用工行数字证书（U盾）进行身份确认。

（2）企业名称预核准：身份认证后，申请人可进行拟注册企业名称预先核准，取得《名称预先核准通知书》电子批复。

（3）申请人网上申报商事登记资料：取得《名称预先核准通知书》后，可进入全流程网上申领营业执照业务流程。之后，申请人及相关签字人使用工行U盾，对PDF电子申请表进行离线签名，把申请提交至市场监督管理局系统，无须再前往注册大厅递交纸质材料。

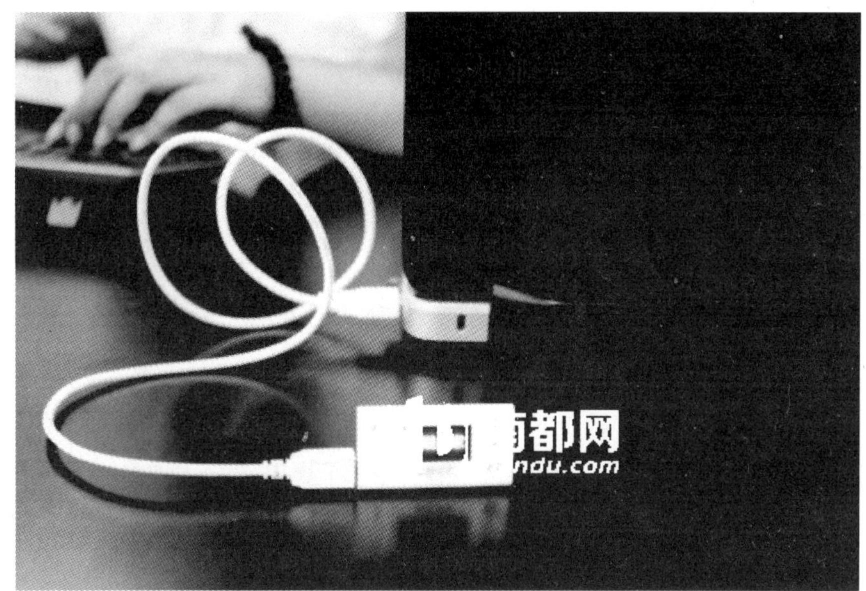

登陆w w w.sz .icbc .com.cn或商事登记机关门户网站进行“全流程网上商事登记”，利用工行U盾实现投资人在网上商事登记过程中身份认证和电子签名。

（4）商事登记机关受理审核：商事登记机关收到申请后，自动联网“深圳企业通”三期系统，在线完成电子签名有效性确认，并在规定的时限内审核，做出是否准予登记的决定。

（5）通知领取电子营业执照：商事登记机关完成核准登记工作后，短信通知申请人。

四　公司登记电子化的公司法回应

（一）我国公司登记的法律规范体系

按照制定机关、效力层次和存在形式的不同，我国公司登记的法律规范可以分为以下类别。

1. 法律

是指全国人民代表大会及其常务委员会制定的适用于公司登记相关的法律规范，在我国公司登记法律规范体系中具有最高的法律效力。如《行政许可法》、《公司法》。

首张电子版的“企业法人营业执照”已经露出真容。

首家全流程网上商事登记颁发的首张U -key电子营业执照组织机构代码证电子副本，今后企业可自愿申领U - key形式的电子营业执照。

2. 行政法规

是指国务院制定或批准的在内容上设计公司登记的法律规范，其效力低于全国人民代表大会及其常务委员会制定的法律。如《公司登记管理条例》、《企业法人登记管理条例》。

3. 部门规章

是指国家工商行政管理总局以及国务院其他部、委和直属机构制定的涉及公司登记内容的部门规章，其在全国范围内具有法律效力。如《企业名称登记管理实施办法》。

此外，我国规范公司登记的还有仅适用于特定区域的地方性法规、地方性规章和其他规范性文件。从现行公司登记法律规范体系来看，我国公司登记立法形式比较散乱，各种法律法规和地方性规范文件交错重叠。这种分散式的登记立法在市场经济渐趋成熟的今天，本身所具有的弊端和局限性是显而易见的，制定商事登记法应当改变这一状况，以建立统一使用的登记制度为目标，采用单行法的立法模式。[①] 但是，在统一的《商事登记法》出台之前，作为实体法的《公司法》与专门性登记立法的《公司登记管理条例》应当对公司登记的电子化作出应有的回应，哪怕是统一的《商事登记法》出台了，《公司法》也应当有关于公司登记的原则规定。

（二）公司登记电子化的公司法回应

在我国当前《公司法》框架下，涉及公司登记电子化的至少有以下内容：

1. 公司登记相关材料的电子化

根据我国公司法的规定，公司登记需要向公司登记机关报送相应的材料。这些文件主要涉及以下条文：（1）公司法第二十九条，“股东认足公司章程规定的出资后，由全体股东指定的代表或者共同委托的代理

① 赵万一主编：《商事登记制度法律问题研究》，法律出版社 2013 年版，第 293 页。

人向公司登记机关报送公司登记申请书、公司章程等文件，申请设立登记。”[①]（2）公司法第九十二条，“董事会应于创立大会结束后三十日内，向公司登记机关报送下列文件，申请设立登记：（一）公司登记申请书；（二）创立大会的会议记录；（三）公司章程；（四）验资证明；（五）法定代表人、董事、监事的任职文件及其身份证明；（六）发起人的法人资格证明或者自然人身份证明；（七）公司住所证明。以募集方式设立股份有限公司公开发行股票的，还应当向公司登记机关报送国务院证券监督管理机构的核准文件。”[②] 此外，还有一些条文虽然没有规定登记需要提交的材料，但是从解释上，需要提

---

① 《公司登记管理条例》对登记需要提交的材料有更具体的规定，第二十条规定，申请设立有限责任公司，应当向公司登记机关提交下列文件：（一）公司法定代表人签署的设立登记申请书；（二）全体股东指定代表或者共同委托代理人的证明；（三）公司章程；（四）股东的主体资格证明或者自然人身份证明；（五）载明公司董事、监事、经理的姓名、住所的文件以及有关委派、选举或者聘用的证明；（六）公司法定代表人任职文件和身份证明；（七）企业名称预先核准通知书；（八）公司住所证明；（九）国家工商行政管理总局规定要求提交的其他文件。法律、行政法规或者国务院决定规定设立有限责任公司必须报经批准的，还应当提交有关批准文件。

② 《公司登记管理条例》对登记需要提交的材料有更具体的规定，第二十一条规定，申请设立股份有限公司，应当向公司登记机关提交下列文件：（一）公司法定代表人签署的设立登记申请书；（二）全体股东指定代表或者共同委托代理人的证明；（三）公司章程；（四）股东的主体资格证明或者自然人身份证明；（五）载明公司董事、监事、经理姓名、住所的文件以及有关委派、选举或者聘用的证明；然人身份证明；（六）公司法定代表人任职文件和身份证明；（七）企业名称预先核准通知书；（八）公司住所证明；（九）国家工商行政管理总局规定要求提交的其他文件。以募集方式设立股份有限公司的，还应当提交创立大会的会议记录以及依法设立的验资机构出具的验资证明；以募集方式设立股份有限公司公开发行股票的，还应当提交国务院证券监督管理机构的核准文件。法律、行政法规或者国务院决定规定设立股份有限公司必须报经批准的，还应当提交有关批准文件。

交相应的材料。[①] 这些条文中所涉及的公司登记申请书、创立大会的会议记录、公司章程、验资证明、法定代表人、董事、监事的任职文件及其身份证明、发起人的法人资格证明或者自然人身份证明和公司住所证明等材料，立法理应确认这些材料的电子化。

2. 相关程序上的电子化

这些程序包括：（1）《公司法》第六条、第二十九条、第九十二条规定的设立登记申请，第十四条规定的分公司设立登记申请，第一百八十八条规定的注销登记申请，《公司法》第一百七十九条规定公司发生登记事项变更的应当依法办理变更登记，此处虽然没有用“申请”字眼，但是实际上应包含此义；[②]（2）《公司法》第二十九条、第九十二条规定的相关材料的报送；（3）《公司法》第六条第三款规定的公众向公司登记机关查询公司登记事项的申请。

3. 公司营业执照的电子化

根据《公司法》第七条规定，依法设立的公司，由公司登记机关发给公司营业执照。公司营业执照签发日期为公司成立日期。公司营业执

① 《公司登记管理条例》规定了分公司设立登记、公司变更、注销登记需要提交的材料。第四十七条规定，设立分公司，应当向公司登记机关提交下列文件：（一）公司法定代表人签署的设立分公司的登记申请书；（二）公司章程以及加盖公司印章的《企业法人营业执照》复印件；（三）营业场所使用证明；（四）分公司负责人任职文件和身份证明；（五）国家工商行政管理总局规定要求提交的其他文件。法律、行政法规或者国务院决定规定设立分公司必须报经批准，或者分公司经营范围中属于法律、行政法规或者国务院决定规定在登记前须经批准的项目的，还应当提交有关批准文件。第二十七条规定，公司申请变更登记，应当向公司登记机关提交下列文件：（一）公司法定代表人签署的变更登记申请书；（二）依照《公司法》作出的变更决议或者决定；（三）国家工商行政管理总局规定要求提交的其他文件。第四十三条规定，公司申请注销登记，应当提交下列文件：（一）公司清算组负责人签署的注销登记申请书；（二）人民法院的破产裁定、解散裁判文书，公司依照《公司法》作出的决议或者决定，行政机关责令关闭或者公司被撤销的文件；（三）股东会、股东大会、一人有限责任公司的股东、外商投资的公司董事会或者人民法院、公司批准机关备案、确认的清算报告；（四）《企业法人营业执照》；（五）法律、行政法规规定应当提交的其他文件。国有独资公司申请注销登记，还应当提交国有资产监督管理机构的决定，其中，国务院确定的重要的国有独资公司，还应当提交本级人民政府的批准文件。有分公司的公司申请注销登记，还应当提交分公司的注销登记证明。

② 《公司登记管理条例》对此有明确的规定，第二十六条规定，公司变更登记事项，应当向原公司登记机关申请变更登记。未经变更登记，公司不得擅自改变登记事项。

照应当载明公司的名称、住所、经营范围、法定代表人姓名等事项。公司营业执照记载的事项发生变更的，公司应当依法办理变更登记，由公司登记机关换发营业执照。公司营业执照的电子化也需要立法予以回应。

（三）《公司法》回应的缺失与《公司登记管理条例》的弥补

1.《公司登记管理条例》对公司登记电子化的弥补

显然，正如本书前面所指出的，我国《公司法》也并未有对前述三方面的电子化予以回应。于是，这一任务就落到作为公司登记专门法的《公司登记管理条例》身上。根据2014年2月19日《国务院关于废止和修改部分行政法规的决定》修订的《中华人民共和国公司登记管理条例》实现了公司登记以下方面的电子化：（1）登记申请的电子化。《公司登记管理条例》第五十条规定，申请公司、分公司登记，申请人可以到公司登记机关提交申请，也可以通过信函、电报、电传、传真、电子数据交换和电子邮件等方式提出申请。（2）信息公示的电子化。第五十六条规定，公司登记机关应当将公司登记、备案信息通过企业信用信息公示系统向社会公示。第五十八条规定，公司应当于每年1月1日至6月30日，通过企业信用信息公示系统向公司登记机关报送上一年度年度报告，并向社会公示。（3）对电子营业执照的确认。第六十条第二款规定，国家推行电子营业执照。电子营业执照与纸质营业执照具有同等法律效力。

2.《公司登记管理条例》仍然未能全面实现公司登记的电子化

虽然《公司登记管理条例》规定了肯定了公司登记的电子化，但是《公司登记管理条例》仍然未能真正实现公司登记的电子化，其中最主要的是仍然未实现公司登记申请的“相关材料”电子化。根据《公司登记管理条例》第五十三条第三项的规定，通过电报、电传、传真、电子数据交换和电子邮件等方式提交申请的，申请人应当自收到《受理通知书》之日起15日内，提交与电报、电传、传真、电子数据交换和电子邮件等内容一致并符合法定形式的申请文件、材料原件……，这一规定意味着传统意义上的纸质文件仍然是必需提交的材料，电子化无法真正实现。相比而言，《深圳经济特区网上商事登记暂行办法》对于全面实现公司登记的电子化更具意义。

附 深圳经济特区网上商事登记暂行办法

第一条 为了提高商事登记效率，规范网上登记程序，根据《中华人民共和国电子签名法》（以下简称《电子签名法》)、《深圳经济特区商事登记若干规定》等有关法律、法规，制定本暂行办法。

第二条 本暂行办法适用于深圳经济特区内网上商事登记活动。

第三条 本暂行办法所称网上商事登记，是指申请人办理商事主体名称核准、设立登记、变更（备案）登记、注销登记等商事登记时，通过互联网提交电子申请材料，商事登记机关实行网上受理、审查，颁发电子营业执照或电子登记通知书，保存电子档案的全流程电子化登记模式。

第四条 申请人办理网上商事登记时，应当对提交的电子申请材料的合法性、真实性负责。

第五条 网上商事登记办理流程分为：申请人注册、申请、商事登记机关受理、审核、决定和存档等环节。

第六条 申请人首次办理网上商事登记时应当在商事登记机关的门户网站上进行用户注册，填写真实、准确的基本身份信息，并使用数字证书进行身份确认。

第七条 申请人完成用户注册并登录后，选择拟办理的业务类型，填写相应的申请表格、章程、股东决议、任免文件等电子申请资料，并由所有需要签名的人进行电子签名后提交申请。

第八条 申请人应当使用电子政务电子认证服务机构发放的数字证书进行电子签名。

申请人也可使用符合《电子签名法》第十三条规定条件的由银行及其他机构发放的数字证书进行电子签名。

第九条 在深圳经济特区登记的商事主体，经有权签字人授权，该商事主体的法定代表人（或负责人）可按照第八条的规定进行电子签名。

第十条 申请人一经电子签名，即视为其亲自提交了电子申请材料和有效的身份证明文件，并认可电子申请材料中的内容。

第十一条 商事登记机关收到申请人提交的申请后，应当根据下列情况在有关规定时限内作出是否受理的决定：

（一）申请材料齐全、符合法定形式的，应当决定予以受理；

（二）申请材料齐全并符合法定形式，但申请材料需要核实的，应当决定予以受理，同时告知申请人需要核实的事项、理由及时间；

（三）申请材料存在可以更正的错误的，以及申请材料不齐全或者不符合法定形式的，应当将申请材料退回申请人并决定不予受理，同时告知申请人需要更正或补正的全部内容，更正或补正后可再次提交，经确认申请材料齐全，符合法定形式的，应当决定予以受理；

（四）不属于商事登记范畴或者不属于商事登记机关登记管辖范围的事项，应当决定不予受理，并告知申请人向有关行政机关申请。

第十二条 商事登记机关对决定受理的申请材料，应当在有关规定时限内作出是否准予登记的决定。作出准予登记决定的，应当颁发电子营业执照或出具电子登记通知书。作出不予登记决定的，应当出具电子登记驳回通知书，注明不予登记的理由，并告知申请人依法享有申请行政复议或者提起行政诉讼的权利。

第十三条 电子营业执照、电子登记通知书和电子登记驳回通知书等经过商事登记机关电子签名的电子文件，具有与纸质文件同等的法律效力。

第十四条 商事登记机关颁发的电子营业执照应当保存在其门户网站上，申请人可登录该网站免费查询其电子营业执照及相关信息，并可复制使用。

商事登记机关也可将电子营业执照载入电子政务电子认证服务机构发放的电子公共服务数字证书，可供在已开通电子政务相关功能的政府部门办理业务时使用，由申请人自愿申领。

第十五条 商事登记机关可依申请人申请颁发纸质营业执照或纸质登记通知书。

申请人办理变更登记涉及营业执照记载事项的，以及办理注销登记的，如果原已领有纸质营业执照，应当缴回商事登记机关；未缴回的纸质营业执照，由商事登记机关在其门户网站上公告作废。

第十六条　商事登记机关应当按照档案管理制度的规定妥善保存商事登记电子档案。电子档案与纸质档案具有同等法律效力。

第十七条　商事登记机关应当保证申请人持有的数字证书的信息安全，未经申请人同意，不得泄露或用做除身份认证功能以外的其他用途。

第十八条　有下列情形之一的，暂不实行网上商事登记：

（一）申请人无法实现电子签名的；

（二）申请人不能网上提交申请材料的；

（三）申请人办理迁入迁出登记业务的；

（四）暂不具备网上商事登记条件的其他情形。

第十九条　本暂行办法自 2013 年 8 月 1 日起施行，有效期 2 年。

第三节　网络环境下商事登记制度的逻辑展开[①]

网络环境作为新生事物必然会带来一些新的特点，但无法割裂与现实传统的联系，在针对这些新问题制定相应对策时需要对新的特点进行深入的分析，同时，也离不开传统法学理论的指导，在制度体系构建中应当体现商事登记法律制度的本质、属性、功能和价值取向，吸收先进的立法理念及制度设计，保持与传统理论的契合。

一　网络环境下新型商事主体的商事登记

网络的发展普及给商事主体的商务活动提供了新的模式，即电子商务模式，“电子商务”重在商务，而电子只是手段和工具，从性质上看分析，电子商务并不完全是一个新兴市场的概念，电子网络只是这种商务活动的媒体和工具，所以，电子商务只是这种电子化的商务工具与传统的市场相联结，只是由于这一新工具而给传统商事活动带来了一些新

① 此部分参考了田丰《网络环境下我国商事登记法律制度探析》，硕士学位论文，河南大学，2007 年。

的面貌和特质，却没有本质上的区别。

电子商务领域中出现了一些看似全新的商事主体，其实，不外乎以下几类。第一类，有些传统商事主体在现实传统商事领域已经存在并已经进行了商事登记，但也在尝试利用互联网进行商事活动，对它们不存在进行商事登记的问题，只是需要研究如何在传统登记情况下发放网络环境下的“电子数字化营业执照”并在网页上加以标识的问题。第二类，经营性网站，即所提供商品或服务不是传统的商品或服务，而是通过自己的网站提供网络交易平台、域名服务、网络空间等有偿服务的经营方式，如各大购物网站。2000 年 9 月，国务院下发了《互联网信息管理办法》，明确要求经营性网站实行许可制，由企业登记管理机关注册后才能开始经营。各地区商事登记管理机关也相继出台了相关的规定。第三类，有些商事主体根本没有或不存在现实生活中的商事主体形式，也未履行过现实生活中的任何商事登记行为，而只是单纯利用互联网络来进行商事活动的“虚拟”商事主体，最典型的就是利用各购物网站的空间所免费或交费开设的“网上店铺”，当然也应当包括利用自己申请并拥有独立域名和网络空间而建立的“网上店铺”。我国目前还没有关于此类商事主体登记的统一、权威的法律性文件，形成了相对的管理上的真空，因此而产生了许多实践中问题。由此而产生的带有“虚拟”特性的商事主体的登记问题也成为了近年来学者和社会各界争论的焦点。

北京市工商行政管理局的做法是实行了经营性网站的备案制度，但适用范围仅包括行政区域内的 B2B 和 B2C 经营者，而消费者之间即 C2C 经营者不适用。其他一些地区，如上海、江苏等地的登记主管机关所采取的做法也大同小异。

可以说，国内外对电子商务的管理尚没有成熟、完善和确定、规律性的法律制度，都处在探讨和摸索之中。目前，国内对于网络经营主体资格和经营行为的管理在认识上大致有三种观点：一种认为，网络经营行为是虚拟性的，因此，对电子商务主体资格的准入性实行登记管理是难以实现的；一种认为，电子商务发展正处于起步的初级阶段，多扶持鼓励，少控制管理，以促进其成长和发展壮大；第三种观点认为，市场经济是法制经济，国家应该加强对网络环境下电子商务模式特点的研究，完善相关的法律和制度，必须按照法律、法规的要求加强对电子商务的管理和规范，以促进其持续、健康的发展。

C2C 网上店铺的经营者也应当履行商事登记，理由如下：

第一，从经营模式上考察：网上店铺虽然名为 C2C 即消费者对消费者，但是，考察一下其实际的经营状况就可以发现它们早就突破了个人间以物换物或其他单纯个人间消费的关系，这些网上店铺绝大多数经营品种、货物分类及摆放等与现实中的商店没有什么区别，有的可能更为丰富和繁杂；在交易程序上和现实中交易所经过的主要环节也一个不少。基本上，网上店铺的经营模式只是增加了网络的一些特点，如虚拟性、无纸性、简捷性等，在实际运作上已经完全是一个经营者与消费者的商事关系。

第二，从经营规模考察：购物类网站经过近几年的飞速发展，网上店铺已经成就了不少“成功人士”，月营业收入从几千到几万的事例从各种媒体中已不鲜见，按照现有的发展速度，营业收入成倍增长到几十万、上百万或许也只是时间的问题，其经营的规模可能比现实中的一些小型企业还要可观。然而，它们缴税了吗？履行了正常企业所应尽的责任和义务了吗？

第三，从责任主体角度考察：网上店铺经营者的虚拟性对于如何体现商事行为的公示公信特点，维护交易的安全与效率提出了挑战。分析网站所提供的服务协议可以看到，提供网上店铺的经营性网站并未要求各经营者办理相关的商事登记，只是注册了一些虚拟性的注册信息，而这些注册的信息有几分真实性，实在令人担忧。协议中明确要求经营者自己为其注册的信息的真实性承担全部责任，网站只是提供一个“场所”，在经营活动中所发生的一切后果及责任全部由经营者自己承担，一旦发生了交易纠纷，消费者无法根据注册信息找到真正的经营者来追究责任，而网站又在协议中推卸了自己的责任，如此一来，消费者和相关利害关系人的利益将难以维护，交易的安全也无从谈起。

一方面购物网站为网上店铺的开设提供了条件，形式上代行了商事登记主管机关的职能；另一方面却没有很好的相应制度来履行管理义务，又不承担一点责任，笔者认为，这一矛盾正是构成阻碍 C2C 电子商务发展的信用和安全方面的根源性原因。

第四，从公平角度考察：市场经济的基本原则是公平竞争，对电子商务主体资格和经营行为不加规范和管理，就是对其他市场主体的不公平。试想，如果大家都意识到通过网上店铺可以偷逃税款，可以钻管理上的空子的话，可能连很多正常的企业也会尝试以一个虚拟的网上店铺做经营，虽然，其只是想作正当的经营，但却可以钻空子而逃避现实经营中的诸多麻烦与义务。

第五，从立法经验角度考察：我们要注意吸取过去的经验教训，力争在电子商务的初级发展阶段就做好立法与规范工作，以使其有序、高速地发展。如网络游戏的发展所带来的武器装备、等级等的交易所带来的“虚拟财产”问题，QQ 币交易所带来的网络洗钱及对经济和货币制度的影响等问题都逐步显现并引起越来越大的重视。

由以上分析可见，网络店铺的店主具备经营性、营利性和持续性的商事行为特征，当然应该进行登记，通过登记的公示、公信力来保证交易的安全和促进交易的效率，进而通过保证交易的安全和效率来鼓励更多的人们进入电子商务领域。在具体的制度设计上只要简化程序、降低成本就可以既维护交易的安全与效率，鼓励交易，又不造成管理和经营上的成本等限制因素。

2010 年 5 月 31 日，国家工商行政管理总局颁布了《网络商品交易及有关服务行为管理暂行办法》，《暂行办法》第十条规定，已经工商行政管理部门登记注册并领取营业执照的法人、其他经济组织或者个体工商户，通过网络从事商品交易及有关服务行为的，应当在其网站主页面或者从事经营活动的网页醒目位置公开营业执照登载的信息或者其营业执照的电子链接标识。通过网络从事商品交易及有关服务行为的自然人，应当向提供网络交易平台服务的经营者提出申请，提交其姓名和地址等真实身份信息。具备登记注册条件的，依法办理工商登记注册。这一规定实际上确认了“网络店铺”的登记要求。

二　网络环境下商事登记中的管辖制度

计算机互联网络虚拟、开放、广泛性的特点给传统的管辖方式与原则提出了新的问题，例如，主营业地和居住地都在 A 地的公司开设了一个网上店铺，而网上店铺所在的网站登记或其服务器所在地却在B地，如果对该公司进行网络商事登记，则谁有管辖权？如果该公司分别开设的几个网上店铺涉及多个地区，又该如何管辖？

网络的虚拟性特点确实为商事登记的管辖带来了新的问题，但是，笔者以为，在坚持传统的登记管辖原则的基础上针对网络虚拟性的特点补充完善和制定新的登记方法即可，即仍坚持以现实中主营业地为主的属地管辖原则，并增加相应网络登记的内容。

首先，网络商事主体的虚拟性脱离不了与现实的对应关系，一切问题和纠纷的解决还需要还原到现实中的商事主体才能得以最终实现，网络店铺和网络虚拟商事主体只是现实营业地和现实商事主体的“外壳”，网络只是充当了一个工具或者“面纱”，因而，在必要的时候就需要通过揭开这个面纱或者外壳来找到真正的现实商事主体。

其次，一个现实中的商事主体可能有多个虚拟的网络身份，这些虚拟的网络身份可能经过了多个直接或间接的虚拟“变脸”，让人难以确切知道其真正身份，但是，其所共同指向的最终现实中的身份则只有一个。如果因其网络身份涉及多个登记主管机关来分别登记，则必然会造成管辖上的割裂与冲突，反而不如由其现实的最终身份来确定管辖更为合理、有效。

再次，现实主营业地管辖原则利于对商事主体的监督管理：网上店铺只是一个交易的工具和平台，只能看到一些现实信息的虚拟反映，对商品的质量、商事主体的真实情况等仅通过网络是无法确知的，而主营业地登记主管机关按照属地管辖就能更有效地完成对商事主体的监督管理。

针对电子商务商事主体的虚拟性特点，需要在传统商事登记事项上增加相关的网络登记内容的规定，可以要求这些商事主体必须申领“电子执照”，在执照中除了标识其传统登记内容外，还要按照规定标识清楚相关的网络信息，如：网址、域名、最终网络信息所在的服务器情况等。这样做的目的是，无论是消费者、经营者或是监督管理机关都能够通过这些公示的网络信息来指向和最终定位到现实中的商事主体。

对于网络市场和网络交易行为的监督管理需要通过“网上巡查”来完成，对于其中所发现问题的解决和责任的追究等环节需要落实到现实生活中的商事主体，属地管辖中的商事登记主管机关在网上巡查和现实监管两种监管方式的有机、有效结合上无疑具有更大的优势，能够产生更好的效果。

最后，笔者不赞同按照虚拟营业地的网络属地管辖原则，现实属地管辖机关通过网上巡查即可实现对商事主体的监管，对于涉及网络信息服务器远在外地的情况，只需要当地的登记主管机关协助办理即可，但在管辖的主次上一定要分清，否则，对于多个虚拟营业地的情况必然产生由于管辖权不明而带来更多、更大的问题。况且，按照属地管辖原则仅对网站所在地和虚拟营业地在现实行政区划内的商事主体进行商事登记备案就可以尽可能地减少由于网络虚拟与现实属地不同而带来的后续问题。

三　网络环境下商事登记中的公示制度

商事登记以让公众知道登记事项为目的，其自身就有公示的意义。因此，商事登记的公示制度应成为商事登记法中的一个重要组成部分。互联网络的发展为公示的途径提供了更为方便、快捷的可能与方式，同时也提出了新的要求。

我国商事登记法的公示采用公告制度。其实，公示的途径和方式不限于公告，以境外登记公示的经验而言，除公告形式外，可以有以下几种：登记簿的阅览，即依照一定程序，在商事登记主管机关阅读特定商事主体的商事登记簿；登记簿的复印，即依照一定程序，在取得商事登记主管机关同意后，将特定的商事主体的商事登记簿进行复印；商事登记簿的誊抄，即依照一定程序，取得商事登记主管机关同意后，誊抄特定商事主体的商事登记簿；网上公示，即商事登记主管机关将商事登记簿登入本机关商事登记网站，社会公众可以根据需要上网查询。

互联网络的发展为信息共享与查询提供了极大的方便，在有些领域获得了较大的发展，也显示出了信息共享与查询所带来的巨大功效。例如机动车驾驶证信息全国联网后，不管驾驶员在国内哪个地区因违章而被调查，交警都可以通过互联网迅速调阅出该驾驶员的相关信息，从而及时做出相应处罚。高等学校学生的学历证书可以进行网络查询后也使虚假学历问题得到了很好的治理。同样道理，如果商事主体的信息也能够在全国范围内很方便地通过网络进行查询和验证的话，可以想象，对于其商业信誉的公信力，对于商事交易的安全与效率将会带来多么大的功效!

英、美、德等国都已经实现了商事登记信息的全国联网共享与查询，并将相关制度形成了法律性文件。我国在这方面正处于尝试与加快发展完善的阶段，对比考察我国北京市、上海市、河南省等地区商事登记网站情况可知，在很多地区商事登记主管机关的网站上可以看到商事登记信息的查询窗口，但是，查询方式多很简单、单一，所能查看到的内容也不一致，有些地区还没有提供这一功能，因而，笔者就此问题作出如下建议:

第一，应提供的可供查询的内容至少应该包括如下四个方面：首先，商事主体传统登记信息，即按照现行商事登记法所规定的名称、住所、营业场所、法定代表人等基本信息，以公示其在传统现实中的情况；其次，商事主体网络登记信息，即网站备案信息，包括其网址、网站名称、网络办公地点（网上店铺营业地、信息保存和托管最终服务器所在地）等；再次，商业信誉与信用评级信息，根据商事登记主管机关的信用评级体系给出的该商事主体的信用等级，该商事主体经查证处理后的奖惩信息，以商事登记主管机关权威的公信力所提供的商事主体的资信信息等；最后，监管与举报途径信息，即该商事主体的登记主管机关，商事主体网络管理方，商事主体本人等方便快捷的联系方式，包括电话、电子邮箱等途径，便于社会各界方便、快捷、安全地监督。

第二，应提供多种查询方式：现有商事登记主管机关的网站仅提供输入商事主体企业名称的查询方式，如果，查询者仅知道其法定代表人的名字将无法进行查询，这样将不利于信息的获取与监督。举例来说，如果一个人为了逃避责任而设立多个企业，或者不具有商事主体资格的人（如公务员），或者因违法被吊销过营业执照，或者因其他商业信誉不良等原因而终止，其后又设立另一个企业等情况，查询者仅依据企业名称进行查询，则在浩如烟海的网络信息中是无法查询出上述情况的。相反，如果能够输入个人姓名进行查询，即可从另一种途径收集到所需要的相关信息。所以，至少应该提供企业名称、法定代表人名称、营业地等关键字段的查询方式，以更好地发挥信息的查询功效。

在可查询信息中应当包括设立情况，现行经营情况，三年内因为违法而被吊销营业执照的商事主体信息，三年内因为各种情况而被注销营业执照的商事主体信息等的查询，这些信息能够从另一个侧面反映出商事主体的信用与资信情况。

第三，商事登记信息的全国范围内的共享：信息的条块分割势必影响到信息的公示公信效力，不便于信息的查询。尤其是基于网络的虚拟性、广泛性和复杂性，查询者可能不知道某企业的管辖地，不知道应该到哪个商事登记主管机关进行查询；因而，应该实现登记信息的全国范围内的共享，有一个全国统一的查询网站，同时，在各地区建立相应的分组链接，从而实现多个查询的途径。

第四，商事主体信息的公示与其隐私权的协调：有学者提出如此方便快捷的关于商事主体信息的获取会不会涉及商事主体个人的隐私权？不少商事主体也提出种种担心，有相当一部分商事主体可能出于自身安全或其他因素不希望社会公众知道其从事了商事行为，从事了什么商事行为，以及其企业的规模，自己的身价、住所等信息。

笔者认为，信息公示与隐私保护并不矛盾，首先，应该明确为了商事交易的安全和效率提供一个公信力，就应该公示必要的信息；其次，在公示的内容上应该合理设计，划定一个界限，使其不至于侵犯到商事主体的个人隐私，例如，只公示法定代表人的姓名而不公示其身份证号，以防止别有用心之人的假冒；有营业场所的就不登记其个人住所等设计。笔者认为，这只是一个制度设计的问题，而不是应该公示与否的问题。

第五，查询权限的设计：在德国，任何人可以免费进行查询；在英国，任何人都有权查询，但需要缴纳一定费用。① 我国在这方面也已经做出了相当的进步，从过去的不允许查询到逐步放开，直到目前所进行的网络查询的尝试。

国家工商行政管理局2003年实施的《企业登记档案资料查询办法》

---

① 王晨、董波：《我国商事登记程序立法的完善》，《齐齐哈尔大学学报》2006年第11期。

第六条“各组织、个人均可向各地工商行政管理机关进行机读档案资料查询。”第七条“各级公安机关、检察机关、审判机关、国家安全机关、纪检监察机关，持有关公函，并出示查询人员有效证件，可以向各级工商行政管理机关进行书式档案资料查询。律师事务所代理诉讼活动，查询人员出示法院立案证明和律师证件，可以进行书式档案资料查询。书式档案资料中涉及的机密事项，须经工商行政管理机关批准方可查阅。工商行政管理机关内部审批文书，在办理涉及工商行政管理机关的案件时方可查。”

上述档案查询办法的规定显然有些局限性，对于网络环境这一新情况也未作出规定，以至于各地区的登记信息查询各行其是，带来诸多不便。笔者认为，在网络相关立法不是很成熟完善的情况下进行分级分类的查询方式较为稳妥，在登记主管机关的网站上提供商事主体基本信息的免费、无限制的查询，便于社会公众对于这些商事主体的了解和监督。同时，对于商事主体的详细信息，如章程、组成人员、资产变动、年检情况等进行一定的级别限制，查询者缴纳一定费用，通过高级查询才能收集到，一般公众可能不必要了解这些信息，也无缴费查看之必要，但对于交易相对方则可以通过缴费来详细了解对方资信情况。以周全而灵活的制度设计来照顾到不同主体的需要，就能在公示与隐私方面作出更好的协调与平衡。

第六，公示方式与电子执照：按照现有商事登记管理法的规定，商事主体应当将其营业执照悬挂于营业场所的显著位置，以起到公示作用。但是，在网络环境下如何公示却还未作出明确而统一的规定，经查询可以看到著名的联想集团公司和北大方正集团公司均未在其网站上公示相关信息，而瑞星等提供网络服务的公司都按照经营性网站备案的规定提供了相关的备案信息。网络环境下，经营场所已经虚拟化到网络之上，对此，营业执照是否也应该数字化，并置于商事主体所运用的网络页面的显著位置上，以明确其身份和经营资格呢？当然，随着我国电子执照的推行，这一问题应该能够得到较为彻底的解决。

网络发展和信息现代化为商事登记信息的公示提供了更为方便、快捷、实用的途径和方式方法，从技术上已经不是问题，需要的是使相关的立法和制度设计能够跟得上技术的发展速度，从而更好地利用和发挥新技术所带来的效能。

四 网络环境下商事登记中的监管制度

网络环境下产生了新的商事主体类型，新的商事交易模式，给商事登记的监督管理提出新的问题的同时，也扩展了登记主管机关监管的职能范围，带来了监管方式的革新，需要改变传统监管模式中重静态轻动态的被动监管模式，加强各项立法与制度设计，促进动态与主动监管。

1. 坚持网上巡查与属地巡查的结合

基于经济户口的属地巡查是商事登记主管机关的日常工作内容之一，随着网络商事交易行为，特别是电子商务的发展，使巡查的领域也自然地逐步扩展到网络。在信息数据的收集和共享工作成熟后，由于掌握着商事主体全面和权威的信息，登记主管机关就可以方便地进行网上巡查，定期地进行网络浏览，掌控其经营和交易状态，进行网络办公在不远的将来必将成为监管机关日常工作的重要内容。以经济户口为主的属地管辖方式，保持了网络登记管辖与经济户口现实登记管辖的一致，有利于监管机关将两者结合起来，更有效地实现监督管理。

目前来说，由于硬件建设和人员素质有待提高，进行网络巡查也只是刚刚提上日程，如何形成制度化、法律化，从而更好地发挥网络巡查的功能尚有更多的路要走，但是，作为发展趋势则是确定无疑的。

2. 利用网络互动优势，促进全民监督

网络信息浩如烟海且瞬息万变，如果没有多种力量的参与而仅靠登记主管机关工作人员的力量恐怕难以取得理想的效果，相反，如果能够研究网络的特点并充分利用网络的优势，实现全民的参与则完全可以变不利为有利。例如，网络信息共享与公示强化了商事主体信息公示功能，使社会各界能够很方便地了解相关信息，对于所发现的不良与违法情况只需要通过鼠标点击即可轻松便捷地将信息反馈举报到监管主管机关，相对于传统的举报方式大大降低了监管成本，只不过是举手之劳，从而吸引了更多的人来参与监管。当然，这也需要构建程序合理、公正高效、反应及时的制度规范以实现高效、有序的监管模式。

3. 加快信用评价体系构建，完善动态监管

不少学者正是担心我国信用制度及相关制度发展程度与国外实行形式审查的国家相比实在不够理想，难以实现对商事主体的事后监督，所以仍然偏爱实质审查。这些学者们的担心不能说没有道理，但是，随着我国市场经济发展完善，社会各界对商业信用问题越重视起来，商业信用问题在社会大众心目中已经举足轻重，成为普遍关心的问题，同时，计算机网络的发展为建立全国统一的信息共享数据库创造了技术上实现的条件，因而，现在需要做的就是制定相应的法律性文件，促进涉及商业信用的相关制度和体系的建立，从而为实现对商事主体和商事交易的动态监管提供条件和平台。

国外的一些制度设计有一定的启示性，同时，我国的几个较著名的购物网站也在各商家的信用评价制度设计方面不断地做着努力，并取得了一定的效果，但是，其根本性的问题在于其评价的权威性容易受到质疑，相对来说，商事登记主管机关作为政府部门则有更大的权威性和公信力，只是需要研究具体的制度设计问题，如何更合理、有效，更符合国情。

笔者认为，在信用评价体系中至少应该包括如下几项基本内容：首先，公示评价的标准等相关的法律性文件，使商事主体有一个行为规范指引，社会各界有一个明确的衡量的标准；其次，监管机关应当有一个合理的评价标准体系，有具体的考察参数和指标从不同角度对于被监管对象的资信情况进行正确、及时、客观的反映；再次，监管机关应当尽可能构建多角度的信用信息，如定期主动公示市场巡查中发现的调查结果、消费警示、提示信息，经查证属实的处理结果，不良企业名录等信息。

监管机关应建设完善的全国统一的网络信息平台，为商事主体信用信息提供一个基础。有些国家的个人信用信息系统较为完善，在美国，如果一个人驾驶机动车违章了，则保险公司会因此而提高其车辆的保险费用；在德国，如果一个人在家中因为音响音量过大而被邻居投诉过，则当其再想租房时就会很难，在这些国家中人们对于自己的信用、信誉特别重视和小心，原因就在于他们有发达、完善的信息共享平台和较为成熟的信用评价体系，互联网络的发展已经为我们提供了技术上的可

能，现在紧迫需要的是建立相应的信息收集整理和分析评价体系。

4. 加强网站经营者、管理者责任，促进相关主体间的协作

每个网上营业地的背后必然有一个网站服务或管理者，如各个提供网络店铺的购物网站及提供网上营业地服务项目的网络服务者，他们在服务对象信息的收集和管理方面有着天然的便利，商事主体登记主管机关与他们间应该建立一种信息的共享与协作关系，一方面，通过相关立法明确授予其合法、合理的相应信息的收集整理；另一方面，同时设定他们对于相应信息和证据合法、合理使用及保存的法律责任。这样既可以发挥他们技术上的优势，使他们信息收集合法化，同时又纳入法制的轨道，以法律责任进行必要的约束，限制其消极作用。

笔者认为，商事主体监管机关应当充分把握住网络发展带来的机遇，加快利用商事主体监管信息的收集、评价和共享，充分调动社会各界的积极参与，为网络环境下的新型监管带来全新的面貌。

第六章

变革的具体建构(二):公司信息服务的电子化

第一节　公司信息服务电子化的简要描述

一　信息服务与信息服务的电子化

(一) 公司信息服务

按照各国有关信息披露的法律规定，股东有权查阅公司的相关文件，公司也有义务通过一定方式向股东提供公司文件。公司信息服务，是指公司根据公司法的规定通过一定方式向股东提供关于公司的信息，如公司章程，财务报告书，股东大会的会议记录，董事会会议记录，合并、分立报告书等一系列的公司运作信息，以方便股东及时了解公司的运营状况。当然，股东可主动行使股东查阅权查阅公司的相关文件。在传统方式下，公司是通过书面方式来完成这种信息服务的。

(二) 公司信息服务的电子化

公司信息服务的电子化，即以电子计算机及网络技术为手段，以现代电子信息技术取代传统法定书面程序用于公司事务管理的一系列的过程。[①] 公司信息服务的电子化是随着网络信息技术的发展而出现的一种新的公司事务管理方式，证券市场的迅猛发展是进行信息化改革的重要因素之一，因此商事活动比较发达的国家为避免出现因使用电子记录而

---

① 房绍坤、姜一春：《公司 IT 化的若干法律问题》，《中国法学》2002 年第 2 期。

产生法律的不确定因素而积极地进行了电子化革命，制定和修改了相关的法律、法规以及相关的规范性文件。在现实实践中，一些大型的公司因自身规模较大，传统的管理方式已不能适应公司发展也相继开始尝试电子化的运作。

二 公司信息服务电子化的价值体现

构建公司信息服务电子化制度的价值主要在于可低成本地实现股东与公司之间的双赢，尤其是上市公司的规模大，股东人数多并且股东来自全球，日常的经营活动相较普通有限责任公司、一人有限公司复杂很多，建立公司信息服务的电子化即以电子信息方式记录公司的事务信息并保存、传输，实行信息化管理。在全球经济一体化的今天，实行信息化管理是提高公司的竞争力的关键性因素之一，与传统书面方式相比，具有以下不可替代的优势。

第一，建立公司信息服务的电子化，有利于公司管理的效率化，为公司提供了广阔的发展空间。上市公司、跨国公司的盛行，股东来自全球，使得不仅是公司在运作管理方面增加了难度和成本，同样，股东要及时了解公司的信息也须付出相较一般公司更多的精力和成本。股东大会会议以及股东权利的行使也出现形骸化的迹象。公司信息服务的电子化制度的实施，公司将公司的事务信息以电子信息的方式在网上公布，股东可以网上查阅公司信息，由此，一方面，对于股东而言，可在任何地点、任何情况下在互联网上方便快捷地取得公司信息，克服了时间以及地域的障碍，增加了股东了解公司运作状况的机会，增进了股东与公司的交流，从而更好地参与公司事务的管理和决策，促进公司管理的民主化；另一方面，公司管理制度化、简便化，提高了公司运作的效率，增加了公司的透明度，创造了良好的投资环境，有利于吸引外资，并且也为公司的发展壮大提高制度基础。

第二，建立公司信息服务的电子化，有利于节约公司管理的成本，实现公司、股东利益的最大化。互联网的最大价值在于信息传递快且成本低廉，公司通过这种方式向股东传递信息，股东可快速且以很低的成本就可以获取信息并根据该信息做出决策，不仅方便了股东，更重要的是，在很大程度上降低了公司信息的纸质材料而提供的高额成本。在公司组织成本方面，公司信息服务的电子化，可除去公司信息印刷、邮资以及纸张等开销。

第三，从整个大环境来说，是应对经济全球化的措施，有助于提高公司的竞争力。在资本市场全球化的大背景之下，为了吸引国外资金投资中国市场，就需要创造良好的投资环境，在法律这一层面就需要对公司法的修改以适应国际环境，增加市场吸引外资的能力。从国际上来看，发达国家如美国、德国、英国、日本已顺应时代的潮流，相应的对公司法进行修改，我国与这些国家的贸易往来又十分的频繁，相互投资已很平常，而日本等是我国的最大贸易国之一，良好的投资法制环境，直接决定着外商的投资决策。因此，公司法与这些国家接轨，与国际接轨已是大势所趋。实践中，跨国公司、外资企业、中外合资的公司的蓬勃发展，大大提高了国内一些股份公司的综合经济实力。信息服务电子化制度的实施，一方面，使得法制环境更加优越，公司管理趋于制度化、透明化，有利于实现公司管理的民主化，创造更好的投资环境；另一方面，公司法的完善，有利于公司管理制度的完善，公司事务的管理也趋于迅速化、简便化，在经济全球化的大背景下，提高公司自身的综合竞争力，使公司立于不败之地。

三　公司信息服务电子化的适用范围

（一）适用对象

公司信息服务电子化制度的实施，电子化的范围这个问题也逐渐凸显出来。公司的信息化，即将公司信息以电子信息的方式向股东、公众开放，可以最大限度、最低成本地传递信息，这不仅方便了股东快速简便地了解公司经营状况，在另一层面上来说，公司自身的经营运作的效率化、低成本化，实现“低碳经营”，能大大地促进公司的健康发展，逐渐提升自身的竞争力。日本公司法修改过程中我们可以发现，虽然进行了 IT 化的改革，但以传统方式即书面方式传递信息仍然占据重要法律地位，信息的电子化并不是要取代书面方式，而是两者成为公司向股东或股东向公司传递信息的重要媒介。对于适用对象问题，笔者认为对于具体可电子化的信息，无须以其他法律形式来规定其使用范围。因为，实施信息服务的电子化，最主要的是方便股东，降低股东的参与成本和股东大会的召集成本等，最大程度上实现该制度的设立目的。并且，美国、德国等国的法律也没有对公司信息服务制度加以强制规定。综上，笔者认为应将公司可以电子信息的方式传递的就可将其电子化，当然如若股东或公司要求以书面形式，公司也不得拒绝，书面形式传递和以电子化传递的目的相同，公司可使用该两种形式对公司事务进行的管理。

（二）适用主体

当今社会随着公司的发展，出现了公司规模逐渐增大，股东数量逐渐增多，股东股权日益分散的状况，这个现象在上市公司尤为明显，普通的小股东很难经常性的介入公司业务，对公司的信息也很难及时准确地了解，借鉴其他国家的立法，引入信息电子化制度可以在一定程度上避免这一弊端。而我国股份公司中的一些中小规模非上市公司和有限公司人合性较强，股东人数相对上市公司来说较少，且地域分布不广泛，具有较强的封闭性，甚至在有些公司中，大部分股东同时也兼具经营者的身份，因此对公司信息的掌握程度远远超过上市公司，可能使用书面方式比以电子信息传递信息更有优势。对于部分公司的规模已经达到上市公司程度，但是仍未申请上市或未经过有关部门批准上市，笔者认为也可以尝试将公司信息以电子信息方式传输。综上所述，对上市公司可要求其进行电子信息化改革，而对一般的股份公司和有限公司，其是否进行 IT 化改革可由公司根据自身情况来决定，并规定与公司章程，法律不宜作出强制性的规定。

四　公司信息服务电子化的基本内容

关于公司信息服务电子化的内容，日本学者田泽元章根据日本商法典 2001 年与 2004 年的两次修改，概括为四方面：①公司相关报表的电子化；②公司或股东发送通知、请求的电子化；③报表材料的存放、查阅、抄写以及缣本、抄本的交付请求的电子化；④公司公告方法的电子化。[1] 本书认为，这四项中，公司相关报表的电子化与报表材料的存放、查阅、抄写的电子化存在一定的重合，而缕本、抄本的交付请求的电子化与公司股东请求的电子化也有共同之处，公司信息服务的电子化应当包括公司相关材料的电子化、公司文件传送的电子化与信息公告的电子化三方面。有学者认为，公司信息服务的电子化包括公司文件的制作、保存及传输，股东会议召开及债权人的通知，股东行使查阅权、质询权等以电子信息的方式传递。[2] 虽然股东会议的通知与公司文件之传送有共同之处，然而股东会议的通知应当属于公司机关运营之范畴，因此本书将其置于公司机关运营电子化中加以探讨。

第二节　公司相关材料的电子化

公司经营过程必然涉及大量的材料，这些材料在我国公司法中通常以“某某书”或者“书面”形式而存在。随着信息技术的发展与办公自动化的普及，这些材料实际上多以电子化的方式而存在，因此对于此，立法的任务只有将实践经验确认，因为从法律规则而言，《中华人民共和国合同法》对于书面形式的解释无法当然适用于其他法律，包括公司法。日本在 2001 年的商法修改时实现了公司相关材料的电子化，但是学者认为，这次修改只是针对商法中与公司有关的部分进行立法以应对电子化，《商法》第 3 篇《商行为》和第 4 篇《海商》未作修改，因此，船运提单、陆运提单以及保险单等电子化虽然一直是讨论的对象，但是商法至今仍不允许利用电磁记录制作这些单据。[3] 当然，公司法的任务也只是加以确认材料电子化的这些实践做法而已。

---

① 田泽元章:《IT 化进程中的日本股份公司法修改》，载渠涛主编《中日民商法研究(第三卷)》，法律出版社 2005 年版，第 276—277 页。文章将公司运营的电子化归纳为五个方面，显然，股东会表决权行使的电子化不属于信息服务之列。

② 房绍坤、姜一春:《公司 IT 化的若干法律问题》，《中国法学》2002 年第 2 期。

③ 田泽元章:《IT 化进程中的日本股份公司法修改》，载渠涛主编《中日民商法研究(第三卷)》，法律出版社 2005 年版，第 279 页。

一　“相关材料”的范围

日本学者田泽元章把可以电子化的“相关材料”范围分为四方面：章程、名册类，会议记录类，商业账簿、会计报表类以及公司发生基础性变更时要求的合同书类。[①] 根据我国公司法的规定，除了本书第五章所述的我国登记文件外，还应当包括权利证明书类和权利行使请求书类，因此本书将之分为以下六类。

（一）章程、名册类

这一类主要有我国公司法第十一条、第二十三条、第七十六条等规定的公司章程；第三十二条、第一百三十条规定的股东名册；第一百五十七条规定的公司债券存根簿。日本公司法里还有零头股登记簿等。

（二）会议记录类

这一类主要有我国公司法第三十七条第二款规定的有限责任公司股东书面决议书；第四十一条、第一百零七条规定的股东（大）会会议记录；第四十八条、第一百一十二条规定的董事会会议记录；第五十五条、第一百一十九条规定的监事会会议记录；第九十条规定的股份有限公司创立大会决议。

（三）商业账簿、会计报表类

这一类主要有我国公司法第三十三条规定的会计账簿；第三十三条、第六十二条、第九十六条、第一百三十四条、第一百四十五条、第一百六十四条、第一百六十五条等规定的财务会计报告；第一百七十三条、第一百七十五条、第一百七十七条规定的资产负债表及财产清单。日本公司法中还有损益计算表、营业报告书、附属明细表、监查报告书等。

---

① 田泽元章：《IT化进程中的日本股份公司法修改》，载渠涛主编《中日民商法研究（第三卷）》，法律出版社2005年版，第283页。

（四）公司发生基础性变更时要求的合同书类

这一类主要有我国公司法第一百七十三条规定的合并协议，在日本公司法里还有合并报告书、股份交换合同等。本书以为，不妨将这类“材料”称为合同书类，除了我国公司法第一百七十三条规定的合并协议外，还可以把第七十九条第二款规定的发起人协议等纳入。当然，根据《中华人民共和国合同法》第十一条的规定，类似合同书的电子化已经有了法律依据。

（五）权利证明书类

主要包括我国公司法第三十一条规定的出资证明书、第一百零六条规定的股东代理出席股东会议的授权委托书、第一百一十二条规定的董事代理出席董事会会议的委托书等。

（六）权利行使书类

主要包括我国公司法第七十一条规定的股东对外转让股权时请求其他股东同意的请求书；公司法第八十三条规定的发起人认股书与第八十五条规定的认股人认股书；公司法第一百零二条第二款规定的少数股东提出的临时提案书；第一百五十一条规定的请求监事会或者董事会提起诉讼的请求书。

二　相关材料“电子化”的实现

（一）材料电子化的方法

根据日本公司法的规定，股份公司必须制作的报表、材料都可以使用电磁记录。所谓电磁记录，根据日本公司法第二十六条第二款括号内加注的规定，是指利用电子方式、电磁方式以及其他无法用人的直觉识别的方式所制作的记录中，由法务省令规定用于电子计算机处理信息的记录。本条文中的“法务省令”为公司法施行规则第224条。根据这一规定，“电磁记录”具体是指，“记录于磁盘或类似的可确实记录一定信息之物的文件夹中的信息”，具体包括，利用①采用电磁方式的磁盘

(软盘等)、磁带等；②采用电子方式的 IC 卡等；③采用光学方式的 CD-ROM、DVD-ROM 等制作的 file 里保存信息形成的记录。

（二）电子签名

法律上要求的签名的材料如果采用电子化的方式制作，应该如何签名？由于股东无法利用电子数据传递亲笔签字，难以达到法律对手书签名的要求。因此，公司电子文件的签名就成为公司 IT 化首要的法律问题。

公司中有大量的材料需要有关人员的签名，单纯从公司法的规定看就不少。我国公司法明确规定下列材料需要签名或者签名、盖章：①公司章程；②股东书面决定书；③股东（大）会会议记录；④董事会会议记录；⑤监事会会议记录；⑥一人公司股东的书面决定；⑦公司股票；⑧公司债券；⑨认股书。

按照传统的方法，股东只能通过书面方式才能达到上述目的，确认公司文件。那么，在公司 IT 化的情况下，股东如何才能确认公司文件呢？从欧美、日本等国家公司 IT 化的发展来看，法律承认公司文件的电子化，并规定公司电子文件适用各自相关的电子署名法。欧盟于 1999 年 12 月 13 日颁布了《关于在欧盟范围内建立有关电子签名共同法律框架的指令》，主要规定了对电子文件的认证标准及认证制度，确立了包括公司电子文件在内的所有电子文件的法律地位。在此基础上，德国联邦议会根据《记名股份及表决权行使的方便化法律草案》修改了《股份公司法》第 134 条。该条规定，在公司章程无特定要求的情况下，只要具有可信赖的电子证据手段，即可确认公司文件电子化的效力。对此，德国 Celanese 公司在修改的章程中提出，以非对称密码系统及杂凑函授数据变换（数码签名）为技术基础而产生的电子文件是最具有效力的技术标准。也就是说，股东不可否认在上述技术基础上的电子签名的效力。法国在 2000 年 3 月通过的《证据法情报技术的适应化及电子签名法》中并没有规定电子签名的特定认证技术标准，而是规定，只要电子文件的签名认证标准能够确认文件发送人和来源，确认文件的完整性和正确性，就应该承认其法律效力和约束力。日本在《中间试案》第 24 条中规定："在法律要求署名的情况下，可适用电子署名和认证法律，但电子署名应限定在一定的范围内。”日本于2000年5月通过了《关于电子署名及认证法》，同日，通过了《证券交易法修改案》。该修改案明确规定，包括公司会计报告书在内的有价证券报告书及法定公开情报等间接公开和直接公开的书面文件都可以通过电子化公示。对于公司的法定披露文件也应适用于该修改法案，有关署名的效力和真实性问题适用于电子署名法。从该法中可以看出，其并无指定特定的电子签名的认证技术标准。但日本的公司实践倡导采用outlook express5.5标准，并从可操作性和规范性角度，采用“电子证明书方式的认证”和“安全代码（security code）认证”。由于上述标准和认证方式具有技术上作成、存储及传递的可靠性，对于采用这种方式传输的电子文件，法律认可其为“原始形式的电子署名”，承认其产生的法律效力。由此可见，日本《关于电子署名及认证法》中有关电子署名认证的合法性问题，采用了非技术特定化，沿用了联合国国际贸易法委员会《电子商务示范法》中电子文件的完整性、安全性原则。在公司法及相关法律要求文件署名时，只要保证文件的完整性、安全性，该电子签名若在其技术认证上确认了签署人的身份，又证明了该公司文件的信息完整，即可将电子化文件视为该当事人亲笔签署的文件，从而产生相应的法律效力。也就是说，只要签名人遵守了电子署名法的规范和要求，就不能否认由技术信息构成的文件对签名人产生的法律效力。这些做法明确了电子文件的法律地位，也即承认了电子署名的法律地位，已经得到日本大多数企业的认可。①

2004年8月28日，我国全国人大常委会通过了《电子签名法》，这是我国电子商务和信息化领域的第一部专门法律。该法重点解决了4个方面的问题：确立数据电文和电子签名的法律效力，赋予可靠电子签名与手写签名或盖章具有同等的法律效力；规范了电子签名的行为；明确认证机构的法律地位及认证程序；规定电子签名的安全保障措施。《电子签名法》第十三条规定，电子签名同时符合下列条件的，视为可靠的电子签名：（1）电子签名制作数据用于电子签名时，属于电子签名人专有；（2）签署时电子签名制作数据仅由电子签名人控制；

① 房绍坤、姜一春：《公司IT化的若干法律问题》，《中国法学》2002年第2期。

（3）签署后对电子签名的任何改动能够被发现；（4）签署后对数据电文内容和形式的任何改动能够被发现。当事人也可以选择使用符合其约定的可靠条件的电子签名。第十四条规定，可靠的电子签名与手写签名或者盖章具有同等的法律效力。根据这些规定，电磁记录方式制作的材料的电子签名成为可能，签名人身份可以据此识别，附属电子签名的数据电文可以据此归属于签名人，"相关材料"的电子化问题得以解决。

有学者指出，我国《电子签名法》有关电子签名的界定存在问题，① 根据《电子签名法》第二条规定，本法所称电子签名，是指数据电文中以电子形式所含、所附用于识别签名人身份并表明签名人认可其中内容的数据。这一规定表面上看也是遵循技术中性原则，但是《电子签名法》对电子签名事实上采取了最为狭义的立法模式，实质抛弃了技术中性标准，违背了私法自治原则，限制了功能等同法的运用。安全性较高的交易强制要求采取安全电子签名尚在情理之中，但大量的交易则往往不需要达到这种高度的安全性，标准的强制性提高势必导致交易成本不必要的提升，并提高了电子商务的准入门槛。《电子签名法》狭隘的电子签名立法模式势必成为正常交易的障碍。我们认为，在电子签名被用于签署民事交易中的数据电文时，只要能够将数据电文归属于签名人，即使签名人所使用的电子签名不满足安全电子签名的条件，也应认为电子签名具有法律效力，数据电文能够发生效力。即使是出于对网络交易安全性的考虑，也不能成为限制私人间所使用的一般电子签名的效力的理由，私法自治原则应被遵循。②

不管如何，我国《电子签名法》的颁布，为公司相关材料的电子化扫除了障碍。公司只要事先将股东的签名输入公司系统并进行认证，就可以实现签名的有效性和安全性，从而确定电子文件的效力。只要保证电子文件的完整性、安全性，该电子签名认证上确认了签署人的身份，又证明了该公司文件的信息完整，即可将电子化文件视为该当事人亲笔签署的文件。对于电子签名的认证标准在《电子签名法》上都有相应

① 郭明瑞：《21世纪民商法发展趋势研究》，科学出版社2009年版，第191页。

② 同上书，第192页。

的规定，并且该法也对数据电文进行了详细的规定，只要将该制度运用于公司文件，使得实现公司进行电子化的改革有了较好的制度基础。

三　相关材料电子化的具体情形

（一）电子文件的置备（保存）

按照公司法的规定，公司的相关材料应当置备（保存）于公司。分析目前我国公司法，明确规定公司应当置备相关材料的条文有：①第三十二条，规定有限责任公司应当置备股东名册；②第九十六条，规定股份有限公司应当将公司章程、股东名册、公司债券存根、股东大会会议记录、董事会会议记录、监事会会议记录、财务会计报告置备于本公司；③第一百零七条，规定股东大会的会议记录应当与出席股东的签名册及代理出席的委托书一并保存；④第一百三十条，规定股份有限公司公司发行记名股票的，应当置备股东名册；⑤第一百五十七条，规定公司发行公司债券应当置备公司债券存根簿；⑥第一百六十五条第二款，规定股份有限公司的财务会计报告应当在召开股东大会年会的二十日前置备于本公司。此外，公司法第六十一条、第一百九十四条第二款规定了一人公司股东决定的书面形式、外国公司分支机构的公司章程置备。[①]

但是电子文件的“置备”不同于传统纸面的保存，可以对保存的物理场所做灵活解释。从物理角度，比如信息本身保存于外包公司计算机的硬盘里，记载信息的硬盘是“电磁记录”，因此“电磁记录”存在于外包公司。但是，如果股东通过电脑终端随时可以查阅记录于此的信息的内容，那也就可以解释为，在设置电脑终端的地方“保存”了该电磁记录。为什么呢，电磁记录的保存义务是作为股东等查阅请求的前提而规定的，在法律规定了保存义务的场所，处于随时可以查阅的状态，即可以说达到了保存的目的。即可以说，在设置电脑终端的地方能够履

① 当然，这些材料电子化的意义并不大，所以不一定需要电子化形式置备。

行对于查阅、抄写请求的同意义务即可。①

（二）利用电磁记录对原材料进行二次制作与保存

以某种形式把已经用纸张制作的材料转换为电磁记录形式进行保存或存放之后，不再保存最初用纸制作的材料原件，这样做是否可以说已经履行了对于该材料的保存或存放义务？这是一个法解释上的问题。②最初用纸张制作材料的，只有当其后来利用的电磁记录对纸张材料上的制作人的签名做了明了、正确的记录，足以能够确认签名是否被篡改，利用这样的电磁记录加以保存或存放的，才能认为等同于最初制作的纸张媒体原件被保存或存放。拍摄成缩微胶卷或把用数码相机拍摄成的数据保存于电脑硬盘等应该是属于这种情况。③

（三）已经电子化的公司相关材料的查阅、复制

日本公司法对于公司相关材料规定了两种类型，一种是股东名册之类的材料，除允许查阅请求外，还允许抄写请求；另一种是会计报表之类的材料，除了允许查阅请求外，还允许请求交付材料的缕本、抄本。二者的区别在于请求人自己制作复制件，还是由公司制作复制件（缕本、抄本）。后一种由公司制作复制件，请求人支付费用。我国公司法则规定了查阅与复制两种。（1）可以查阅的包括：公司法第三十三条规定的有限责任公司的公司章程、股东会会议记录、董事会会议决议、监事会会议决议、财务会计报告和会计账簿；第九十七条规定的股份有限公司的公司章程、股东名册、公司债券存根、股东大会会议记录、董事会会议决议、监事会会议决议、财务会计报告。（2）可以复制的是公司法第三十三条规定的有限责任公司的公司章程、股东会会议记录、董事会会议决议、监事会会议决议和财务会计报告。

日本公司法参照以上两种不同的区别，针对公司的相关材料采用电

---

① 田泽元章：《IT化进程中的日本股份公司法修改》，载渠涛主编《中日民商法研究（第三卷）》，法律出版社2005年版，第284页。

② 同上书，第285页。

③ 同上。

子化处理的情况作出了以下立法。[①]

第一，以法务省令规定的形式表示的电磁记录信息中可以提出查阅、抄写请求的材料有：会计报表、股东名册、公司债登记簿等、股东（大）会会议记录。法务省令规定的方法是指，把利用电磁记录所记录的信息用纸或输出装置的画面进行显示的方法。具体的有，把电磁记录中的信息用打印机打印在纸上，或显示于计算机终端的画面上。

第二，日本法规定了三种请求权：①对以法务省令规定的形式表示的采用电磁记录的信息提出查阅请求；②以法务省令规定的电磁方法提供有关信息的请求（提供电磁信息的请求）；③对记载信息的书面的请求（交付输出的书面材料的请求）。主要对象是章程、会计报表等、合并合同书、合并报告书等公司进行基础性变更时所要求的合同书等。

首先，①的由法务省令规定的方法是指，与上述情况相同，把利用电磁记录所记录的信息用纸或输出装置的画面进行显示的方法。

其次，②的电磁信息提供请求权中由法务省令规定的方法是指，“使用发信人使用的电子计算机与收信人使用的电子计算机之间以通信线路连接的电子信息处理组织的方法，通过该电子通信线路发送信息，在收信人使用的电子计算机所配备的 file 里记录该信息”或者“交付使用磁盘及其他采用类似方法能够可靠地记录一定信息的物所制作的 file 记录信息的方法”。具体的有，股东接收公司用电子邮件提供信息，公司向股东交付记录了信息的软盘或光盘。

再次，③的输出书面交付请求，除了指公司把信息印刷出来交给股东之外，股东等把保存于自己电脑中的电磁记录中的信息印刷出来，也可以认定公司履行了满足该请求的义务。

对于我国公司法所规定相关材料之“查阅”，公司通常可以以以下方式满足需要：①把电子文档中的信息用打印机打印在纸上；②显示于计算机终端的画面上，具体方式选择上应以公司根据实际情况决定。而对于公司法所规定之“复制”，公司通常可以以以下方式满足需要：①公司将电子文档记载的信息打印出来交付；②公司用电子邮件或交付软

① 田泽元章：《IT 化进程中的日本股份公司法修改》，载渠涛主编《中日民商法研究（第三卷）》，法律出版社 2005 年版，第 285—286 页。

盘或光盘的方式提供信息，股东等把该信息打印出来。

四 相关材料电子化的立法类型

为实现公司相关材料的电子化立法，《公司法》可以根据不同的实际情况，采用两种模式加以确认。

1. 没有明文要求采用纸面形式的，也就是说未必禁止电子化方式的材料。对于这些部分，《公司法》条文可以采用“可以以电子文档方式置备”或者“可以以电子文档方式保存”等字样加以规定。这种情形的有：《公司法》第十一条、第二十三条、第七十六条等规定的公司章程；第三十二条、第一百三十条规定的股东名册；第一百五十七条规定的公司债券存根簿；第四十一条、第一百零七条规定的股东（大）会会议记录；第四十八条、第一百一十二条规定的董事会会议记录；第五十五条、第一百一十九条规定的监事会会议记录；第九十条规定的股份有限公司创立大会决议；第三十三条规定的会计账簿；第三十三条、第六十二条、第九十六条、第一百三十四条、第一百四十五条、第一百六十四条、第一百六十五条等规定的财务会计报告；第一百七十三条、第一百七十五条、第一百七十七条规定的资产负债表及财产清单，等等。

2. 明文规定要求采用纸面形式的，或者要求名称是“书”的部分。如《公司法》第三十一条规定的出资证明书、第一百零六条规定的股东代理出席股东会议的授权委托书、第一百一十二条规定的董事代理出席董事会会议的委托书；《公司法》第八十三条规定的发起人认股书与第八十五条规定的认股人认股书；《公司法》第三十二条第二款规定的股东要求查阅公司会计账簿的“书面”请求；《公司法》第七十一条规定的股东对外转让股权时请求其他股东同意的“书面”通知；《公司法》第一百零二条第二款规定的少数股东提出的临时提案的“书面”；第一百五十一条规定的请求监事会或者董事会提起诉讼的“书面”请求。对于这一部分，日本公司法的规定是，“得以制作能记录本应记载于书的信息的电磁记录代替制作这些书面材料”，即为了“代替”制作相关书面材料，可以制作电磁记录；或者“电磁记录被视为这些材料、电磁记录中的记录被视为这些材料的记载”，即电磁记录被视为书面材料。[1] 对于此种材料，可以有两种方法，一是将电子文件视为书面形式，二是借鉴《中华人民合同法》第十一条对书面形式的规定方法，将电子文件纳入书面形式范畴。但是基于电子文件与书面形式两者的实质性区别，第一种方法也许更为妥当，我国的其他立法也是将两者分别加以规定的。如《中华人民共和国刑事诉讼法》第四十八条第二款规定的证据种类就将“书证”与“电子数据”分别作为两类加以规定。

第三节　公司文件传送的电子化

为实现公司运营的电子化，《公司法》允许公司、股东之间采用电子方法传送文件。采用电子方法发送文件不仅速度可以加快，而且可以比原来采用书面形式降低一定的费用。

公司文件传送的电子化是指，一句话，根据政令的规定，以收信人的同意为条件，采用电子方法提供本应记载于书面形式材料中的信息。利用电子方法传送文件的，被视为采用了书面形式发送。

一　利用电子方式传送文件的适用场合

(一) 股东等向公司等传送文件

根据我国《公司法》规定，股东等向公司等传送文件的主要有三类：

第一类：股东向公司传送的，此类情形最多。

(1)《公司法》第三十三条规定，股东有权查阅、复制公司章程、股东会会议记录、董事会会议决议、监事会会议决议和财务会计报告。股东要求查阅公司会计账簿的，应当向公司提出书面请求。此种情形下，股东需要向公司传送查阅、复制申请书。

---

① 田泽元章:《IT 化进程中的日本股份公司法修改》，载渠涛主编《中日民商法研究(第三卷)》，法律出版社 2005 年版，第 282 页。

(2)《公司法》第三十九条规定，代表十分之一以上表决权的股东，可以提议召开股东会临时会议。此种情形下，股东需要向公司传送召开股东会临时会议申请书。

(3)《公司法》第七十四条规定，异议股东可以请求公司按照合理价格收购其股权。此种情形下股东需要向公司传送股权收购申请书。

(4)《公司法》第九十七条规定，股份有限公司股东有权查阅公司章程、股东名册、公司债券存根、股东大会会议记录、董事会会议决议、监事会会议决议、财务会计报告。此种情形下，股东需要向公司传送查阅申请书。

(5)《公司法》第九十七条规定，股份有限公司股东有权对公司的经营提出建议或者质询。此种情形下，股东需要向公司传送建议书、质询书。

(6)《公司法》第一百条规定，单独或者合计持有公司百分之十以上股份的股东可以请求召开临时股东大会。此种情形下股东需要向公司传送召开临时股东大会申请书。

(7)《公司法》第一百零二条第二款规定，单独或者合计持有公司百分之三以上股份的股东有权提出临时提案。此种情形下，股东需要向公司传送其提案。

(8)《公司法》第一百零六条规定，股东可以委托代理人出席股东大会会议。此种情形下，股东需要向公司传送授权委托书。

第二类：发起人等向公司传送文件的，此类情形有：

(1)《公司法》第八十三条规定，发起人应当书面认足公司章程规定其认购的股份。此种情形下公司发起人需要向公司传送认股书。

(2)《公司法》第八十五条规定，社会公众认股人认股的应当填写认股书。此种情形下认股人需要向公司传送认股书。

第三类：董事向公司传送文件的，主要是《公司法》第一百一十二条规定，董事因故不能出席董事会会议，可以委托其他董事代为出席。此种情形下，董事需要向公司传送委托书。

第四类：股东向董事会、监事会传送文件的，主要是《公司法》第一百五十一条规定，有限责任公司的股东、股份有限公司连续一百八十日以上单独或者合计持有公司百分之一以上股份的股东，可以书面请求监事会或者不设监事会的有限责任公司的监事，董事会或者不设董事会的有限责任公司的执行董事向人民法院提起诉讼。此种情形下，股东需要向公司董事会（执行董事）、监事会（监事）传送起诉申请书。

（二）公司向股东等传送文件

根据我国《公司法》规定，公司向股东等传送文件主要包括：

第一类：公司向股东传送的，此类情形有①：

(1)《公司法》第三十三条、第九十七条规定，股东有权查询、复制相关资料，如果股东提出申请，公司应当发送相应的资料。

(2)《公司法》第九十七条规定，股东有权对公司的经营提出建议或者质询。如果股东提出质询，公司应当予以回复。

(3)《公司法》第一百六十五条规定，有限责任公司应当依照公司章程规定的期限将财务会计报告送交各股东。此种情形下，公司需要向股东传送财务会计报告。

第二类：公司向债权人传送文件的，此类情形有：

(1)《公司法》第一百七十三条规定，公司合并，应当由合并各方签订合并协议，并编制资产负债表及财产清单，公司应当自作出合并决议之日起十日内通知债权人，……

(2)《公司法》第一百七十五条规定，公司分立，应当编制资产负债表及财产清单。公司应当自作出分立决议之日起十日内通知债权人，……

(3)《公司法》第一百七十七条规定，公司需要减少注册资本时，必须编制资产负债表及财产清单。公司应当自作出减少注册资本决议之日起十日内通知债权人，……

在以上三种情况下，公司应当通知债权人。

---

① 公司向股东传送最多的是股东（大）会会议通知，对此本书将在公司股东会议电子化部分叙述。

二 电子传送的具体方式

（一）立法例中的电子方式

1. 日本法的“电磁方法”

根据日本公司法第 2 条第 34 项括号内加注的规定，电磁方法是指，由法务省令规定的使用电子信息处理组织的方法以及其他利用信息通信技术的方法。这一定义与平成 12 年（2000 年）法律第 126 号、即“IT 书面一括法”修改的旅行业法等法律所使用的定义以及《关于电子消费者合同以及电子承诺通知的民法的特例的法律》所使用的定义相同。

日本《公司法施行规则》第 222 条具体规定了以下三种类型的电磁方法。

第一，利用电子邮件发信的方法。即“发信者通过连接发信者使用的电子计算机与受信者使用的电子计算机的电信线路向受信者发信，使该发信内容记录于受信者使用的电子计算机中的文件夹的方法”（第 222 条第 1 款第 1 项第 1 目）。

第二，进入网站阅读和下载的方法。即“发信者使用的电子计算机文件夹中记录的信息内容通过电信线路供受信者阅读以及供受信者将该信息记录于受信者使用的电子计算机中的文件夹的方法”（第 222 条第 1 款第 1 项第 2 目）。

第三，交付磁盘等的方法。即“在磁盘或类似的可确实记录一定信息之物的文件夹中记录信息，并交付受信者的方法”（第 222 条第 1 款第 2 项）。

但是，利用电话听发声音、利用传真收发信息等没有利用电子计算机，因此不是电磁方法。[①]

2. 美国法的“电子传输”

美国法关于“电子传输”的规定可以以《特拉华州普通公司法》和《示范公司法》为例。

---

① 转引自张凝《日本股东大会制度的立法、理论与实践》，法律出版社 2009 年版，第 250 页。

《特拉华州普通公司法》于2000年作了一次重要的修改，该次技术修订的中心特点是授权公司许多行动可以以“电子传输”的方式。在修正案之前，“电子传输”这个术语只在普通公司法第212（c）项出现，即“允许股东委任代理人传递信息，或者授权许可电报、海底电报或其他的电子传输方式”。虽然“电子传输”这个术语已经被广泛地理解并被广泛地适用于各种各样的电子传输代理中，但第212项并没有对它加以界定。

新修订的第232（c）项规定一个重要不同在于，它规定了可以适用于整部普通公司法的“电子传输”的定义：

“电子传输”是指各种形式的通信联络，它并不直接包括文件的物理传输，它必须表现为记录的形式，可由收件人加以保存、检索、审查，并可由收件人通过一个自动程序直接转载为书面形式。

这个定义有意地将“电子传输”的外延加以拓宽，而且必须要理解好有关传输“并不直接包括文件的物理传输”的含义。对于无纸化的传输能成其为“电子传输”，它必须表现为一种记录，该记录必须满足两个条件：（1）可以由收件人予以保存、检索和审查；（2）可以由收件人通过一个自动的程序直接转载。因此，该术语包括了像“传真传输”、“电子邮件”、“网站公告”、“数据磁带”、“光碟”，以及类似于海底电缆和电报这样旧的技术方式，所有这些都符合这个法定的定义。①

在第232项对“电子传输”的定义既有与修订后的“示范商业公司法”第1.40条的相同之处，也包含了不同之处。第1.40条将“电子传输”界定为“任何适合于保存、检索、审查信息的传递程序，并不直接包括文件的物理传输”。对第1.40条的注释陈述了该定义“是被广泛地加以诠释，并包含了不断变化的电子传输方法，包括计算机之间通过调解解调器的电子传输以及通过磁带或计算机磁盘对数据的存储和传输”。注释取消了“电子传输”术语中对特定传输形式的界限，但是这个注释并没有包括语音邮件和其他类似的不能自动提供数据印刷或打印的信息传递方式。虽然特拉华州的修正案没有采用示范公司法典的定

① James L. Holzman and Thomas A. Mullen, “A New Technology Frontier for Delaware Corporations”, 4 Delaware Law Review 55, 57 (2001).

义或官方的评论，但按照特拉华州法规，语音邮件也并不能成为“电子传输”方式，除非它在一个技术平台上表现为“通过一个自动的程序可以直接转化为文件形式”的记录。①

3. 我国台湾地区的“电子方式”

台湾地区“公司法”也有使用“电子方式”的规定，然而究竟指什么？“公司法”没有明确，而有关主管机关尚未有明文之规定。

依学者陈锦旋对“电子方式”的理解，其范围或方式并非单一，举凡互联网、电话语音、视讯等均属之。②

刘连煜认为，其所谓“电子方式”，依立法理由说明系指“依电子签章法规定之电子方式”，从台湾地区现行“电子签章法”第九、十条观之，以网际网络、语音电话或 touch tone 电话进行表决，应无疑问。但如以“视频会议”进行表决，解释上似仍有争议。③

（二）我国法有关电子方式的规定

正如本书第一章阐述的，我国目前的《公司法》还没有一条能直接体现公司法制信息化精神的规定，当然也没有“电子方式”的规定，因此我国有关公司立法并不可能为通讯表决的电子方式作一界定。

《中华人民共和国电子签名法》提出一个数据电文的概念，其第二条第二款对它的界定为：本法所称数据电文，是指以电子、光学、磁或者类似手段生成、发送、接收或者储存的信息。第六条进一步规定，符合下列条件的数据电文，视为满足法律、法规规定的文件保存要求：（一）能够有效地表现所载内容并可供随时调取查用；（二）数据电文的格式与其生成、发送或者接收时的格式相同，或者格式不相同但是能够准确表现原来生成、发送或者接收的内容；（三）能够识别数据电文的发件人、收件人以及发送、接收的时间。《中华人民共和国电子签名法》的有关规定可以作为认定我国股东大会电子方式的一个标准。

---

① James L. Holzman and Thomas A. Mullen, “A New Technology Frontier for Delaware Corporations”, 4 Delaware Law Review 55, 58 (2001).

② 陈锦旋：《公开发行公司股东通讯行使股东会议决权之法制与实务》，《现代公司法制之新课题——赖英照大法官六秩华诞祝贺论文集》，元照出版公司 2005 年版，第 310 页。

③ 刘连煜：《公司法制的新开展》，中国政法大学出版社 2008 年版，第 105 页。

《中华人民共和国公司登记管理条例》第五十条规定，申请公司、分公司登记，申请人可以到公司登记机关提交申请，也可以通过信函、电报、电传、传真、电子数据交换和电子邮件等方式提出申请。这一规定虽然针对的是公司登记申请书的传送，而不是公司与股东之间的文件传送，但是《条例》关于提出申请方式的规定可以供公司法参考。

（三）我国应采用之电子方式

1. 利用公司网站的方法

随着信息技术发展，我国已经有大批的企业建立了自己的网站，访问者进入网站阅读和下载应当是一种便捷的电子化方式。根据中国互联网络信息中心发布的《2013 年下半年中国企业互联网应用状况调查报告》，截至 2013 年 12 月，全国 41.7% 的企业建立了独立的企业网站，同时有 18.0% 的企业利用电子商务平台建立了网店。企业的从业人员规模越大，建立独立的企业网站、开设网店的比例就越高，7 人及以下规模的企业建立网站、开设网店的比例分别仅为 21.1% 与 10.3%，而 100 人及以上规模的企业比例在 60% 左右和超过四分之一。①

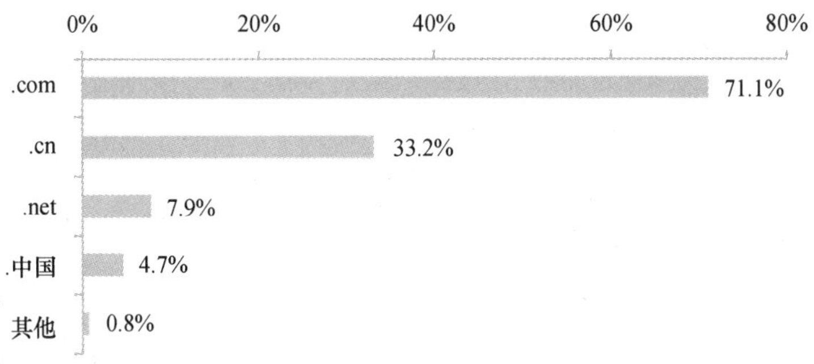

企业独立网站的域名使用情况

---

① 中国互联网络信息中心：《2013 年下半年中国企业互联网应用状况调查报告》，http：//www. cnnic. net. cn/hlwfzyj/hlwxzbg/hlwqybg/201403/P020140310340922635594. pdf，2014 年 3 月 10 日访问。

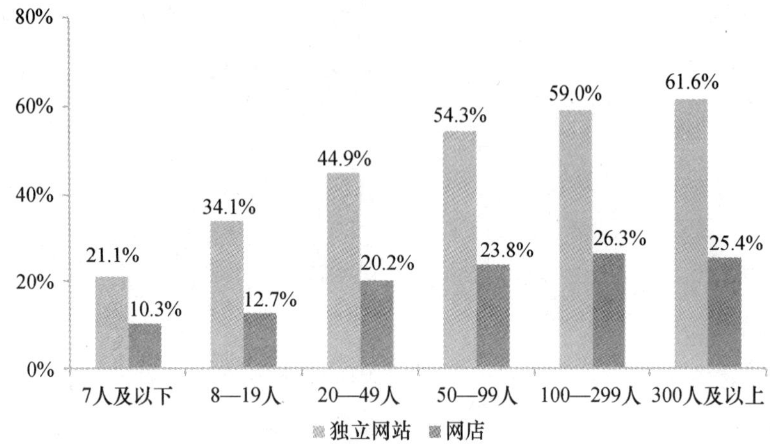

建立独立网站/网店的企业比例

在这些企业中，上市公司建立网站的比例最高。由中国上市公司网站评选活动组委会抽调专业人员，对截至 2013 年 8 月 31 日前在深沪两地上市的2 467家上市公司的官方网站，逐家进行了体验式访问。同时，按照组委会工作组确定《中国上市公司网站评价体系》中涉及的 10 大项 30 多个指标，专业人员对访问网站逐项体验计分并建立评价数据库。根据调查，有网及可登录网站公司2339家，占 2013 年参与调查上市公司总数2467家的 94. 81% 。与 2012 年同期 93. 66% 相比，增长 1. 15% 。①

2. 利用电子邮件的方法

发送电子邮件也是一种通常的方法。一则，电子邮件符合《中华人民共和国电子签名法》对数据电文的界定；二则，在各国立法中都规定了电子邮件的地位。

第一，电子邮件在日常联络中被广泛利用，成为人们不可或缺的通信工具，电子邮件改变人类沟通方式。在 2006 年 7 月 1 日，中国互联网络信息中心发布的《第十八次中国互联网络发展状况统计报告》显示，2006 年我国网民当年收到的电子邮件将超过 100 亿封。电子邮件也改变了人们的传统办公模式。今天谁还能在无法收发电子邮件的办公

① 《2013 中国上市公司网站调查报告》，http：//news. stcn. com/2013/1230/11042944. shtml，2014 年 3 月 10 日访问。

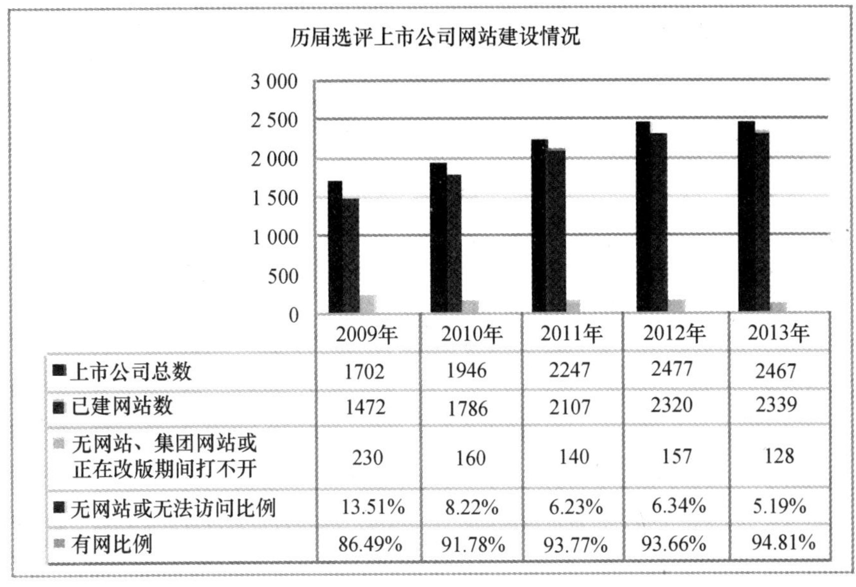

	2009年	2010年	2011年	2012年	2013年
上市公司总数	1702	1946	2247	2477	2467
已建网站数	1472	1786	2107	2320	2339
无网站、集团网站或正在改版期间打不开	230	160	140	157	128
无网站或无法访问比例	13.51%	8.22%	6.23%	6.34%	5.19%
有网比例	86.49%	91.78%	93.77%	93.66%	94.81%

室里工作？谁能想象没有电子邮件的办公是什么样子？电子邮件已经成为人们办公的必需工具。

第二，电子邮件的功能不断发展、强大，可以适应电子化发展的需要。未来的电子邮件将和电话一样，成为人们进行信息交换的必备工具。电子邮件会在不长的时间内变得越来越方便好用，会有功能更多的电子邮件出现。这些功能目前在技术上都已基本实现，有的已得到应用，有的投入具体应用的日子也为期不远了。

电子邮件新增的功能之一是可以传输声音和影像。263、21CN 等网站已能够提供语音邮件服务，其中 21CN 还提供视频邮件服务。电子邮件交流将不再是默默无声的文字和静止的图片。Talking Email 就是一个可以让您用耳朵来听电子邮件的软件。它能够将密密麻麻的文字转化成声音，让您疲劳的双眼从电脑屏幕前离开，看看窗外的风景，在品尝手边香茗的同时，邮件的内容已尽入耳中。

统一信息服务（Unified Message Service，UMS）是电子邮件的另一个新卖点。UMS 将以前通过电话网、寻呼网、移动网与互联网分别享受到的各种信息服务融合起来，用户可随时随地通过电话、传真、手机、呼机、电脑、PDA 等任何一种信息终端接收和发送电子邮件。例如世纪永联自主设计开发的 For-UMS 除了提供 Internet 大容量电子邮件功能以外，还可实现用普通电话、手机、传真收发电子邮件，用电脑、手机收发传真、语音信息并发送手机和呼机短信息，通过电话、手机和呼机实现电子邮件到达通知服务等更多功能与个性化信息服务。此外，亚信公司基于无线上网的 WapMail 系统，可以让用户随时通过移动电话收发电子邮件。南京熊猫电子公司推出的熊猫 29MD01 电视机配备标准 VGA 接口，可直接与电脑相连在电视机上完成上网和收发电子邮件功能。

北京一致沟通网络技术有限公司推出的 TeleIntercom 项目也是电子邮件系统的一个新突破。TeleIntercom 是一套在通信应用层面将电信和互联网进行无缝融合的解决方案。TeleIntercom 在不改变使用者的使用习惯和常用的通信终端设备的前提下，实现任意终端设备之间以多种媒体形式的互通，使用户可以享用多种通信终端之间完全无障碍的沟通方式。它还将电子邮件即时送达和提示收信人，使电子邮件成为一种实时的沟通工具。①

第三，电子邮件作为一种重要的电子通信工具，在我国法律生活中越来越受重视。如《中华人民共和国合同法》第 11 条，明确了电子邮件作为“数据电文”的一种从而成为合同的一种形式。《中华人民共和国行政复议法实施条例》明确规定，申请人书面申请行政复议的，可以采取当面递交、邮寄或者传真等方式提出行政复议申请。有条件的行政复议机构可以接受以电子邮件形式提出的行政复议申请。② 而《最高人民法院关于涉外民事或商事案件司法文书送达问题若干规定》也规定，除本规定上述送达方式外，人民法院可以通过传真、电子邮件等能够确认收悉的其他适当方式向受送达人送达。③

第四，电子邮件作为公司发送信息、股东接收信息的工具在各国公司中大量的存在。许多国家都允许使用电子邮件进行股东表决或传输文件。如美国《特拉华州普通公司法》即规定，“若利用电子邮件，直接

① 吴庆俊编辑：《电子邮件向何处去》，《微电脑世界》2001 年第 2 期。

② 《中华人民共和国行政复议法实施条例》第十八条。

③ 《最高人民法院关于涉外民事或商事案件司法文书送达问题若干规定》第十条。

传送至股东同意接受通知的电子邮件地址”，可以成为有效的通知。另外，日本、我国台湾地区的规定中也都肯定了电子邮件。

第五，我国上市公司股东大会中也已经出现发送电子邮件的方式，甚至以发送电子邮件方式进行投票表决。原《中远航运股份有限公司股东大会议事规则》第12条就规定了以电子邮件方式传送通讯表决票。

3. 关于传真、电传、电报方式

《中华人民共和国合同法》第11条从外延的角度界定数据电文“包括电报、电传、传真、电子数据交换和电子邮件”，将传真也作为数据电文的一种。2004年4月2日提交全国人大常委会的《电子签名法》（草案）在第三条第二款中规定：“数据电文指以电子、光学、磁或者类似手段生成、发送、接收或者储存的信息，包括电报、电传、传真、电子数据交换和电子邮件等。”该草案同时从数据电文的内涵与外延角度来界定数据电文，而2004年8月28日正式通过的《电子签名法》则单从内涵的角度来界定数据电文，第二条第二款规定：“本法所称数据电文，是指以电子、光学、磁或者类似手段生成、发送、接收或者储存的信息。”正式通过的《电子签名法》完全删除了《电子签名法》（草案）关于数据电文外延的规定，而只是从技术角度很宽泛地界定数据电文的内涵。

《电子签名法》没有具体明确传真、电传、电报是否属于数据电文，但是，按照一般的理解是肯定的。目前对于数据电文接受最为广泛的当属贸法会在《电子商业示范法》中对数据电文的定义：“数据电文系指经由电子手段、光学手段或类似手段生成、储存或传递的信息，这些手段包括但不限于电子数据交换、电子邮件、电报、电传或传真。”《电子签名法》（草案）几乎与之如出一辙。学者也根据对《电子商业示范法》的分析及对以后技术发展的考虑，认为产生数据电文的手段除包括电子数据交换、电子邮件、电报、电传、传真外，也包括其他可能出现的新的技术手段。①

但是，我们也有学者认为，数据电文的外延在包括电子数据交换和

① http：//unpan1. un. org/intradoc/groups/public/documents/APCITY/UNPAN017028. pdf. 2006－01－21.

电子邮件或以后出现的新型电文之余，没有必要再将电报、电传、传真视为数据电文加以处理。[①] 对此，笔者表示赞同。

首先，电报、电传、传真与电子数据交换、电子邮件等规则调整的历史不同。

电报、电传、传真作为表意手段的出现时间早于电子数据交换与电子邮件，很明显的是，法律没有因为意思表示开始运用电报、电传和传真而面临难以克服的困难。通过电报、电传、传真手段进行表意被法律归入书面形式的明示意思表示类型，由于其与通过传输纸质文件的手段进行表意没有太大的不同，因此通过扩展原有的书面形式意思表示规则完全可以满足法律调整的需要。这种调整模式以及具体的实体规范早已定型而成为了历史。但在意思表示开始运用电子数据交换、电子邮件等通信手段后，法律却面临极大挑战，数字化设备与网络技术开始服务于交易中的表意，却出现了无法可依的尴尬。各国之所以在电子数据交换、电子邮件等开始大规模用于意思表示之后才开始制定电子商务法，是因为注意到先前规则已经构成对应用自动数据处理进行交易的障碍。[②] 伊始阶段所采取的扩大解释意思表示规则（包括适用于电报、电传、传真的规则）的方法已不足以达到调整的目的，立法者开始考虑大规模制定新规则，否则便难以适应新形势的需求。在立法过程中，立法者对电报、电传、传真确实也没有给予太大关注，规则也不以其为主要调整对象。

其次，电报、电传、传真与电子数据交换、电子邮件等对应的规则不同。

从运用结果上来看，电报、电传和传真虽然在基础技术上与电子数据交换、电子邮件基本相同，但却都不能不产生“纸”，意思均要由“纸”等承载，否则就不能完成意思表示；而电子数据交换、电子邮件所采行的目的之一便是“无纸化”，一个完整的意思表示过程完全可以不产生“纸”。正是纸质文件在结果上的出现，使得电报、电传、传真

---

① 房绍坤、于海防：《论数据电文制度的涵义及表意基础》，《甘肃政法学院学报》第98期（2008年5月）。

② UNCITRAL. Recommendation on the Legal Value of Computer Records (1985) .

可以完全适用书面形式意思表示规则。而电子数据交换与电子邮件的表意过程往往是无纸化过程，难以完全适用主要以纸面文件为基础的传统的书面形式意思表示规则。虽然可以通过功能等同法的运用将作出的意思表示视为书面形式，但这毕竟只是一种立法上的拟制。① 为完成拟制，就需要具备额外的规则，如《电子签名法》关于原件的条件、文件保存与传输的要求、收发时间的精确确定与电子签名等所作的规定，但这些规则却是电报、电传、传真所不需要的。“纸”产生与否的差异以及技术与流程的不同使电报、电传、传真和电子数据交换、电子邮件等对应的具体规则在实体法与诉讼法上都存在差异。

再次，各国立法例的分析。《电子商业示范法》结合对“信息系统”的宽泛定义，将各种电子通信手段在满足条件时均认定为数据电文。不过，示范法这条适用范围宽泛的规定并不像其他规定一样广为各国所采纳。

美国的《国际与国内商务电子签章法》、《统一电子交易法》、《统一计算机信息交易法》虽未使用“数据电文”的概念，而是使用了“电子记录”、“计算机信息”等概念，但这几个概念在实质上是十分相似的。美国的这几项重要的电子商务法没有列举可以产生电子记录的具体技术手段，而仅就内涵作了一般界定，即在立法上未明确电报、电传、传真属于电子记录，没有采纳《电子商业示范法》的宽泛规定。新加坡《电子交易法》亦使用电子记录概念，并未列举产生电子记录的技术范围。韩国、印度的电子商务法也是如此。新加坡修订《电子交易法》时所征求意见的问题之一便为是否应采纳贸法会宽泛的可以将任何电子通信手段均涵括在内的“信息系统”定义，② 多数意见认为，应继续使用其原有的定义模式。香港 2004 年修订的《电子交易条例》，马来西亚、印度、韩国，以及我国台湾地区的做法也大体相似。

贸法会的《电子商业示范法》经常提及较先进的通信技术（如电

---

① 房绍坤、于海防:《论数据电文制度的涵义及表意基础》,《甘肃政法学院学报》第 98 期（2008 年 5 月）。

② http//www. ida. gov. sg/idaweb/doc/download/I2684/ETA_ Review_ Electronic_ Contracting_ Issues_ Consultation_ Paper. pdf. 2005 - 06 - 05.

子数据交换和电子邮件），但贸法会承认，其也将原则以及某些条款照顾适用于不大先进的技术（如电传、传真等），这主要是考虑到用户需要一套连续的规则来管制可能交互使用的多种不同通信技术，如一个数据电文可能最初是口头传递的，最后改用传真复印，或者最初采用传真复印形式，最后变成了电子数据交换电文。贸法会之所以对数据电文进行宽泛的界定，使电报、电传、传真等也包含在数据电文的概念之内，是因为除了希望方便主体交易外，还考虑到不同国家的不同规定，希望减少《电子商业示范法》被接受的阻碍。但其自己也承认电报等与电子数据交换、电子邮件还是不同的，不仅在技术上，在法律规则上也是不同的。《电子商业示范法》虽然将电报、电传、传真与电子数据交换、电子邮件均列为数据电文，但认为成员国在立法时还是应考虑本国的具体情况，确定是否采纳《电子商业示范法》的规定。各国电子商务法虽未明文排除电报、电传、传真，但立法的重点还是电子数据交换、电子邮件以及其他网络技术手段。在民事活动以及司法活动中，对电报、电传、传真仍然适用旧有规则，对电子数据交换、电子邮件等网络技术手段则适用新规则。如前述，在日本，利用电话听发声音、利用传真收发信息等没有利用电子计算机，因此不是电磁方法。[①] 可见，虽未明文排除，各国事实上已将电报、电传、传真排除在电子商务法的适用范围之外。我国也不应将电报、电传、传真作为电子化的具体方式。

因此，电子商务立法可以在功能等同原则下，保持技术中性，在内涵上宽泛地界定数据电文，保持一定的伸缩性与灵活性，但在立法上还应主要针对电子数据交换与电子邮件等，不宜将电报、电传、传真明文规定为数据电文，所以《电子签名法》删除草案中关于数据电文外延的规定，较《合同法》的规定更为科学，《合同法》也应对数据电文外延的规定作出修改。[②]

---

① 转引自张凝《日本股东大会制度的立法、理论与实践》，法律出版社 2009 年版，第 250 页。

② 房绍坤、于海防：《论数据电文制度的涵义及表意基础》，《甘肃政法学院学报》第 98 期（2008 年 5 月）。

三　对方的同意

（一）受信者的同意是先决条件

对文件传送进行电子化处理时，原则上收信人的同意是电子化的条件，[①] 这样规定是因为考虑到所谓的数字鸿沟问题。正是本书前面所指出的，虽然我国数字鸿沟正在缩小，但是实际差距依然巨大。因此有的人不能适应利用电子方法发送相关文件，或者在多种多样的电子方法中，有些人无法适应某些方法。出于对接收信息一方的保护，法律应当要求接收信息一方的同意。

（二）同意的程序

对于取得同意的程序，日本法规定由政令进行规定。而日本的相关政令对限制转让股份的同意转让请求以及公司的不同意通知、股份转换请求、股东会召集通知规定了取得同意的程序。具体的程序是：①必须事先向对方说明所使用的电磁方法的种类及内容，以书面或电磁方法取得对方的同意；或者，②股东即使已经表示同意，仍然可以以书面或电磁方法表示不接受以电磁方法发送通知。撤回同意之后也可以再次表示同意。[②]

对于上面所说的向对方说明的“电磁方法的种类及内容”，政令又委托给法务省令加以规定。电磁方法的“种类”实际上就是日本《公司法施行规则》第 222 条具体规定的三种类型的电磁方法。

第一，利用电子邮件发信的方法。即“发信者通过连接发信者使用的电子计算机与受信者使用的电子计算机的电信线路向受信者发信，使该发信内容记录于受信者使用的电子计算机中的文件夹的方法”（第 222 条第 1 款第 1 项第 1 目）。

第二，进入网站阅读和下载的方法。即“发信者使用的电子计算机

---

① 田泽元章：《IT 化进程中的日本股份公司法修改》，载渠涛主编《中日民商法研究》（第三卷），法律出版社 2005 年版，第 288 页。

② 同上书，第 289 页。

文件夹中记录的信息内容通过电信线路供受信者阅读以及供受信者将该信息记录于受信者使用的电子计算机中的文件夹的方法”（第 222 条第 1 款第 1 项第 2 目）。

第三，交付磁盘等的方法。即“在磁盘或类似的可确实记录一定信息之物的文件夹中记录信息，并交付受信者的方法”（第 222 条第 1 款第 2 项）。

（三）对公司等拒绝同意的限制

如上所述，采用电子方法发送文件，需要取得对方的同意，原则上股东可以自由决定是否同意，公司也可以自由决定是否同意股东等接受以电磁方法发送相关文件。

但是如果采用电子方法发出请求的股东是同意公司利用电子方法发送股东会召集通知的股东，那么，按照日本公司法的规定，则公司在①一定的期间内，即该同意对象之股东会的开会日所在的营业年度的决算期后召开的定期股东会结束为止的期间；②只要没有正当的理由，公司就不能拒绝股东提出的请求的电子化。

对于公司拒绝同意的限制是基于公平的观点。这里所说的正当事由是指，①股东提出的电子方法太特殊，从系统上公司难以应对，②股东发送过来的电子邮件（包括附件）经公司计算机病毒检测系统检测，认定包含病毒的可能性很大，等等。[①]

（四）事后同意与概括性同意

如上所述，原则上需要事前取得同意，但是未经同意采用电子方法提供相关材料之后，对方事后表示同意的，作为已经取得同意加以处理应该没有问题。

在某一个特定的时间，对于将来召开的股东会采用电子方法发送召集通知统一征求股东同意的，只要不存在损害股东的可预见性等特别的

① 田泽元章：《IT 化进程中的日本股份公司法修改》，载渠涛主编《中日民商法研究（第三卷）》，法律出版社 2005 年版，第 289 页。

事由，可以这样做。[①] 前文已经提过，股东随时可以撤回同意，撤回同意后也可以再次表示同意。

除了股东会的召集通知，公司所发出的全部通知都事先统一取得股东同意，这在法律上并没有理由认定为不合法。但是公司需要明确每个利用电子方法发送通知的情况，逐个取得股东的同意。[②]

四　生效时间

（一）到达主义与发信主义

关于公司向股东等发出的通知、催告等发生效力的时间上，存在两种主张，到达主义与发信主义。大陆法系与英美法系也存在严重对立，大陆法系采取到达主义，即意思表示应于到达相对人时生效；所谓“到达”，是指意思表示已进入受领人的控制领域，并在通常情况下可以期待受领人能够知悉意思表示内容的客观情况。而英美法系采取发信主义，即意思表示于表意人向相对人发出时生效。

联合国贸易法委员会通过的《电子商务示范法》第15条第1款和第2款规定：“（1）除非发件人与收件人另有协议，一项数据电文的发出时间以它进入发件人或代表发件人发送数据电文的人控制范围之外的某一信息系统的时间为准。（2）除非发件人与收件人另有协议，数据电文的收到时间按下述办法确定：（a）如收件人为接收数据电文而指定了某一信息系统：（i）以数据电文进入该指定的信息系统的时间为收到时间；或（ii）如该数据电文发给了收件人的一个信息系统但不是指定的信息系统，则以收件人检索到该数据电文的时间为收到时间。（b）如收件人并未指定某一信息系统，则以数据电文进入收件人任一信息系统的时间为收到时间。”[③]《电子商务示范法》并没有指出在意思表示生效时采用“到达主义”还是“发信主义”，只是规定了意思表示

---

① 田泽元章：《IT化进程中的日本股份公司法修改》，载渠涛主编《中日民商法研究（第三卷）》，法律出版社2005年版，第290页。

② 同上。

③ 李双元、王海浪：《电子商务法若干问题研究》，北京大学出版社2003年版，第422—433页。

发出和到达的时间，至于具体标准，则留待各国国内立法去解决。

根据日本民法的规定，是采用到达主义，而商法修正了民法采用的到达主义原则实质上采用了发信主义。[①] 我国《合同法》第16条第2款规定“采用数据电文形式订立合同，收件人指定特定系统接收数据电文的，该数据电文进入该特定系统的时间，视为到达时间；未指定特定系统的，该数据电文进入收件人的任何系统的首次时间，视为到达时间。”也就是说，因为我国采取“到达主义”，因此该数据电文的到达时间即为意思表示的生效时间。

（二）收信人地址

日本于2001年修改商法后规定，除了“住址”之外，又引入了“（告知公司的）收信人地址”这个概念。公司在向股东等发送文件的时候，向“收信人地址”发信即被拟制为到达，具体地说，给电子邮件地址发邮件等。但需要注意的是，由于“收信人地址”有可能被蠕虫邮件或计算机病毒等非法目的利用，为防止此类非法目的以及其他个人隐私问题，日本法没有要求把收信人地址作为股东名册的记载或记录事项。

第四节　公司信息公告的电子化

一　信息公告的适用场合

（一）公司法规定的公告

《中华人民共和国公司法》规定的公司公告主要有：

（1）股份有限公司招股说明书。《公司法》第八十五条规定，发起人向社会公开募集股份，必须公告招股说明书。

（2）股份有限公司创立大会召集。《公司法》第九十条规定，发起

---

① 田泽元章：《IT化进程中的日本股份公司法修改》，载渠涛主编《中日民商法研究（第三卷）》，法律出版社2005年版，第290页。

人应当在创立大会召开十五日前将会议日期通知各认股人或者予以公告。

（3）股份有限公司股东大会召集。《公司法》第一百零二条规定，发行无记名股票的，应当于会议召开三十日前公告会议召开的时间、地点和审议事项。

（4）股份有限公司发行新股。《公司法》第一百三十四条规定，公司经国务院证券监督管理机构核准公开发行新股时，必须公告新股招股说明书和财务会计报告。

（5）公司发行债券。《公司法》第一百五十四条规定，发行公司债券的申请经国务院授权的部门核准后，应当公告公司债券募集办法。

（6）公开发行股票的股份有限公司公告财务会计报告。《公司法》第一百六十五条第二款规定，公开发行股票的股份有限公司必须公告其财务会计报告。

（7）公司合并。《公司法》第一百七十三条规定，公司应当自作出合并决议之日起……，并于三十日内在报纸上公告。

（8）公司分立。《公司法》第一百七十五条第二款规定，公司应当自作出分立决议之日起……，并于三十日内在报纸上公告。

（9）公司减少注册资本。《公司法》第一百七十七条第二款规定，公司应当自作出减少注册资本决议之日起……，并于三十日内在报纸上公告。

（10）公司清算。《公司法》第一百八十五条规定，清算组应当自成立之日起……，并于六十日内在报纸上公告。

（二）证券法规定的公告

《中华人民共和国证券法》除了在第六十四条规定了与《公司法》类似的公告要求外，还有如下涉及公司公告的规定：

（1）中期报告。《证券法》第六十五条规定，上市公司和公司债券上市交易的公司，应当在每一会计年度的上半年结束之日起二个月内，向国务院证券监督管理机构和证券交易所报送记载以下内容的中期报告，并予公告：①公司财务会计报告和经营情况；②涉及公司的重大诉讼事项；③已发行的股票、公司债券变动情况；④提交股东大会审议的重要事项；⑤国务院证券监督管理机构规定的其他事项。而中国证监会发布的《上市公司信息披露管理办法》第二十二条规定，中期报告应当记载以下内容：①公司基本情况；②主要会计数据和财务指标；③公司股票、债券发行及变动情况、股东总数、公司前十大股东持股情况，控股股东及实际控制人发生变化的情况；④管理层讨论与分析；⑤报告期内重大诉讼、仲裁等重大事件及对公司的影响；⑥财务会计报告；⑦中国证监会规定的其他事项。

（2）年度报告。《证券法》第六十六条规定，上市公司和公司债券上市交易的公司，应当在每一会计年度结束之日起四个月内，向国务院证券监督管理机构和证券交易所报送记载以下内容的年度报告，并予公告：①公司概况；②公司财务会计报告和经营情况；③董事、监事、高级管理人员简介及其持股情况；④已发行的股票、公司债券情况，包括持有公司股份最多的前十名股东的名单和持股数额；⑤公司的实际控制人；⑥国务院证券监督管理机构规定的其他事项。《上市公司信息披露管理办法》第二十一条规定，年度报告应当记载以下内容：①公司基本情况；②主要会计数据和财务指标；③公司股票、债券发行及变动情况，报告期末股票、债券总额、股东总数，公司前十大股东持股情况；④持股5%以上股东、控股股东及实际控制人情况；⑤董事、监事、高级管理人员的任职情况、持股变动情况、年度报酬情况；⑥董事会报告；⑦管理层讨论与分析；⑧报告期内重大事件及对公司的影响；⑨财务会计报告和审计报告全文；⑩中国证监会规定的其他事项。

（3）临时报告。《证券法》第六十七条规定，发生可能对上市公司股票交易价格产生较大影响的重大事件，投资者尚未得知时，上市公司应当立即将有关该重大事件的情况向国务院证券监督管理机构和证券交易所报送临时报告，并予公告，说明事件的起因、目前的状态和可能产生的法律后果。所谓“重大事件”，主要包括：①公司的经营方针和经营范围的重大变化；②公司的重大投资行为和重大的购置财产的决定；③公司订立重要合同，可能对公司的资产、负债、权益和经营成果产生重要影响；④公司发生重大债务和未能清偿到期重大债务的违约情况；⑤公司发生重大亏损或者重大损失；⑥公司生产经营的外部条件发生的重大变化；⑦公司的董事、三分之一以上监事或者经理发生变动；⑧持有公司百分之五以上股份的股东或者实际控制人，其持有股份或者控制公司的情况发生较大变化；⑨公司减资、合并、分立、解散及申请破产的决定；⑩涉及公司的重大诉讼，股东大会、董事会决议被依法撤销或者宣告无效；⑪公司涉嫌犯罪被司法机关立案调查，公司董事、监事、高级管理人员涉嫌犯罪被司法机关采取强制措施；⑫国务院证券监督管理机构规定的其他事项。《上市公司信息披露管理办法》在此基础上增加了以下几种情形：①新公布的法律、法规、规章、行业政策可能对公司产生重大影响；②董事会就发行新股或者其他再融资方案、股权激励方案形成相关决议；③法院裁决禁止控股股东转让其所持股份；任一股东所持公司5%以上股份被质押、冻结、司法拍卖、托管、设定信托或者被依法限制表决权；④主要资产被查封、扣押、冻结或者被抵押、质押；⑤主要或者全部业务陷入停顿；⑥对外提供重大担保；⑦获得大额政府补贴等可能对公司资产、负债、权益或者经营成果产生重大影响的额外收益；⑧变更会计政策、会计估计；⑨因前期已披露的信息存在差错、未按规定披露或者虚假记载，被有关机关责令改正或者经董事会决定进行更正；⑩中国证监会规定的其他情形。

《上市公司信息披露管理办法》还规定了季度报告，第二十三条规定，季度报告应当记载以下内容：①公司基本情况；②主要会计数据和财务指标；③中国证监会规定的其他事项。

（三）非上市公众公司的特殊要求

根据《公司法》、《证券法》和《非上市公众公司监督管理办法》的有关规定，中国证监会发布了《非上市公众公司监管指引第1号——信息披露》，要求股票公开转让、股票向特定对象发行或者转让导致股东累计超过200人的公司，应当在公开转让说明书、定向发行说明书或者定向转让说明书中披露以下内容：①公司基本信息、股本和股东情况、公司治理情况；②公司主要业务、产品或者服务及公司所属行业；③报告期内的财务报表、审计报告。定向发行说明书还应当披露发行对象或者范围、发行价格或者区间、发行数量。非上市公众公司也可以根据自身实际情况以及投资者的需求，更加详细地披露公司的其他情况。

二　电子公告

（一）公告的方法

对于公司公告的方法，我国不同法律规则有不同的规定。

1.《公司法》规定的公告方法

从我国《公司法》关于公司公告的规定看，明确规定了公告方法的只有四个条文：第一百七十三条、第一百七十五条、第一百七十七条和第一百八十五条，分别涉及公司合并、公司分立、公司减少注册资本与公司清算几种情形，为了保护公司债权人利益设置的公告程序，《公司法》明确规定要求“在报纸上公告”。至于其余情形，《公司法》并没有规定公告的具体方法，尤其是《公司法》第八十一条的规定赋予了章程决定“公司的通知与公告办法”的权力。因此从解释上说，公司可以以书面的方法也就是报刊公告，也可以以电子的方法进行公告。

2.《证券法》等法律规则对公告方法的规定

《证券法》第七十条规定，依法必须披露的信息，应当在国务院证券监督管理机构指定的媒体发布。而根据《上市公司信息披露管理办法》第六条规定，上市公司及其他信息披露义务人依法披露信息，应当将公告文稿和相关备查文件……在中国证券监督管理委员会指定的媒体发布。而所谓的指定媒体，是指中国证监会指定的报刊和网站。指定信息披露的报纸：《中国证券报》、《证券时报》、《上海证券报》、《金融时报》、《中国改革报》、《证券日报》，期刊有《证券市场周刊》，网站有巨潮网站（www. cninfo. com. cn）、上海证券交易所网站（www. sse. com. cn）。对于非上市公众公司，《非上市公众公司监管指引第1号——信息披露》规定可以在非上市公众公司信息披露网站（nlpc. csrc. gov. cn）、公共媒体或者公司网站，也可以选择公司章程约定的方式或者股东认可的其他方式。

综合这两类规定，实际上可以归纳为以下两种情形：一种是起着信息提供作用的公告，公开信息即是目的，并不因公告而发生特别如公司运营情况、公司新闻动态、财会文件的公告等；另一种则是依据该种公告的有效与否产生不同法律效力的公告，如公司合并、分立的公告，债权人会议公告等。前一种情况的公告，只是单纯的公司事态信息的公告，法律可以规定由公司进行选择（当然上市公司有特殊要求的除外），但是对另一种情形，由于涉及债权人利益的保护，须对其进行详细的规制，必须保证该公告和公告的内容是真实有效的。

3. 我国上市公司信息披露渠道上的问题

如前述，目前国内的法定信息披露渠道是中国证监会指定的媒体，主要是四大证券报，且都是纸质媒体。同时，相关公告及上网文件，还需在沪深交易所指定的官方网站上披露。对于上市公司的信息披露而言，纸质媒体的传统披露相对于网络媒体的电子化披露存在几个弊端：一是信息的传递滞后，未能实现实时披露。纸质媒体不能实现信息的即时披露，而是需要第二天才能见报。纸质传媒的披露显然已不能适应对时效性要求极高的上市公司信息披露。二是容易导致内幕交易发生。由于纸质媒体不能实现信息的即时披露，容易导致上市公司的信息尤其是股价敏感信息变成内幕信息，由此诱发内幕交易。三是纸质传媒披露不仅查阅、保管不便而且不够环保，还会增加上市公司的披露成本。[①]

（二）电子公告

电子公告实现了应对信息化高度发展的广泛性，使便捷的公告方法得以落实。但是，如前述，作为公告方法，公司一旦选择了电子公告时，必须在章程中对此作出规定。

1. 何谓“电子公告”

电子公告是一种特殊的互联网信息服务，其服务的内容是电子公告服务提供者给用户在互联网上发布信息的空间。按照日本公司法的规定，电子公告，是指通过电磁方法，使不特定多数人处在能够接收所提供的公告信息内容的状态的措施，并且采用了法务省令所规定的方法（公司法第2条34项，公司法施行规则第223条）。而按照原中华人民共和国信息产业部《互联网电子公告服务管理规定》第2条第2款的规定，是指在互联网上以电子布告牌、电子白板、电子论坛、网络聊天

① 王丽娜、吴建忠：《论证券交易所对上市公司信息披露的监管》，载顾功耘主编《公司法律评论》（2013年卷），上海人民出版社2013年版，第134页。

室、留言板等交互形式为上网用户提供信息发布条件的行为。

作为章程的规定，只要记载或记录将电子公告作为公告方法的意思即可。另外，在章程已记载了以电子公告为公告方法意思的情况下，还可规定因事故或其他不得已之事由造成不能使用电子公告进行公告时，将采用其他的公告方法，如报刊。

2. 应进行公告的期间

通过报刊进行公告时，只要进行一次，从此时起经过一定期间后，就会产生行使权利的终期或始期到来的法律效果，而进行电子公告时，须采取使不特定多数人处在能接收信息状态的措施，所以有必要采取该措施的截止时间就成了问题。

日本股份公司通过电子公告进行公告时，根据其公司法第九百四十条之规定，按照以下四项所列公告的区分，在该各项规定日前的期间，不间断地通过电子公告进行公告。

（1）根据该法的规定，在特定日期的一定期间前须公告的公告，在该特定日期之前。如在进行简易吸收合并的情况下，日本公司法第七百八十五条第三款规定，消灭公司须在发生法律效力20日前，向其股东通知进行吸收合并等的决定和存续公司等的商号及住所。第四款规定，下列情形下，依前款规定的通知，可以公告代替。①消灭股份公司等为公开公司的情形；②消灭股份公司等已接受第七百八十三条第一款的股东大会决议对吸收合并等的传入的情形。

（2）依第四百四十条第一款规定的公告（进行公司决算报告的公告）时，在同款年度股东大会闭会日后经过五年之日前。

（3）在公告所规定的期间内可陈述异议的公告，在该期间经过之日前。如对不能提交股票者的异议催告程序的公告，日本公司法第二百二十条规定，股票发行公司依其请求，可向利害关系人公告如有异议可在一定期间内提出，该期间不得少于三个月。

（4）前三种公告以外的公告，在该公告开始后经过一个月之日前。如第八百四十九条规定公司为追究董事责任提起诉讼，或收到诉讼告知情况下的公告；第七百零六条第二款规定公司债管理人就公司全部债的支付进行缓期情况下的公告。此类公告，须在公告开始后经过一个月之日为止的期间进行。

我国《公司法》、《证券法》对公告日期的规定，主要有以下两种情形：①既没有规定起始日，又没有规定截止日；②规定了起始日，但是没有规定截止日。前者如《公司法》第八十五条，“发起人向社会公开募集股份，必须公告招股说明书”，并没有关于公告期间的任何规定。但是根据《上市公司信息披露管理办法》第十一条第二款的规定，“公开发行证券的申请经中国证监会核准后，发行人应当在证券发行前公告招股说明书”，这就对起始日作出了具体规定。再如《公司法》第一百六十五条第二款规定，“公开发行股票的股份有限公司必须公告其财务会计报告”，也没有规定具体时间，但是《上市公司信息披露管理办法》第二十条规定，“年度报告应当在每个会计年度结束之日起 4 个月内，中期报告应当在每个会计年度的上半年结束之日起 2 个月内，季度报告应当在每个会计年度第 3 个月、第 9 个月结束后的 1 个月内编制完成并披露”，这一规定了解决了公告的起始日问题。第二种情形的，如《公司法》第一百零二条规定，召开股东大会时，“发行无记名股票的，应当于会议召开三十日前公告会议召开的时间、地点和审议事项”；又如《公司法》第一百七十三条规定，“公司应当自作出合并决议之日起十日内通知债权人，并于三十日内在报纸上公告”。这两个条文都规定了公告的起始日（会议召开三十日前或作出合并决议之日起三十日内），而没有规定公告的截止日。但是从解释上看，第一百零二条规定的公告的截止日至少应当在会议召开日期之后，第一百七十三条规定的公告只要在报纸上刊登一次即可。本书认为，类似于公司的财务会计报告，法律应当明确规定其电子公告的连续公告期间，以便于股东真正了解公司的经营与财务情况。

3. 公告中断与公告效力

对于上述公告期间，日本法设置了出现公告中断情况下的救济规定。

(1) 公告中断

这里所说的公告中断，根据日本公司法第九百四十条第三款的规定，主要指以下情形：①处于不特定多数人能够接收信息状态的公告内容信息发生脱离其状态的情况，或者②置于其状态后的信息被改变的情况（参照第 940 条第 3 款括号书）。

（2）公告效力

在公告期间发生此类公告中断时，如果①公司是善意的并无重大过失，或公司有正当理由；②公告中断时间的合计没有超过公告期间的1/10；③公司得知公告中断后迅速将中断的情况、公告中断发生的时间以及中断的内容等，附在公告上进行了公告，那么，根据第九百四十条第三款的规定，公告中断对公告的效力不产生影响。考虑到公告中断会因公告设备的定期检修出现服务器的暂时停止、服务器设备的故障、黑客对内容的修改等而发生，这时若经常要求重新制作，对公司而言就会增大风险，不利于选择电子公告方式。再说，只要具备上述各要件，公告的目的同样能够实现，完全没有必要重新制作。[①] 此外，如上所述，若发生不能进行电子公告的事故以及其他不得已事由时，只要提前在章程中作了规定，就可以通过章程规定的官报、日报进行公告（日本公司法第九百三十九条第三款后段）。

4. 章程与登记

股份有限公司通常可以由章程规定其公告方法，如我国公司法第八十一条第十一项，日本公司法第九百三十九条第一款。因此，股份公司采用电子公告方法的，需要在公司章程中作出规定，当然，只要在章程中记载或记录采用电子公告作为公告方法的内容即可，不需要在章程中记载公告用网址（URL）。由于编辑网页的需要，有些时候不得不更改URL。如果把URL作为章程规定的事项，则每次变更URL都需要通过股东会特别决议变更章程，对公司来说是个很大的负担。[②]

公司以电子公告进行公告时，有必要对股东等公示其情况，故根据日本公司法第九百十一条第三款第二十九项的规定需要进行登记。登记事项如下：①章程对公告方法有规定时，按其规定。②章程规定公司以电子公告为公告方法时，（a）以电子公告就应公告的信息内容，不特定多数人为接收该信息内容的提供，须对法务省令所规定的必要事项进

① ［日］前田庸著，王作全译：《公司法入门》（第十二版），北京大学出版社2012年版，第37页。

② 田泽元章：《IT化进程中的日本股份公司法修改》，载渠涛主编《中日民商法研究》（第三卷），法律出版社2005年版，第300页。

行登记。(b) 发生无法以电子公告进行公告的事故时，章程规定了使用官报或日报进行公告的，同样须对此规定进行登记。因此，公告用的网址（URL）就是属于登记事项。

5. 电子公告调查

就电子公告而言，一般要采取使不特定多数人处在能接收公告信息内容状态的措施，但以何种方法采取该类措施是个问题。公告的内容或公告期间是否符合法律规定，若不采取方法对其进行检验，就会失去认可电子公告的意义。因此，2004 年日本商法修改在设立电子公告制度的同时，建立了电子公告调查机关制度，并规定了接受调查的义务。① 也就是说，法律规定拟以电子公告进行公告的公司，就其公告，在应进行电子公告期间，对其公告的信息内容是否处在使不特定多数人能接收提供的状态，须向根据法务省令的规定向法务大臣进行了注册的机构（“调查机构”）请求调查。比如，在股份合并、资本金额减少的情况下，作为登记申请的附件要求添附“已公告证明书”，若没有添附调查机关调查结果通知书，其登记申请不被受理。但是，未请求对电子公告进行调查的电子公告并不当然无效。另外，对于第四百四十条规定的决算公告并不要求接受调查。日本法还对调查机关的注册、欠格事由、注册标准、注册更新、调查及其调查结果的报告义务、不能进行调查的情况、监督规则以及调查记录簿的记载、保存、公示等作了规定。我国也可以借鉴日本的做法，对信息公告能产生法律效力的，应建立电子公告的调查制度。

（三）上市公司信息披露的全程电子化

原先上市公司的信息披露仍是以实物文件为主，大部分的投资者也是通过纸质报刊来获得市场信息。随着互联网的迅速发展，加上计算机、移动上网设备以及上网资费的下降，互联网已逐渐成为信息发布的主要途径，在信息的发布和市场透明度方面纷纷使用网络这种较具成本和效益优势的方式，很多成熟市场也随之逐渐取消纸质报刊的付费披

① ［日］前田庸著，王作全译：《公司法入门》（第十二版），北京大学出版社 2012 年版，第 37 页。

露，转而采取通过证券交易所的官方网站进行披露，以实现信息的即时披露。例如，香港交易所于2007年6月25日开始分阶段实施其“披露易”计划，即“公告登载无纸化，直通式网上讯息披露及取消刊发付费公告规定”。根据该计划，取消通过纸质报刊披露的强制性规定，并将香港交易所网站作为“公众人士浏览交易所发行人按《上市规则》所规定的责任而披露信息的中央渠道”，其主板上市公司只要在香港交易所网站及其自身网站披露公告，而是否在报章刊登公告则由上市公司自行选择。目前，在全球市场上，除香港市场外，美国市场也早已实施了电子化披露。

如前所述，目前我国的法定信息披露渠道是以四大证券报为主的纸质媒体，存在着一系列的弊端。因此，我们完全可以借鉴成熟市场的相关做法，完善法定信息披露渠道，实现信息披露的全程电子化（无纸化），进而实现信息的即时披露，提高信息披露的效率和及时性，适应信息披露事后监管模式的需要。[①] 其具体包括：

1. 取消付费纸质报刊披露的强制性规定

目前根据《信息披露办法》和沪深交易所的主板、中小板的《股票上市规则》的规定，上市公司只能选择在前述“七报一刊”作为法定披露渠道。深交所创业板的《股票上市规则》则已突破此项规定，根据该《股票上市规则》第2.13条规定，深交所创业板的上市公司除了定期报告摘要以外，其他的信息披露都只须在巨潮资讯网和公司网站上披露，无须在指定报刊披露。这是一个很好的进步，但是还不够彻底，因为定期报告摘要还必须通过指定报刊披露，而且对主板和中小板的上市公司还不适用。因此，建议中国证监会和沪深交易所取消上市公司必须通过纸质媒体进行信息披露的强制性规定，在明确取消的前提下，可以设定一定的过渡期，以让市场各方有接手和适应的过程。

2. 将交易所官方网站作为法定披露渠道

在取消纸质媒体披露的强制性规定的同时，应当指定相关网站作为法定信息披露渠道。借鉴香港市场的做法，可以将沪深交易所的官方网

① 王丽娜、吴建忠：《论证券交易所对上市公司信息披露的监管》，载顾功耘主编《公司法律评论》（2013年卷），上海人民出版社2013年版，第140页。

站（或指定网站）作为今后的法定信息披露渠道。因为交易所本身就是上市公司信息披露的监管机构，而且此前的公告都已要求通过交易所网站（或指定网站）披露，其可以向投资者提供完备的信息。同时，也要求上市公司要建立自己的公司网站，将公告也一并在公司网站上披露。当然，纸质媒体仍可作为披露载体供上市公司自愿选择。

3. 加强网络信息系统建设，保障披露安全

实行信息披露全程电子化后，将会带来纸质媒体披露所没有的电子安全问题，包括作为法定披露渠道的交易所官方网站（或指定网站）的安全、电子化信息披露平台的安全、上市公司电子化提交的安全等。一方面，其官方网站（或指定网站）要做到人性化，方便投资者、上市公司和社会公众等快速查阅使用，信息披露平台要方便上市公司信息披露人员操作使用；另一方面，要采取切实有效的安全防范措施和突发事件紧急处置方案，确保信息披露全程电子化的安全可靠。

第七章

变革的具体建构(三):股东权利行使的电子化

股东权利行使的电子化也就是股东的权利如表决权、质询权、提案权、查阅权等行使方式的电子化。除了质询权的开放性外，其他权利都具有直通式多元化的特点。公司法规定的股东权的行使，按传统方式是股东必须出席或委托代理人出席会议，在会场面对面进行质询、讨论，最后通过书面投票表决，通过股东会议决议事项。公司 IT 化实施后，这种传统方式可以完全由无空间的电子会场所取代。而在股东的所有权利中，表决权是最为关键性的权利，因此本章主要探讨股权表决权行使的电子化问题。

第一节　公司股东表决权行使电子化的实践形态

表决权的电子化是将以书面方式行使的表决权转化为以电子化方式行使，对不出席会议的股东，由公司提供法定书面格式传送给股东，股东直接将表决意见键入，传输到公司提供的执行主机系统，由公司主机自动集中、显示、撮合执行。实践中我国上市公司推行的电子化表决主要是网络投票方式，而对于非公众公司，网络投票方式显然过于复杂，也不经济，因此并无采用的必要。

一　股东网络投票

在我国，网络投票通过交易所交易系统和互联网系统两种方式。

(一) 通过证券交易系统投票

交易所系统投票，是指上市公司股东通过上海证券交易所或者深圳证券交易所交易系统行使表决权。

1. 操作步骤

使用交易系统投票比照买入股票方式，操作简便，在系统设计规划上借助于原证券商系统提供的交易渠道，操作步骤如下：

(1) 网络投票当日，证券交易所在交易系统挂牌一只投票证券。

(2) 投资者针对投票证券申报投票委托，一笔买入委托对一项议案进行投票，多个议案须多笔委托，交易系统投票的具体规定如下表。①

交易系统投票的具体规定

字段	含义	说明
证券代码	36+股票代码后4位	如“360333”（A、B股用同一个投票代码）
证券简称	××投票	如“测试投票”
昨日收盘价	股东大会议案总数	如“该次股东大会共有3项议案”
股东代码	股东代码号	注意：A股账号和B股账号应分别投票
买卖方向	买	对投票业务，营业部不冻结资金
买入价格	议案序号	1.00表示第1项议案，2.0表示第2项议案，依此类推，议案号请参见上市公司股东大会通知
买入股数	表决意见（或选举票数）	1-赞成、2-反对、3-弃权（需使用累积投票制表决的议案，在该项填写所投的选举票数）

2. 各类型议案投票的规定

针对普通议案、逐项表决、累积投票这三种类型的股东大会议案，交易系统采取了不同的处理方式，如表所示：②

① http://www.szse.cn/main/aboutus/xywjs/wltpxgwj/200505247261.shtml.

② 同上。

不同类型的议案交易系统投票的特别规定

议案号	议案内容	委托价格
议案一	股权分置改革实施方案	1.00
议案二（逐项表决）	增发新股	2.00（对议案2的全部子议案总表决）
子议案1	发行规模	2.01
子议案2	募集资金投向	2.02
议案三（累积投票）	三名董事候选人选二名	
第1位候选人	张三	3.01
第2位候选人	李四	3.02
第3位候选人	王五	3.03

（1）普通议案

假设对议案一（股权分置改革实施方案）投赞成票，投票委托如图所示：①

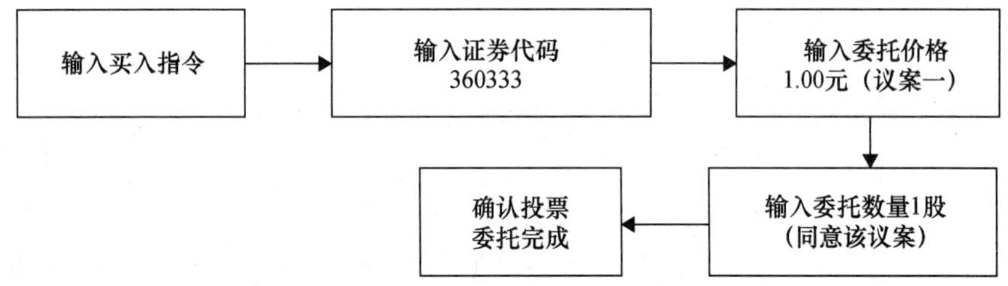

（2）逐项表决议案

逐项表决议案指某议案含有多个子议案，各子议案须逐项表决的情形，主要用于再融资等议案。如对该议案全部子议案投票意见相同，则可以一次性选择总的议案号（2.00元）及表决意见（1股），否则，须对该议案中的各项子议案逐项投票表决。

（3）累积投票议案

累积投票（Cumulative Voting）是与直接投票制（Straight Voting）相对的一种股东投票方式，依照采用累积投票方法的公司法规范，股东

① http：//www.szse.cn/main/aboutus/xywjs/wltpxgwj/200505247261.shtml.

大会在选任董事时可以投的总票数，等于他所持有的股份数乘以待选董事人数，股东可以将其总票数投给一人，也可以分配给数人，由所得选票多者当选为董事。

累积投票在我国也有一定的立法基础。在《公司法》诞生之前，我国即有一些地方性公司立法中确立了累积投票制，如 1992 年《广东省股份有限公司组织机构规则（试行）》之十三条，1992 年《海南经济特区股份有限公司条例》之九十九条，1993 年《深圳经济特区股份有限公司条例》之九十七条。笔者曾提出建立我国的累积投票制，并主张我国不应再走强制主义的老路，许可主义因其灵活性恰可避免强制主义的一些问题。[①]《中华人民共和国公司法》第一百零五条规定，股东大会选举董事、监事，可以依照公司章程的规定或者股东大会的决议，实行累积投票制。因此，如果公司章程的规定或者股东大会的决议规定了董事、监事实行累积投票制进行选举，则面临如何操作的问题。

如股东在股权登记日持有10000股 A 股，则其有20000（=10000股＊应选两名董事）张选举票数，该选举票数可任意组合投给不超过应选人数的候选人（累计投票不超过20000票，投票人数不超过 2 名），否则视为废票。

假定投给第 2 位候选人6000票，投票委托如下：[②]

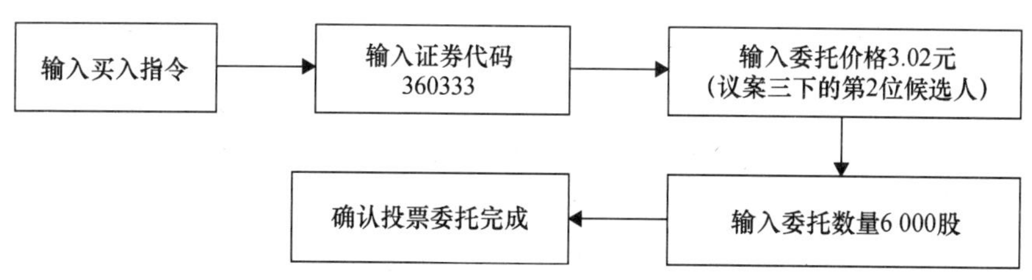

① 王宗正：《从强行性规范到任意性规范——关于累积投票的公司法规范》，《宁夏社会科学》2002 年第 2 期。

② http：//www. szse. cn/main/aboutus/xywjs/wltpxgwj/200505247261. shtml.

(4) 对“总议案”投票

股东大会有多项议案需表决时，为方便投资者使用交易系统投票，专门增加一个“总议案”，对应的议案号为100（申报价格为100.00元），对该议案进行投票，视为对除累积投票议案外的其他所有议案表达相同意见。

在股东出现重复投票时，以第一次有效投票为准。即股东先对相关分议案投票表决，再对总议案投票表决，则以已投票表决的相关分议案的表决意见为准，其他未表决的议案以总议案的表决意见为准；如果先对总议案投票表决，再对相关分议案投票表决，则以总议案的表决意见为准。

对于总议案的表决意见，在投票结果的统计、查询和回报的处理上，分拆为对各正常议案的投票，在查询投票结果回报时，显示为对各议案的表决结果。

3. 跨市场配售股份的网络投票

由于市值配售原因产生的，在沪市持有深市中小企业板股票的投资者（与此相同，上交所也有部分上市公司拥有因市值配售而在深市的股东），有以上情形的上市公司，其股票在深、沪两个交易所同时挂牌。对于在深交所上市的上市公司，在深交所挂牌的股票，股东可进行正常的买卖，在上交所挂牌的股票，股东只能卖出。

针对该类股东的投票，交易所在设计方案时进行了深入的研究，主要是两个观点：

(1) 此类股东因为只能卖出，经过多年的交易，目前存量股东已不多，因此交易系统投票可以不考虑这部分股东，该类股东如需投票可以用互联网渠道进行投票；

(2) 深、沪交易所就网络投票事宜进行合作，针对该类公司，在双边市场进行挂牌投票，一方将投票委托数据传送到该上市公司上市的交易所进行最终的统计。

为切实保护投资者权益，使每一个股东均能便捷的进行投票，另一方面，也由于上交所只有交易系统一个投票渠道，因此，沪、深证券交易所经过充分协商，决定采用方案2，双方签订了《沪、深证券交易所利用交易系统进行股东大会网络投票业务操作备忘录》，对业务规则、操作流程进行了充分的讨论及严密的安排。

具体业务方案为：对于深圳证券交易所中小企业板上市公司，在网络投票时，在深交所挂牌“63 + 股票代码后 4 位”的投票代码，在上交所挂牌证券代码为“789 + 股票代码后 3 位”的投票代码，投票简称相同，分别供两市的投资者进行投票，其他操作均相同，投票结束后，上交所将投票数据传给深交所进行统计。

（二）互联网系统投票方案①

1. 互联网投票系统的优点

登录深圳证券交易所互联网投票系统（http：//wltp. cninfo. com. cn)，通过身份认证后，就可进行网络投票。互联网投票系统的优点在于：

（1）可以查看详细的议案资料；

（2）可以查看公司背景资料；

（3）投票过程直观、操作简便，点点鼠标即可完成。

有条件的上市公司，还可以向股东提供与公司高管互动交流、观看现场股东大会图文播报的功能。

2. 办理身份认证手续

身份认证的目的是要在网络上确认投票人的身份，以保护投票人的利益。目前，深交所提供服务密码、数字证书两种身份认证方式供投资者选择，两种方式一经申领均可重复使用，长期有效。分别介绍如下：

（1）服务密码（免费申领）

服务密码通过“互联网申请，交易系统激活”的方式申领，其安全性不低于交易系统且不收取任何费用，申领步骤为：

第一步：登录互联网投票系统“密码服务”专区，点击“申请密码”。

第二步：录入姓名、证件号、证券账户号等信息并设定服务密码。如图：

① http：//www. szse. cn/main/aboutus/xywjs/wltpxgwj/200505247261. shtml.

第三步：检验通过后，系统提示密码设置成功并分配一个 4 位数字的激活校验号。

第四步：通过交易系统激活服务密码，如图：

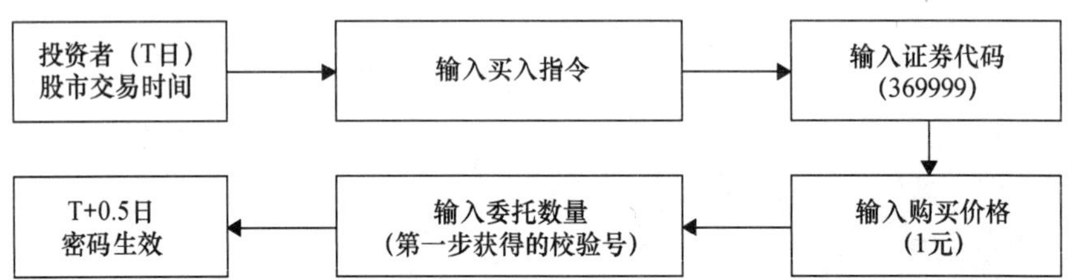

注意：交易系统长期挂牌“密码服务”证券（证券代码为 369999），供激活密码委托用；如服务密码激活指令上午 11：30 前发出后，当日下午 13：00 即可使用；如服务密码激活指令上午 11：30 后发出后，次日方可使用；如忘记服务密码或怀疑被盗，可挂失服务密码再重新申请。挂失步骤与第四步相同，只是买入价格变为 2 元，买入数量为大于 1 的整数。

（2）数字证书

“数字证书”是目前最安全的网上身份认证方式，数字证书存放于USB-KEY介质中，申领时需填写申请表、提交身份资料并支付证书介质费用（100—200元），每个数字证书可以储存多个账号，多个账号可同时投票。

3. 投票

第一步：登录深交所互联网投票系统（http://wltp.cninfo.com.cn），在会议列表栏目选择要参加的股东大会，如下图所示。

第二步：进入该股东大会后，点击“登录”栏目，选择身份认证方式（数字证书或服务密码）进行认证。

第三步：通过身份认证后，进入会议网页，点击“投票表决”栏目。

第四步：填写表决意见，对每一个议案，点击“同意”、“反对”或“弃权”，对累积投票议案填写选举票数，如下图所示。

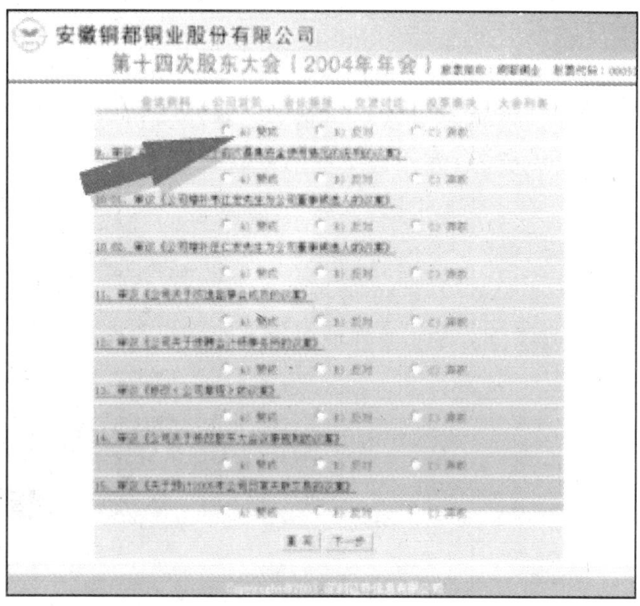

第五步：完成投票选择后，可预览投票结果（此时可修改），确认投票后点击“发送投票结果”按钮，完成网络投票。

（三）股东大会议案表决结果的统计

股东大会议案的最终表决结果采取“分别投票、合并统计”的原则。出席现场会议的股东根据现场股东大会的会议进程进行投票表决，参加网络通讯表决的股东在有效投票表决时间内自行投票，两者时间可以不一致；但在统计投票表决结果时，则应当根据现场投票和网络投票的结果，合并统计以确定议案的表决结果。为防止某些股东对议案表决结果的操纵，现行规则要求现场投票表决或网络通讯表决的结果不得早于合并统计结果前宣布。在正式公布表决结果前，上市公司及其主要股东、提供网络服务的运营商均对网络投票表决进展情况负有保密义务。

股东大会网络通讯表决有助于提高股东大会对重大事项决策的代表性、有效性。为保障社会公众股股东的合法权益，规则还要求股东大会议案按照有关规定需要同时征得出席股东大会的社会公众股股东所持表决权的半数以上通过的，应单独统计社会公众股股东的表决权总数和表决结果。

二　表决权委托代理书的电子化

表决权的代理，是指第三人为特定股东在股东大会上行使表决权，并将该行为视为股东的表决权行使的制度。①

自从股份有限公司股份日趋分散，不出席或不能出席股东大会的股东日益增多。在此情况下，为了保护股东大会决议能够获得法定多数通过，各国先后出现了表决权的代理行使，我国 1993 年制定的《公司法》第 108 条（现为第 106 条）也对此作出了规定："股东可以委托代理人出席股东大会，代理人应当向公司提交授权委托书，并在授权范围内行使表决权。"

表决权为什么可以代理？有学者认为，表决权与股东的身份不可分离，不能进行代理。其实，这是表决权的性质决定的。② 一般的有限公司与股份公司的股东表决权既不同于人合公司的社员权，股东表决权具有非个性的性质，又不同于董事的表决权行使，其并非业务执行行为。所以，没有理由要求股东必须亲自行使表决权。相反，表决权代理可以使股东更方便地参与公司管理。因此，许多国家明文规定允许表决权代理，并且规定不得以章程禁止表决权的代理行使。

表决权代理的基本功能在于保障股东权的行使，并且方便地行使，对于明文规定股东大会的召开需要达到一定"定足数"的国家，表决权代理还可最终保障公司股东大会的顺利运作。这种功能对于不想放弃对公司事务的话语权的股东具有非常重要的意义。它扩张了这些股东对公司事务的参与权，增强了对公司的控制力，使股东不必亲自出席也能达到参与公司并控制公司的目的。③

在信息化条件下，股东也可将委托代理权的证明文书用电子方式向公司提供。具体地说，例如，各国公司法规定召开股东大会和临时股东大会前，应将会议审议事项资料通知股东，股东不能参加时可以委托代

① 梁上上：《论股东表决权》，法律出版社 2005 年版，第 163 页。

② 同上书，第 164 页。

③ 同上书，第 167 页。

理人，由代理人提交授权委托书。在公司 IT 化情形下，这种传统的方式被转化为公司通过互联网 E-mail 方式或发送 CD-ROM 等方式向股东传送。股东可以用公司指定的电子发送方式在电子媒介上快速发出“Yes，No”甚至更复杂的意思表示。

第二节　股东网络投票的规范运作

任何一项单独的制度安排都不是存在于真空环境之中的，而是处于一定的制度结构中，即要受一个社会中其他正式和不正式的制度安排影响。一种制度安排是从一个可供挑选的制度安排集合中选出来的，其条件是从生产和交易费用两方面考虑，它比这个制度安排集合中的其他制度安排更有效。而特定制度安排的交易费用还取决于其他诸如法律、习惯、意识形态等制度安排；最有效的制度安排是一种函数，尤其是制度结构中其他制度安排的函数。[①] 网络投票制度在我国的出现打破了原有的制度均衡，但由此产生的新制度安排能否在改变既有制度结构的同时为这一结构所“容纳”，这是一个现实的问题。其体现为网络投票制度对于我国现行法律是否具有可适应性以及当现行法律对新制度的出现缺乏足够预期时，我们如何解决这个“制度空白”问题。

一　网络投票的适用范围

网络投票的适用范围严格地说应该包括适用的公司范围、适用的股东范围与适用的事项范围。[②] 对于什么样的公司可以适用网络投票，诚如前面所述，适合只能是公众公司，特别是上市公司，而对于其他公司，股东无适用网络投票的必要。值得探讨的是适用的股东范围与事项范围。

---

① Justin Lin Yifu, An Economic Theory of Institutional Change: Induced Change and Imposed Change, *Cato Journal* (*Spring*), 1990.

② 王宗正：《股东通讯行使表决权的范围》，《江汉论坛》2009 年第 1 期。

（一）适用的股东范围

有学者认为应该只适用于中小股东，对于公司大股东则应亲自出席股东大会进行现场投票。控股股东须尽一个“善良管理人”的义务，为公司谋求最大利益，其有义务积极参与公司各项活动，尤其是股东大会。从这个意义上考虑，有必要明确禁止大股东尤其是控股股东通过网络投票方式行使表决权。如果不限制网络投票表决方式的使用主体，甚至只通过网络投票表决方式而不召开股东大会进行公司决策，网络投票表决方式的负面效应甚至可能超过其所产生的正面作用。①

笔者以为，不应对适用网络投票的股东加以限制。

第一，网络投票既然是股东行使表决权的方式，从解释上说应当适用于所有的股东，即便是控股股东，由于其首先是公司的股东，同样有选择表决权行使方式的权利。

第二，虽然网络投票的推行有保护中小股东权益的动因，但是保护中小股东权益不是实行网络投票的唯一因素，特别是随着现代技术的发展，网络投票也给公司带来了无数的便利和经济效益，并且大股东也有可能无法出席股东大会的情况，特别是股份有限公司股权分布跨境的问题。因此，也应当允许大股东享受现代技术发展所带来的好处，虽然对大股东来说，通常会选择出席股东大会。

第三，不是因为采用了网络投票方式，就可能带来控股股东对资本多数决滥用的负面效应。或者说，资本多数决的滥用与股东大会通讯表决没有必然的联系，它源于公司的股权结构和立法规制的缺失。试问，我们在实行网络投票前，资本多数决的滥用难道不明显吗？相反，网络投票的实行，在一定程度上可以缓解资本多数决的滥用。②

（二）适用的事项范围

2004 年 12 月，证监会发布的《关于加强社会公众股股东权益保护的若干规定》、《关于上市公司股东大会网络投票工作指引（试行）》，

① 丁辰：《上市公司股东大会网络表决制度研究》，《商业时代》2007 年第 9 期。

② 王宗正：《股东通讯行使表决权的范围》，《江汉论坛》2009 年第 1 期。

首次明确规定我国上市公司可以采用网络投票表决方式。《上市公司股东大会网络投票工作指引（试行）》的出台主要是为了落实《关于加强社会公众股股东权益保护的若干规定》，《关于加强社会公众股股东权益保护的若干规定》提出：上市公司召开股东大会，除现场会议外，还应当向股东提供互联网形式的会议平台。其主要针对上市公司审议与流通股股东有关利益的事项：上市公司实施股权分置改革方案；增发新股、配股、发行可转债；重大资产重组；以股抵债；附属企业到境外上市；其他对社会公众股东利益有重大影响的事项。2006 年证监会发布的《上市公司股东大会规则》中力图赋予将网络投票以出席会议的方式待遇，《规则》第 20 条第二款规定，股东大会应当设置会场，以现场会议形式召开。上市公司可以采用安全、经济、便捷的网络或其他方式为股东参加股东大会提供便利。股东通过上述方式参加股东大会的，视为出席。

而对于网络投票，虽然证监会的有关规定没有对其加以适用上的限制，但是由于其只有在“股东大会议案要求同时征得社会公众股股东单独表决通过”情况下，才要求上市公司必须提供网络投票制度。《上市公司股东大会规则》第 12 条也规定：上市公司“可以”采用安全、经济、便捷的网络或者其他方式为股东参加股东大会提供便捷。非强制性的而由公司选择适用的模式体现了公司自治的理念。但是在实践中，由于我国并没有类似于别的国家的股东大会“定足数”的要求，并且股东大会网络投票需要上市公司承担费用，公司经营层完全没有选择网络投票的动因，这可能导致实践中网络投票适用的限制，因此有必要采取措施予以推行。值得一提的是《上海证券交易所上市公司股东大会网络投票实施细则》，其第三条规定，上市公司召开股东大会应当向股东提供网络投票方式的情形：（1）上市公司发行股票、可转换公司债券及中国证券监督管理委员会认可的其他证券品种；（2）上市公司重大资产重组；（3）上市公司以超过当次募集资金金额 10% 以上的闲置募集资金暂时用于补充流动资金；（4）上市公司单次或者 12 个月内累计使用超募资金的金额达到 1 亿元人民币或者占本次实际募集资金净额的比例达到 10% 以上的（含本数）；（5）上市公司拟购买关联人资产的价格超过账面值 100% 的重大关联交易；（6）上市公司股权激励计划;(7)股东以其持有的上市公司股权偿还其所欠该上市公司债务;(8)对上市公司和社会公众股股东利益有重大影响的相关事项;(9)上市公司章程规定需要提供网络投票方式的事项;(10)本所要求提供网络投票方式的事项。

二　股东“出席”的认定

按照各国的相关法律规定,参加网络投票的股东,应“视为”出席股东大会会议。即使按照我国《上市公司股东大会规则》第20条第2款的规定,“上市公司可以采用安全、经济、便捷的网络或其他方式为股东参加股东大会提供便利。股东通过上述方式参加股东大会的,视为出席。”因此,股东参与网络投票无疑应属于《公司法》中的“出席”。有疑问的是,当出现以下两种情形时就有可能产生争议。[①]

一种情况是股东登录了网络投票平台,但未做任何投票的举动,那么这个股东持有股票所代表的表决权是否应被认为是弃权而计入投票总数呢?如果纯粹现场表决,有股东出席股东大会但未参与表决,答案就应该是肯定的;但是考虑网络投票的情况,即股东是否登录了平台就算作“出席”呢,现行法律并没有给出答案。但是按照深圳证券交易所发布的《实施细则》的规定,股东未按照交易所规定进行投票申报的,视为未参与投票。[②] 据此可以理解为,股东即使登录了网络投票平台,但如果未做任何投票的举动,则不应算作“出席”会议。

另一种情况是当股东大会有多项待表决事项时,若有一股东通过网络投票系统只对其中一项或部分事项进行了“赞成”、“反对”或者“弃权”的意思表示,那么对于其未表态的事项,该股东是视为“出席”并推定为“弃权”还是认为其不构成“出席”,进而导致同一次股东大会的各表决事项拥有不同的“出席”股东数呢?由于《公司法》规定的缺位,这个问题目前只得到了交易所的技术性解决,沪深证券交易所发布的《实施细则》规定,股东仅对股东大会多项议案中某项或

---

① 黄韬:《股东网络投票:制度安排与现实效果》,《清华法学》2008年第6期。

② 《深圳证券交易所上市公司股东大会网络投票实施细则》第12条。

某几项议案进行网络投票的，视为出席股东大会，纳入出席股东大会的股东所持表决权数计算，对于该股东未表决的议案，按照弃权计算。

三 网络表决的行使期间

在确定网络表决权的行使期间时，我们首先应明确一个前提：网络表决只是股东行使表决权的方式之一，不像虚拟股东会议那样是作为股东会议的召开方式而存在，因此在对此期间进行界定时就不需要强调其与现场股东会议的同时性。总的来说，“法律始终是增进自由的一种重要力量，与此同时也是限制自由范围的一种重要工具”。[①] 因此，一方面，法律应当尽可能延长股东的网络表决期间，以防止部分股东由于对网络的接触不力、事务繁忙等失去充分行使表决权的机会。另一方面，不能过分延长此期间以至于影响股东会议决议的效率性。具体而言，该行使期间的确定应该考虑以下标准：有利于中小股东有效行使表决权、防止大股东对表决结果的操纵、方便于表决结果的统计。[②]

在网络表决权行使期间的确定上，我国与美国、日本等国具有很大的差异性。在我国具体实践中，《深圳证券交易所上市公司股东大会网络投票实施细则（2006）》规定利用该所交易系统进行网络表决的时间为股东大会召开日的该所交易时间；而利用互联网投票系统进行表决的时间为现场股东大会召开前一日下午3：00，结束时间为现场股东大会结束当日下午3：00。《上海证券交易所上市公司股东大会网络投票实施细则（2006）》也有类似规定：上市公司召开股东大会并为股东提供股东大会网络表决系统的，股东大会应在本所交易日内召开，网络表决在该交易日的交易时间内进行。而在美国和日本的实践中，网络表决权的行使期间分别截止于股东会议召开前一日晚上12时以及下午17时。[③]

① ［美］E. 博登海默著，邓正来译：《法理学：法律哲学与法律方法》，中国政法大学出版社2004年版，第307页。

② 杨富琛：《论我国股东表决权网络行使的法律机制》，硕士学位论文，中国政法大学，2007年，第33页。

③ 台湾证券集中保管股份有限公司研究报告：《股东会通讯行使决议权制度之研究》，第20、38页。

我国台湾地区“公司法”第177条之2规定，股东以书面或电子方式行使表决权者，其意思表示应于股东会开会五日前送达公司。之所以有如此规定，主要是因为网络表决权的行使须通过复杂的中介程序进行，以日本为例，公司网络表决程序的完成需要经过“发行公司—股务代理机构—名义股东—实质股东”几个环节，从通知的发出到表决结果的统计均需要经过较长的时间，因此现场股东会议召开之前需要留出一定的时间，以完成表决结果的统计及传送。学者冯震宇认为，这一规定，等于全盘否定了电子投票的功能与意涵。[①] 因为就美国股东会投票实务而言，采行电子投票最大的优点，就是配合股东会的讨论，并可迟延投票截止的时间，鼓励股东的参与。刘连煜也认为，此一规范方法略显保守，似无法在技术可配合之情形下，发挥即时表决之功能。盖要求开会五日前送达的规定，在今日电子科技一日千里之情形，相形逊色。并提出可以仿效外国实务，只要在股东会结束前之最后时刻（如结束前之一个小时），其意思表示以电子方式即时送达公司（或中介机构）即可。[②] 还有学者提出此期间为股东接获股东会通知书起至股东会前两营业日。[③]

由于我国目前实施上市公司网络通讯表决，除采用基于国际互联网开发的网络通讯表决平台外，还允许采用基于沪、深证券交易报单系统的网络通讯表决平台。综合上述考虑，并照顾到通过证券交易报单系统网络通讯表决的设计，根据证券交易所的规则，通过交易所系统进行投票的，股东大会应在交易日内展开，网络投票在该交易日的交易时间内进行；互联网投票系统开始投票的时间为股东大会召开前一日下午3：00，结束时间为现场股东大会结束当日下午3：00。

四　对临时动议或修正案的处理

由于进行网络投票的股东并不能事先知晓有修正案或临时动议的存

① 冯震宇：《公司证券重要争议问题研究》，元照出版公司2005年版，第49页。

② 刘连煜：《公司法制的新开展》，中国政法大学出版社2008年版，第107页。

③ 台湾证券集中保管股份有限公司研究报告：《股东会通讯行使决议权制度之研究》，第69页。

在，更不可能知道修正案或临时动议的内容，根据其所投表决票的记载，无法判断股东的意见，因此如何处理临时动议或原议案的修正案，成为网络投票面临的一大难题。

虽然在我国不存在这样的问题，因为无论是《上市公司股东大会规范意见》还是《上市公司股东大会规则》都明确规定，股东大会通知中未列明的提案，股东大会不得进行表决并作出决议；股东大会审议提案时，不得对提案进行修改，否则，有关变更应当被视为一个新的提案，不得在本次股东大会上进行表决。[①] 这一规定，有利于公司经营管理层操控会议保证会议的顺利进行，但是一概不允许对提案进行修改并进行表决也不符合效率原则，遇到一些不可抗力等特殊情形如果对程序予以临时动议也是符合实际需要。《上市公司股东大会规则》第42条规定，召集人应当保证股东大会连续举行，直至形成最终决议。因不可抗力等特殊原因导致股东大会中止或不能作出决议的，应采取必要措施尽快恢复召开股东大会或直接终止本次股东大会，并及时公告。这一规定将终止会议的动议的决定权归属于会议召集人（一般情况下就是公司的董事会）并不妥当，此决定权应该属于股东大会。因此，有必要对网络投票如何处理修正案或临时动议等问题予以规范。

对于修正案，理论上有三种态度，一是视为缺席，因为股东对于未记载于表决票上的修正案并无任何意思表示可言，因此应一律以缺席，即不出席处理；[②] 二是对原案表示赞成的为反对，反对原案的视为弃权；三是均视为弃权，因为依书面投票行使表决权之效力，仅及于表决票所记载之议案，而不及于修正案，因此应按弃权处理。[③] 日本学者末永敏和认为应视为弃权，[④] 我国学者王保树认为，不能笼统地推定以通讯形式进行表决的股东的意思，只能依具体议案具体分析。[⑤] 笔者同意

① 《上市公司股东大会规则》第14条第3款、第34条。

② ［日］宫谷隆：《注册会社法》（六），有斐阁1987年版，第641页。

③ 同上。

④ ［日］末永敏和著，金洪玉译：《现代日本公司法》，人民法院出版社2000版，第119页。

⑤ 王保树：《股份公司组织机构的法的实态考察与立法课题》，《法学研究》1998年第2期。

后一观点。公司收到表决票，就意味着持有表决票的人参加了会议，已经成了股东大会定足数的构成部分。根据各国的规定，股东大会定足数一旦形成，对整个会议过程都是有效的。而且，从股东的意思表示的情形看，网络投票的股东对其修正动议如果认为缺席，与股东试图参与股东大会的意思相违背。[①] 如果临时会议是对原议案内容的修正，则至少表明在这一问题上网络表决股东的立场，不能一概地认定为弃权，因此，应结合临时会议对议案的修正情况，客观地判断网络投票者的真实意思，具体进行处理。日本通说采“股东意思拟制说”，亦即股东在表决权行使书面上明示其赞成原案的意思者，应可拟制其意思为反对修正案。相反地，股东在表决权行使书面上明示其反对原案或弃权的意思者，因无从由此推论该股东对修正案的赞否态度，应以弃权处理。[②]

另外，股东也可能就股东大会延期、续行等有关议事进行之所谓程序动议。对于程序动议，日本通说认为并非书面投票效力所及，换言之，对于程序动议，并无法以书面投票方式为表决权之行使。[③] 由于程序动议是关于股东会会议进行之事项，应该仅由现实出席股东会会议之股东表决决定，因此就程序动议，通常而言，不算入出席会议表决权数。

五　对多重投票的处理

引入通讯表决后，股东行使表决权的方式有如下几种：一是出席会议行使表决权，二是通过代理人进行投票，三是书面投票，四是电子投票。如果股东同时使用几种方式行使表决权，这就发生如何处理的问题。

我国在实践对多重投票的处理有一个变化的过程，如上海证券交易所2004年发布的《上市公司股东大会网络投票实施细则》第四条规

---

① 梁上上：《论股东表决权——以公司控制权争夺为中心展开》，法律出版社2005年版，第74页。

② ［日］宫谷隆：《注册会社法》（五），有斐阁1986年版，第445页。

③ 林国全、刘连煜：《股东会书面投票制度与证券集中保管》，元照出版公司1999年版，第64页。

定，股东大会股权登记日登记在册的所有股东，均有权通过股东大会网络投票系统行使表决权，但同一股份只能选择一种表决方式。如果同一股份通过现场和网络重复进行表决，以现场表决为准。这说明《实施细则》采用现场表决优先的规则，但是，2006年修正的《实施细则》第四条则规定，同一股份通过现场、网络或其他方式重复进行表决的，以第一次投票结果为准。这一修改是针对以往股改表决中所出现的种种“投票门”事件而来的，被认为这一修改有利于防止网络投票中各种“改票事件”的发生。①

对此，日本商法并未明订书面投票与电子投票优先采决顺序之处理规范，那么是否允许公司做事先的规定，以实行电子方式行使股东会议决权制度之发行公司为例，该公司于开会通知书上明载，若同时以书面或电子方式行使议决权者，不论其送达日先后一律以电子方式行使议决权之内容为准；采电子方式行使议决权者，则以最后行使日之内容为准。② 但是有观点认为，先进行的投票与后进行的投票内容不同的，可以认为股东已经撤回先前的投票，后面进行的投票作为有效行使表决权，不允许公司事先规定处理标准。③

但是，重复进行书面投票和电子投票的时候，很难判断哪个投票在先。比如，先进行书面投票，后以撤回书面投票的意思进行电子投票，而电子投票先于书面投票到达公司的情况如何处理呢？因此在实务中，有些公司制定一定的标准，比如，规定“电子投票与书面投票重复进行的，以电子投票为准”之类的标准，并记载于表决权行使表格通知各个股东。像这样事先向每个股东明确说明采取一定的标准加以处理的，只要这些标准不是过度限制股东的表决权，应该没有什么妨碍。④

虽然判断哪个投票在先哪个在后存在一个问题，但是送达到公司的先后顺序总是可以确定的。当然法律如果有一个统一的规则，可以避免实践中发生争议。我国台湾地区公司法即对此有明定，其177—2条规

---

① 皮海洲：《网络投票　再说爱你不容易》，http：//www.163.com，2006年9月14日。

② 台湾证券集中保管股份有限公司：《股东会通讯行使决议权制度之研究》，2002年。

③ 田泽元章：《IT化进程中的日本股份公司法修改》，《中日民商法研究》（第三卷），法律出版社2005年版，第298页。

④ 同上。

定，股东以书面或电子方式行使表决权者，其意思表示应于股东会开会五日前送达公司，意思表示有重复时，以最先送达者为准。但声明撤销前意思表示者，不在此限。

但是，已依通讯方式行使表决权的股东，欲撤回或修正其表决权之现实，最基本的方式是即时出席股东会。因为通讯表决的目的，在于使不出席股东大会的股东，也可以通过通讯方式行使表决权。但是通讯表决毕竟不是股东行使表决权的理想方式，其与亲自出席股东大会会议相比，存在有许多的缺陷。如果股东出席股东大会，则其通讯表决权的行使，则无继续存在的意义。因此应该认定亲自出席会议有撤回通讯行使表决权的效果。上海证券交易所 2006 年《上市公司网络投票实施细则》第四条的修改并不妥当，其只强调公司管理的需要，而忽视了股东的真正意思，即使该意思与原来表达不一致，也允许股东修正自己意思的自由，将股东改变自己的决定作为“投票门”事件对待实际上是将管理与监管的问题推到股东身上。如果修改《细则》是以牺牲股东的权利为代价的，那么这种修改就不算是正确的。当然，并不是说对于投票方式的改变不能设置规则，考虑到通讯投票结果到达公司后股东再选择以出席会议行使表决权确实给公司带来一定的麻烦，公司法可以给予一定的限制，我国台湾公司法即有此类规定，177—2 条第二款规定，股东以书面或电子方式行使表决权后，欲亲自出席股东会者，至迟应于股东会开会前一日，以与行使表决权相同之方式撤销前项行使表决权之意思表示；逾期撤销者，以书面或电子方式行使之表决权为准。这值得我们学习与借鉴。

当然，以出席股东会之方法撤回通讯方式行使表决权，不以亲自出席为限，于股东出具委托书由代理人出席时，亦同。① 与通讯行使表决权相比，委托代理人出席会议进行表决，可以就股东大会对修正案和临时动议进行处理，因此应该认定以委托书委托代理人出席股东大会有撤回通讯表决的效力。

---

① ［日］宫谷隆:《注册会社法》（六），有斐阁 1987 年版，第 642 页。

六　网络投票之外的电子化表决方式

除了网络投票这一主要方式，笔者以为还应该允许股东以发送电子邮件的方式行使表决权。第一，电子邮件在日常联络中被广泛利用，电子邮件作为公司发送信息、股东接受信息的工具在各国公司中大量的存在，这使得发送电子邮件成为股东行使表决权的方式成为可能。第二，电子邮件的发送可以是全天候的，这有利于克服网络投票，特别是通过交易所系统进行网络投票所受的时间限制。由于发送电子邮件的方式类似于书面投票，股东将电子邮件在规定时间发送到公司制定之电子邮箱即可。第三，发送电子邮件的方式可以适合不同公司的需要。如前述，网络投票并不适合于非公众公司，特别是有限责任公司，但是这些公司也存在着股东相距甚远的可能，也有着电子化表决的客观需要，而电子邮件等方式恰恰能够满足此类公司股东表决权电子化的需要。

第三节　股东其他权利行使的电子化

一　适合电子化方式行使的股东权利

公司法规定了股东的诸多权利，股东的权利因公司的种类及股权的性质不同而不尽一致，但就各国公司法共同确认的股东一般权利而言，股东主要有以下权利：（1）出席或委托代理人出席股东会并行使表决权，但无表决权股除外；（2）按照公司法及公司章程的规定转让出资或股份；（3）查阅公司章程、股东会会议纪要、会议记录和会计报告，监督公司的经营，提出建议或质询；（4）按其出资或所持股份取得股利，即公司盈余分配权；（5）公司终止后依法取得公司的剩余财产，即剩余财产的分配权；（6）公司章程规定的其他权利。

但是在股东的这些权利中，并不是所有的股东权利都需要或者适合电子化的方式行使，如转让出资的权利，接受盈余分配、剩余财产分配的权利（当然股东对盈余、剩余财产提出分配请求则另当别论）。真正对电子化有需求的主要是质询权、提案权、查阅权与各种请求权（如请求分配公司盈余）。

（一）质询权

股东质询权，也称股东提问权，是指在公司股东大会进行过程中，股东有权就有关会议议题的事项向董事（会）或监察人提出询问，董事（会）或监察人对股东的质询负有说明的义务。[①] 股东质询权就是股东在参与股东大会时的程序性保障，主要解决的是股东参与股东大会获取信息的问题，是为了避免股东与公司管理人员之间的信息不对称而专门设置的。[②] 质询权可以为参加股东大会的中小股东获取更多的资讯，而且获取的资讯更加具有直接性，更加容易理解，因此，确立股东质询权有利于激活股东大会，能够实实在在地弘扬股权文化。

我国在 1993 年《公司法》第 110 条规定，股份有限公司股东有权查阅公司章程、股东大会会议记录和财务会计报告，对公司经营提出建议或者质询。这里虽然规定了股东的质询权，但是它仅仅限于股份有限公司的股东。在我国 2005 年修改后的公司法第 98 条（现行公司法为第 97 条）规定，股东有权对公司的经营提出建议或者质询，第 151 条（现行公司法为第 150 条）第 1 款规定："股东会或者股东大会要求董事、监事、高级管理人员列席会议的，董事、监事、高级管理人员应当列席并接受股东的质询。"需要指出的是，前一条文是针对股份有限公司做出的，而后一条文是针对所有公司股东作出的规定。针对上市公司，中国证券监督管理委员会于 2006 年颁布了《上公司章程指引（2006 年修订）》第 70 条规定，董事、监事、高级管理人员在股东大会上就股东的质询和建议作出解释和说明。同时，在其颁布的《上市公司股东大会规则》第 29 条也规定，董事、监事、高级管理人员在股东大会上应就股东的质询作出解释和说明。可以看出虽然质询权对于上市公司股东而言更为重要，但是中国证监会的这些规范性文件并没有给出比《公司法》更为详细性的规定，而基本上是复制了《公司法》规定。当

---

① 伍坚：《论股东的质询权》，《证券市场导报》2002 年第 1 期。

② 蒋学跃：《股东质询权刍议》，《河北法学》2009 年第 2 期。

然股东质询权在我国公司法上规定过于简单，没有对股东质询权行使的方式、程序等操作性问题作出规定，需要进一步完善。

（二）提案权

股东提案权是指符合一定资格的股东，有权提出符合形式要件的提案，刊载于公司寄交给各股东的委托书征求资料之中，作为各股东行使投票权时的参考以平衡经营者与股东之间落实企业民主之精神，维护投票权的公平行使。①

在现代股份有限公司中，随着所有权和控制权的日益分离，董事会掌握了公司的经营大权。股东大会虽然在理论上仍是公司最高权力机关，有权决定公司经营管理中的重大事项，但在实际上，在股东大会上表决的议案基本上是由董事会提交，这些议案也因此常常反映董事而非股东的意志和利益，股东大会的表决由此沦为“橡皮图章”。为减少因董事会垄断提案权所可能产生的弊端，最近几十年来，一些国家的公司法逐渐赋予股东以提案权。顺应这一立法趋势，我国《公司法》也对股东提案权制度作了规定，“单独或者合计持有公司3%以上股份的股东，可以在股东大会召开10日前提出临时提案并书面提交董事会；董事会应当在收到提案后2日内通知其他股东，并将该临时提案提交股东大会审议。临时提案的内容应当属于股东大会职权范围，并有明确议题和具体决议事项。”②

股东提案权的行使能保护少数股东和公司利益之间的平衡，而股东提案权条件的规定，也能有效地防止少数股东凭该权利干扰公司的管理。并且从公司制度发展看，限定股东会决议事项的范围及赋予董事会经营权，似为立法之趋势及适应大型公司股权分散、股东人数众多不得不然的结果。

（三）查阅权

股东查阅权，是指法律赋予股东在一定条件下，对公司的财务会计

① 赵德枢：《美国证券交易法中股东权制度之研究》，《政大法学评论》1990年第42期，第223—224页。

② 《中华人民共和国公司法》第102条第2款。

报告、会计账簿等有关公司经营、决策、管理的相关资料进行查阅和询问的权利。[①]

股东查阅权是股东知情权的一项重要内容，派生于股东权。作为一种起点意义上的权利，股东查阅权是股东分享和利用公司信息资源的基础，更是实现科学决策、监督管理层等其他权利的前提和基础。同时，它又是一种固有权，未经权利人同意，公司章程或股东大会决议都不能将其剥夺。股东查阅权对股东权益的自我保障与公司治理结构的良性运行具有关键作用。因此，对股东查阅权进行保障是毋庸置疑的。根据我国公司法第 33 条规定，有限责任公司的股东有权查阅、复制公司章程、股东会会议记录、董事会会议决议、监事会会议决议和财务会计报告，股东也可以要求查阅公司会计账簿。第 97 条规定，股份有限公司的股东有权查阅公司章程、股东名册、公司债券存根、股东大会会议记录、董事会会议决议、监事会会议决议、财务会计报告。

（四）各种请求权

公司法还规定了股东可以向公司或者董事会（董事）、监事会（监事）提出请求的权利。如《公司法》第 74 条规定的异议股东股份购买请求权、第 100 条规定的少数股东股东会议召集请求权、第 151 条规定的作为股东代表诉讼前置程序的对董事或监事提起诉讼的请求权。

二　其他股东权行使的电子化方式

股东查阅公司章程、股东大会记录和财务报告以及对公司经营提出的建议和质询等，都可以通过电子方式进行，或者在一定时间内通过电子方式与经营者直接交流质询。甚至于股东可以通过各公司建立的信息平台获取公司的最新动态，并且可以就公司最新的发展状况通过网络互动交流，对公司章程、财务报告、账簿及大会记录等提出建议和质询，保障自己权利的实现。这样，通过网络或交易系统，公司和公司股东之间即建立起一座低成本、高效率、相对民主的桥梁。从法理的角度讲，

---

① 于莹：《股东查阅权法律问题研究》，《吉林大学社会科学学报》2008 年第 2 期。

法律固然有其稳定性，但在无法满足权利需要时就不应固守以前权利的行使形式，而应积极寻求新的权利保障的最佳方式，随着现代通信方式的发展，从更好地维护和实现权利人的角度出发，我们不应拒绝股东权利行使电子化这种权利实现的更好方式。①

股东其他权利的电子化行使一个关键是相关文件传送电子化问题，因此可以参照本书第六章中相关内容。值得一提的是，2011 年 11 月 12 日，深圳证券交易所推出基于 Web2.0 平台（类微博模式）的升级版，并取名为“互动易”，其主网站的地址为：http：//irm. cninfo. com. cn。“互动易”为利用互联网技术给投资者与上市公司之间的沟通提供更为直接、快捷的渠道，帮助投资者将纷繁的市场信息化繁为简，使投资者与上市公司之间的互动交流、信息获取、信息鉴别更加容易。“互动易”功能包括投资者提问与回复、信息服务两大类。投资者可通过该平台直接向上市公司提问，上市公司在“互动易”平台上答复；“互动易”还可将投资者与上市公司之间的提问及回复向投资者进行快速推送和分类整理，为投资者提供完善的信息服务。“互动易”的出现是股东质询权、查阅权等权利行使电子化的重要体现。

有人认为，股东权利的电子化行使将会成为管理层和股东之间的一种隔离机制。他们担心这种方式将会导致多种形式的管理权滥用。第一，这种方式可能使得管理层很容易忽略股东提出的困难问题，因为管理层很容易忘记回复邮件。第二，即使管理层对某些邮件问题进行回复，值得担忧的是管理层只对那些对自己有帮助的问题做出回应。第三，因为他们是在会议之前收到的问题，管理层提供一些照本宣科的答复也是有可能的。公司只允许股东向董事会提问，从而错过了改善股东之间的沟通和信息分配的机会。此外，他们并没给股东保证股东所提的问题将不会被删除并且得到回答。因为只有董事会来决定切换到一个虚拟的会议，股东的权益得不到保障，股东对网上会议持怀疑态度是可以理解的。② 公司官员“不顾电子邮件或即时消息比他们避免回答亲自与

---

① 郭明瑞：《21 世纪民商法发展趋势研究》，科学出版社 2009 年版，第 97—98 页。

② Anatoli van der Krans, The Virtual Shareholders Meeting: How to make it work? *Journal of International Commercial Law and Technology* Vol. 2, Issue 1 (2007).

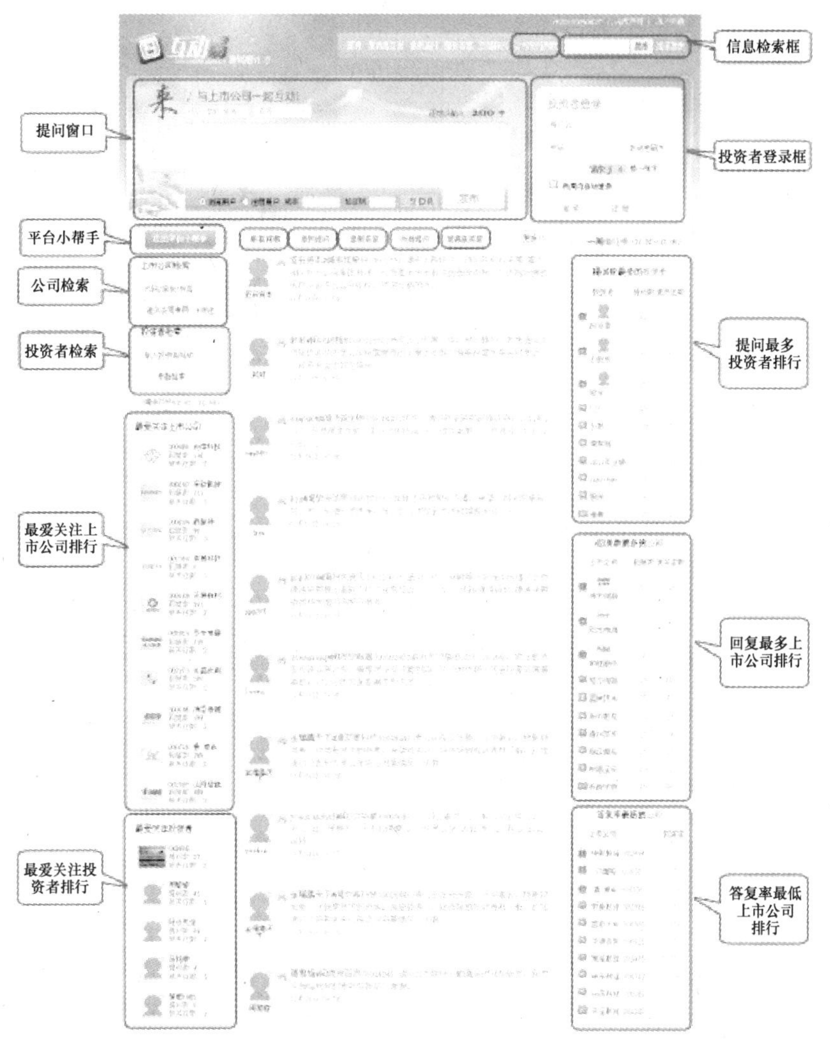

会者的问题更为容易”,[①] 甚至于发生“富有挑战性的发问来稿可以无声被取消,没有其他股东将可以看到具体的来稿”的情形。[②] 因此,应该加强对公司的监督,使其运行不致于损害股东合法权利。

① Daniel Adam Birnhak, “Online Shareholder Meetings: Corporate Law Anomalies or the Future of Governance?” 29 Rutgers Computer&Tech. L. J. 423, 445. (2003).

② Anatoli van der Krans, The Virtual Shareholders Meeting: How to make it work? *Journal of International Commercial Law and Technology* Vol. 2, Issue 1 (2007).

第八章

变革的具体建构(四):公司机关运营的电子化

第一节　股东会议通知的电子化

一　股东会议的通知

(一) 各国股东会议的通知

1. 美国

一般美国各州之公司法均规定，发行公司于股东会召开前应寄发予股东开会通知书、委托书，开会通知书载明当次股东会应议决及选举之事项。

股东会通知必须注明股东会日期、时间及地点，由股务代理或中介机构依照股东名册通知所有股东。

股东会通知书可在股东会召开前60天开始寄发，至迟在股东会召开前10天必须送出。但是如果股东会议案涉及购并等议题，发行公司必须于20天前寄出开会通知。[①]

2. 英国

根据英国CRESTCo结算公司提供通讯行使议决权的作业平台，针对提供股东以电子方式行使议决权之服务，CRESTCo将开发新的讯息规格，以利发行公司或其股务代理（须为CREST之会员）透过与

---

① 台湾证券集中保管股份有限公司研究报告：《股东会通讯行使决议权制度之研究》，第13页。

CREST 系统的联机，直接输入股东会开会通知，于 CREST 网页上发布。所有 CREST 的会员，不论是否为此发行公司之股东，都可得知此发行公司召开股东会的讯息。①

3. 日本

日本股东会议开会通知的发放程序包括:②

(1) 征求股东之同意

依日本规定，欲以电子通讯方式发送股东会开会通知书之发行公司，须事先征求股东同意；至于股东方面，则得以书面或电子方式表达是否愿意以电子方式接收开会通知书。

(2) 开会通知书之寄发方式

欲以电子通讯方式发送股东会开会通知书之发行公司可于其网络网页（Home page）或以电子邮件揭示其开会通知书及相关参考资料，亦得以交付记录有开会通知书及相关参考数据之磁盘或光盘予股东。

(3) 开会通知书之寄发流程

依 1964 年证券交易所上市规则所定，申请上市之发行公司之股务事务须委由股务代理公司办理。故目前欲实行以电子方式寄发股东会开会通知书之发行公司，多由其股务代理机构利用各自的系统办理。

（二）会议通知的电子化

根据《中华人民共和国公司法》的规定，召开股东会议，应当将会议召开的时间、地点和审议的事项通知各股东，发行无记名股票的，应当公告会议召开的时间、地点和审议事项。

关于股东大会通知的电子方式传送，关键问题就是如何使该电子方式的通知能完整复制原件并在效力上等同于传统的书面通知。③ 对股东而言，由于作为电子化方式的网络、电子邮件与传统的书面形式相比是

---

① 台湾证券集中保管股份有限公司研究报告:《股东会通讯行使决议权制度之研究》, 第 24—25 页。

② 同上书, 第 34—35 页。

③ Delaware Code Annotated /Title8. Corporations/Chapter 1. General Corporation Law/Subchapter VII. Meetings, Elections, Voting and Notice, 228 (d) (2), from https: //www. lexisnexis. com/ap/auth.

一种较为被动的交付系统（需要股东的主动行为予以配合才能完成通知的交付），因此公司除了在网站上公告会议通知或发送电子邮件之外，还须满足一定的附加条件，以应该确保股东接收到此通知。美国证管会（SEC）解释令规定的条件为“完成该交付的通知、股东对该信息的接触、显示已完成该交付的证据”，[①]《特拉华州普通公司法》和《日本公司法》则将此条件描述为“得到股东的许可”。[②] 基于网络和电子邮件方式的差异性（网络系统中，股东的被动性更强），应对二者的附加条件予以区别对待。[③]

首先，对于电子邮件方式而言，应满足的条件是股东的事先同意，这是因为网络的普及化虽然已经成为趋势，但仍可能有股东不适应电子通知方式，而法律则要充分考虑对接收信息一方的保护。因此，公司拟采用电子方式发送股东会议通知时，应事先向股东说明该电子方式的种类和内容，待股东充分了解该内容之后以书面或者电子的方式做出回应；而公司向股东争取同意的请求应以书面方式做出，这同样是基于网络对部分股东而言的非普遍性。需要注意的是，对于股东事先没有做出同意而事后予以追认或公司有确切证据能证明股东确实已经接收到该通知的，应视为与事先同意有相同的效果；而股东事先做出同意的情况下，只要通知尚未到达，股东应该随时可以明示方式撤销该同意，以充分实现股东的意思自治。同时我们可以借鉴《日本公司法》的规定，对于未做事先同意的股东，可在股东大会召开之前的一定时间内请求以电子方式提供应记载于行使表决权的书面载体上的内容，董事应立即向股东以电子方式进行交付。[④]

其次，对于网络方式而言，除应取得股东的事先同意之外，仍须将

---

① 转引自冯震宇：《公司证券重要争议问题研究》，元照出版公司 2005 年版，第 75—76 页。

② Delaware Code Annotated /Title8. Corporations/Chapter 1. General Corporation Law/Subchapter VII. Meetings, Elections, Voting and Notice, 232 (a), from https: //www. lexisnexis. com/ap/auth. 《日本公司法典》第 299 条之 3，崔延花译，中国政法大学出版社 2006 年版，第 152 页。

③ 杨富琛：《论我国股东表决权网络行使的法律机制》，中国政法大学硕士学位论文，28 页以下。

④ 《日本公司法》第 302 条之 4 对此时间的规定为 1 周，参见《日本公司法典》，崔延花译，中国政法大学出版社 2006 年版，第 143 页。

做出该网络通知的事实以电子方式通知股东。这主要是考虑到网络方式对股东而言更具被动性，而且股东在事先不知道将有股东会议召开的情况下可能不会随时关注公司在相关网络上的信息发布，即“如果仅仅是在网页上公布，不能保证每个人都能收到通知”,[①] 因此需要公司以电子邮件的方式予以特别通知。

需要注意的是，对于无记名股票的持有股东而言，由于公司无法知悉该类股东的身份，因此公司不可能逐一寻找并通知股东，其只需要在特定刊物上刊登会议公告即可；在网络表决机制下，公司要做的则是将该会议公告登载于特定网站。

二　与议案内容有关信息的充分披露

（一）与议案内容有关信息充分披露的意义

有关审议事项的充分披露是股东切实履行投票权的前提，因此公司应于股东大会召开前，在召集通知中详细列明拟审议事项的具体内容，并附上相关参考文件，以使股东于投票之前能充分掌握必要信息。

与议案内容有关信息的充分披露是各立法例的普遍要求。日本公司法 301 条即规定，董事在规定第 298 条第 1 款第 3 项所列事项时，在进行第 299 条第 1 款的通知之际，必须依法务省令的规定，向股东交付记载有关应作为表决权行使的参考事项的文件。其方式为委由法务省令来确定，目的在于，一为防止法律条文内容过于复杂，另一方面，以行政命令位阶之法务省令规范实施细目，其增修程序较法律修正便捷，较能迅速、确切因应经济实态之变化。[②] 我国台湾地区也是由“行政院金融监督管理委员会”来规定与议案内容有关信息的披露，集中体现在《公开发行公司股东会议事手册应行记载及遵行事项办法》第 4 条。而事实上，我国对与议案内容有关信息的披露也是由中国证监会规定的，《上市公司股东大会规范意见》、《上市公司股东大会规则》等文件都对

① 转引自刘小勇：《日本公司法制的 IT 化改革及对我国的启示》，《法学》2005 年第 1 期。

② ［日］宫谷隆：《注册会社法（五）》，有斐阁 1986 年版，第 407、408 页。

有关信息的披露提出要求。

根据我国《上市公司股东大会规则》第 16 条规定："股东大会通知和补充通知中应当充分、完整披露所有提案的具体内容，以及为使股东对拟讨论的事项作出合理判断所需的全部资料或解释。"但是，这些"资料或解释"应该具体包括什么内容？第 17 条规定："股东大会拟讨论董事、监事选举事项的，股东大会通知中应当披露董事、监事候选人的资料内容。"对于其他事项应该披露的，《上市公司股东大会规则》并没有具体说明。值得注意的是，2000 年发布的《上市公司股东大会规范意见》涉及对有关议案资料的披露问题。其主要包括：（1）《上市公司股东大会规范意见》第 14 条规定："涉及投资、财产处置和收购兼并等提案的，应当充分说明该事项的详情，包括：涉及金额、价格（或计价方法）、资产的账面值、对公司的影响、审批情况等。如果按照有关规定需进行资产评估、审计或出具独立财务顾问报告的，董事会应当在股东大会召开前至少五个工作日公布资产评估情况，审计结果或独立财务顾问报告"；（2）第 15 条规定："董事会提出改变募股资金用途提案的，应在召开股东大会的通知中说明改变募股资金用途的原因、新项目的概况及对公司未来的影响"；（3）第 17 条规定："董事会在提出资本公积转增股本方案时，须详细说明转增原因，并在公告中披露。董事会在公告股份派送或资本公积转增方案时，应披露送转前后对比的每股收益和每股净资产，以及对公司今后发展的影响"；（4）第 18 条规定："董事会提出解聘或不再续聘会计师事务所的提案时，应事先通知该会计师事务所，并向股东大会说明原因。"遗憾的是，取代了《上市公司股东大会规范意见》的《上市公司股东大会规则》并没有延续《规范意见》的做法，要求在股东大会上披露与此相关的信息。虽然 2005 年修改后的《公司法》对一些事项允许公司章程在股东大会与董事会之间进行选择，但是对于其中许多依然属于股东大会职权的事项，《上市公司股东大会规则》应该予以沿用，针对议案审议事项规定披露的信息。

（二）应该披露的主要信息

对于议案应披露的信息，应根据各议案的不同情况而有所不同。根据我国《公司法》、《证券法》、《上市公司章程指引》的规定和上市公司的实际情形，主要应该包括如下事项。

1. 选任董监事的议案应披露的信息

根据我国《上市公司股东大会规则》第17条和《上市公司章程指引》第56条规定，至少包括以下内容：(1) 教育背景、工作经历、兼职等个人情况；(2) 与上市公司或其控股股东及实际控制人是否存在关联关系；(3) 披露持有上市公司股份数量；(4) 是否受过中国证监会及其他有关部门的处罚和证券交易所惩戒。这与日本、我国台湾地区的规定相比，应披露信息是较为充分的，也是值得肯定的。但是第17条并没有涉及董监事的解任议案应披露的信息，一般而言，应该载明欲解任的董监事的持股数与被解任事由。①

2. 盈余分配或亏损弥补的议案、年度预决算的议案应披露的信息

对于盈余分配或亏损弥补的议案应披露的信息，从我国实践看，一般包括营业报告、资产负债表、损益表，以及盈余分配与亏损弥补的具体情形，这与国际做法大致相同。《上市公司股东大会规范意见》第17条还对股份派送或资本公积转增作为盈余分配时披露的信息作出规定："提出资本公积转增股本方案时，须详细说明转增原因，在公告股份派送或资本公积转增方案时，应披露送转前后对比的每股收益和每股净资产，以及对公司今后发展的影响。"而年度预决算的议案主要应记载各有关表册。

3. 增加或者减少注册资本的议案应披露的信息

增加注册资本的议案，应该记载的信息包括：增加之数额、认股率或配股率、发行或私募价格订定之依据及合理性、资金运用计划项目、资金运用进度及预计可能产生效益。② 对于减少注册资本的议案，应记载减少的原因、数额及换股比例。而按照《公司法》第178条规定，公司需要减少注册资本时，必须编制资产负债表和财产清单，有疑问的

① 参见我国台湾地区"公开发行公司股东会议事手册应行记载及遵行事项办法"第4条第2项。

② 参见我国台湾地区"公开发行公司股东会议事手册应行记载及遵行事项办法"第4条第8项。

是，编制的资产负债表和财产清单是否需要披露？笔者以为，资产负债表作为减少注册资本的一个主要依据应该予以披露，而财产清单可以不予披露。

4. 发行公司债券和改变募股资金用途的议案应披露的信息

对于发行公司债券，应说明发行公司债的原因、数额及有关事项。至于改变募股资金用途的议案，可以按照前述《上市公司股东大会规范意见》第15条规定，说明改变募股资金用途的原因、新项目的概况及对公司未来的影响。

5. 公司合并、分立、解散、清算和变更公司形式的议案应披露的信息

对于公司合并、分立，《公司法》第174条规定："公司合并，应当由合并各方签订合并协议，并编制资产负债表及财产清单。"第176条规定："公司分立，应当编制资产负债表及财产清单。"除协议、资产负债表与财产清单外，还应该说明其理由，而对于分立，还应该披露其方案。至于解散、清算，除了说明其理由，对于解散公司，应该包括损益表，进行清算，应该说明清算的原因、清算组的组成等内容。而变更公司形式的议案，应说明变更事由、变更后公司的名称等，对于有限责任公司变更为股份有限公司的，还应该说明符合《公司法》要求的注册资本数额与资本如何分解为等额股份。

6. 回购公司股份的议案应披露的信息

主要包括回购的目的、预计回购数量、回购价格等事项。

7. 对于修改公司章程的议案应披露的信息

主要应包括修改章程的原因以及变更前后的内容。

8. 对于《上市公司章程指引》第41条规定的担保事项①应披露的信息

① 《上市公司章程指引》第41条规定："公司下列对外担保行为，须经股东大会审议通过。（一）本公司及本公司控股子公司的对外担保总额，达到或超过最近一期经审计净资产的50%以后提供的任何担保；（二）公司的对外担保总额，达到或超过最近一期经审计总资产的30%以后提供的任何担保；（三）为资产负债率超过70%的担保对象提供的担保；（四）单笔担保额超过最近一期经审计净资产10%的担保；（五）对股东、实际控制人及其关联方提供的担保。"

应当说明提供担保的原因、数额、期限等担保合同的主要内容，同时还应当说明如果公司提供担保可能会带来的风险。

9. 审议股权激励计划应披露的主要信息

主要应包括激励的对象、激励的标准、需要购买的股份数额、购买的价格等。

10. 其他事项

对于其他事项，一般应披露其理由。

需要说明的是，以上事项虽然是针对上市公司提出的，但是对于非上市公司，应该也有借鉴适用的必要。

第二节　股东会议的网络化

一　网络股东会议的涵义

（一）何谓网络股东会议

网络股东会议，又名网上股东会议，顾名思义是指通过网络这项工具来召开公司的股东会议。与股东电子化表决不同的是，后者仅仅是股东行使表决权的一种方式，对于股东而言，网络股东会议是公司召开股东会议的一种方式，当然，对股东而言，也可以是其行使表决权的一种方式。然而由于股东会议对网络的利用或者依赖程度不同而应有所区分，或者说，利用网络召开股东会议可以考虑的形式相当多，因而对网络股东会议的界定也有多种。但是，基本上因其为全部或仅仅部分在网络上举行而分为纯粹的网络股东会议和部分的网络股东会议两种。

按照我国台湾学者林克敬的理解，纯粹的网络股东会议又可称之为虚拟的股东会议，因为这种股东会议并不存在传统之现场，所有与会人员的报告、质询、答复、审阅资料、投票等都是通过网络进行，因此又将之称为在网络虚拟空间之股东会议。

部分的网络股东会议是指传统的现场股东会议仍然存在，但允许并未前往现场的股东经由网络参与股东会议，可称之为混合式的网络股东会议或由网络所架构之股东会议。混合式的网络股东会议是指传统现场举行之股东会议继续维持存在，对于愿意采用上网出席股东会议之股东亦可用视频会议的方式上网参与股东会议，因此混合式的网络股东会议亦可称为线上股东会议。①

（二）网络股东会议与股东电子表决的关系

电子表决是股东行使表决权的一种重要方式，而目前各国电子表决里最主要的方式之一就是透过网络进行投票，而虚拟股东会议肯定也包含有表决的内容。那么，两者究竟应该如何区分？

由于虚拟股东会议并不存在传统之现场，所有与会人员的报告、质询、答复、审阅资料、投票等都是透过网络进行，虽然股东的投票也多是通过网络进行，但是其与股东以电子方式行使表决权有根本性的区别，那就是虚拟股东会议并不存在传统之现场，或者说电子表决只涉及股东表决权的行使问题，是股东行使表决权的一种方式。而网络股东会议是公司举行股东会议的一种方式，其不仅仅意味着股东行使表决权的方式。

容易混淆的是混合式的网络股东会议与股东电子表决的关系，因为在这两者之中，股东会议的现场会议都是存在的，并且股东多是透过网络进行投票的。但是两者的根本区别在于，对于混合式的网络股东会议而言，对于参与网络股东会议的股东而言，会议是在网上召开的，透过网络参加是股东出席股东会议的一种方式，股东可用视频会议等方式上网参与股东会议的整个进程，同步跟踪股东会议的进程，而不仅仅是行使表决权。电子表决只是股东行使表决权的一种方式，并未涉及在对其他股东会议活动的参与。

二　网络股东会议可以具体采行之方法

由于纯粹的网络股东会议和部分的网络股东会议主要区别在于有无现场股东会议，因此，从网络角度来说，其具体方法应该差不多。对于

① 林克敬：《利用网际网路召开股东大会之可行性》，载《公司法修正议题论文集》，神州图书出版有限公司2002年版，第217页。

网络股东会议可具体实行之方法，主要有以下几种。

（一）股东透过公司网页参与股东会议

这种方法的结构很简单。首先，公司在网上建立了一个主页（事实上我国多数上市公司都建立有自己的网址）。从这个网站股东可以进入专门设置的股东网页，股东网页上应当可以发布有关公司的信息，而股东也可以向公司管理者提出建议，并可以投票；网站还可以建立一个实时聊天室，聊天室可以发布股东会议的实时进程，股东可以在聊天室掌握股东会议的实际进程与有关资讯。为了确保只有登记的股东可以进入此网页，有必要设立一个“防火墙”，或一个“安全门”。这个“安全门”可以通过登记股东唯一的 IP 地址设立，并在他购买股票时分派给他一个密码。当股东试图访问该网页时，公司主机电脑会自动识别 IP 地址并通过密码验证，以证实进入者就是适当的用户。这一程序应已足够确保投票的真实性，以及识别任何提建议者的身份。从现实的角度而言，这样的技术问题早已经解决，在我国，透过互联网进行网络投票实际上就是基于这样的身份确认。

公司的这个网页也可以有一个类似上述用户网的设置，允许股东张贴信息，股东可以对其他股东的信息作出一定的回应，类似的股东之间以及股东与管理层的沟通已经可以在网站上完成。这种沟通的方法有几个好处：减少人们对实时聊天室的关注，股东间的讨论纪录可以保留下来以供股东审查，对管理者来说也一样。互联网讨论能够便于股东之间的沟通，提醒管理者注意潜在的股东关注的问题，管理者也可以决定对讨论中提出的关注问题作出适当的回应。①

（二）网络视频会议

视频电话会议几乎将面对面的实时会议的能力扩大到偏远地区，这使得更多的人可以参加这次会议，并避免了到达传统的股东会议地点的旅费的支出。此方法具有的另一个优势，因为股东几乎可以亲自出席会

---

① George Ponds Kobler，“Shareholder Voting over the Internet：A Proposal for Increasing Shareholder Participation in Corporate Governance”，49 ALA. L. REW. 673，696（1998）.

议，与此相关的代理人的需求、管理的困境以及成本都不存在了。[①] 与一般意义上的通讯表决（书面表决、电子表决）相比，股东能够跟踪股东会议的整个进程，进行提案、审议、表决，从而能够解决通讯表决面临一些盲点问题处理的困境，因此，网络视频会议可以堪称为理想的模式。

三 网络股东会议的立法类型

对网络股东会议，各国法律的态度并不一致，或者说，多数国家法律并没有明确允许网络股东会议。但是，好在立法能够及时根据现实的需要调整其政策，正如欧洲联盟《跨境行使股东权利的欧盟指令》的态度一样，"它虽然没有提及纯粹的虚拟股东会议，然而，该指令明确授权成员国进一步发展电子手段参与公司决策程序的规则"。[②] 更有国家的立法明确为虚拟股东会议的举行扫除了法律障碍，并有召开虚拟股东会议的实践。这包括丹麦，[③] 还有加拿大，如加拿大法律规定，除非章程另有规定外，有权出席股东会议的任何人可按照规定，通过电话、电子或其他使所有参加者在会议期间彼此充分沟通的通讯设施参加会议，如果该公司提供了这样一个通讯设施。一个人通过这样方式参加会议被认为是符合法律的出席会议。当然，最具影响力的是美国特拉华州2000年对普通公司法的修正。

目前在美国针对虚拟股东会议作出相关规定的32个州中，有包括特拉华州在内的23个州都直接或者间接地允许部分网络股东会议和完全虚拟股东会议这两种网络会议模式的存在。也就是说，美国接近3/4的州已经启用了两种模式的网络会议。还有一些州法律对部分网络股东会议做出了规定但是仍然不允许施行完全虚拟股东会议。比如蒙大拿州

---

① George Ponds Kobler, "Shareholder Voting over the Internet: A Proposal for Increasing Shareholder Participation in Corporate Governance", 49 ALA. L. REW. 673, 696 (1998). at p. 699.

② Dirk Zetzsche, "Virtual Shareholder Meetings and the European Shareholder Rights Directive-Challenges and Opportunities", http://ssrn.com/abstract=996434.

③ Anatoli van der Krans, "The Virtual Shareholders Meeting: How to make it work?" *Journal of International Commercial Law and Technology* Vol. 2, Issue 1 (2007).

法律允许部分网络股东会议但是对公司人数做出了限制。

鉴于美国联邦体制的特殊性，为了更好地了解美国国内对网络股东会议的态度和措施，根据美国各州法律针对网络股东会议立法规定的差异，大致可以分为如下几种类型：①

1. 特拉华州类型：特定程序电子股东会议

美国许多州的法律都规定了利用网络召开的虚拟股东会议制度，而特拉华州是最早也是最具有代表性的。特拉华州是美国一个很小的州，但是它是第一个在普通公司法中承认虚拟股东会议的州。大约 80 万家商业实体在特拉华州拥有合法席位，美国 50% 的上市公司和 60% 的全球财富 500 强公司都在特拉华州注册。特拉华州的优势在于它的大小，因为这个州的人口很少，人均的影响力就很大，因为公司经营的领域较广，基本上涵盖了所有的领域。公司对立法机关的影响力也很大。这样的公司氛围造就了一部非常进步的公司法以及高度专业化的司法机关（特拉华州衡平法院）。特拉华州数次对普通公司法进行修改，以积极开放的态度对股东通过网络等电子化方式参加会议表示认可。2000 年《特拉华州普通公司法》修订案中承认了虚拟股东会议的合法性。

第 211 条是关于虚拟股东会议的相关内容，具体规定如下：

（a）（1）股东会议可以在本州之内或本州之外举行，可以在公司章程中指定会议地点，或按公司章程规定的方式来确定，如果没有指定，则在本州公司注册办事处举行。如果依照本款或注册证书或公司章程的规定，董事会被授权决定股东会议的地点，那么董事会可以完全由其自己决定会议可以不在任何实际地点召开，取而代之以远程通信的方式召开。

（2）如果授权董事会自行决定，并受董事可通过的准则和程序的管制，股东和不亲自出席的股东的代理书持有人，可通过远程通信

a. 参加股东会议

b. 在股东会议上被视为亲自出席并参加表决，无论这样的会议是在指定的地点召开或完全通过远程通信的手段，只要：

① Lisa M. Fairfax, "Virtual Shareholder Meetings Reconsidered", *Seton Hall Law Review* 40.4 (2011).

①该公司采取合理的措施，以确保通过远程通信被视为出席并允许在会议上投票的每一个人是股东或股东的代理人。

②公司应采取合理的措施给这些股东和股东的代理人提供参加会议的机会，使其能够阅读或听取会议过程并就提交的事项进行表决。

③如果任何股东或股东代理人在会议上通过远程通信投票或采取其他行动，这些进行表决或采取其他行动的记录应由公司保存。

根据上述法律规定，特拉华州不仅为部分网上股东会议而且为完全虚拟股东会议提供法律依据。特拉华州要求公司在举行虚拟股东会议或者部分股东通过远程方式参与必须遵循三个特定的程序。重要的是，这些程序对那些选择举行虚拟股东会议的公司来说都是很常规的，而且很灵活。

特拉华州还赋予董事拥有决定股东能否通过远程通信方式参与会议以及公司是否举行虚拟股东会议的“唯一的自由裁量权”。特拉华州规定的“唯一的自由裁量权”是为了保证虚拟股东会议的决定权完全掌握在董事的手中。这样的字眼是为了保证股东积极分子不能强迫公司召开这种会议，无论是通过修改公司章程股东决议还是其他东西。此外，这样的字眼也规制了法院在特殊情形下董事决议缺失时处理这类问题时的干预。

在特拉华州，赋予公司董事决定是否举行虚拟股东会议的“唯一的自由裁量权”似乎是一条默示规则。因此如果一家公司的章程或者注册证书授予董事决定召开股东会议地点的权力，则董事自动享有了选择举行部分网上股东会议还是完全虚拟股东会议的权力，这种默示规则表明股东可以酌情决定是否举行这样的会议。而唯一可以禁止举行此种会议的方法就是在公司章程或者注册证书中明确制定一个特定的物理会议地点，从而将会议举行的决定权从董事手中转移出来。

2. 科罗拉多州类型：无特定程序电子股东会议

《科罗拉多州公司法》第 7—107—108 条是这样规定的：“除另有规定外，任何或所有股东有权利参加年度股东会议或者临时股东会议。股东会议可以使用所有与会者可以倾听到彼此的无论何种交流方式来举行，通过以上交流方式参与股东会议的股东视为亲自出席”。

虽然这条法律明确规定允许部分股东远程参与，也就是承认了部分网络股东会议的合法性，但有关完全虚拟股东会议的规定则是模糊不清的。这是因为《科罗拉多州公司法》第 7—107—101 条规定股东会议应该“根据章程规定设置于或者固定在一个场所”，这样一条法规似乎是说需要一个现场会议地点，而与实施完全虚拟股东会议的意指不符。而且，科罗拉多州法律也不包含有类似特拉华州法律规定的完全虚拟股东会议可以替代现场股东会议的肯定式语句。但事实上，科罗拉多州公司法第 7—107—108 条中既规定了部分网上股东会议也规定了可以通过任何通讯形式来召开股东会议。这表明科罗拉多州法律是允许完全虚拟股东会议的。因为任何其他的解释都会导致前后两项规定的冲突。此外，一些从业者指南也解释说类似的法律语言中关于远程会议“指导”能力的规定本身则意味着股东可以举行完全虚拟股东会议来代替某一特定物理位置所举行的现场股东会议。

有趣的是，不同于特拉华州，科罗拉多州法律不必查明一个公司在举行网络股东会议时除确保与会者可以倾听到彼此之外还必须实施的特定程序。一般说来，这方面的法律要么类似于特拉华州法律含有明确规定网络股东会议的语句但是要求公司在举行这种会议的时候要遵循三个特定程序，要么就类似卡罗拉多州法律，似乎是允许网络股东会议但是并不需要在确保股东能够倾听彼此之外再实施其他的特定程序。

3. 马萨诸塞州/蒙大拿州类型：限制公开发行公司

马萨诸塞州法律对于不公开发行公司（Private Corporations）和公开发行公司（Public Corporations）的规定有区别。允许有公众持股的公司举行部分网络股东会议。相反，不公开发行公司既可以举行部分网络股东会议也可以举行完全虚拟股东会议。在形式方面马萨诸塞州类似于特拉华州法律第 211 条，不同的是关于公开发行公司的例外规定，马萨诸塞州法律是这样规定的——“除非注册章程或者法律有例外规定外，如果经董事会授权决定：任何年度股东会议或者临时股东会议不必要在特定物理位置举行，而是可以仅仅以远程通讯的方式取代，公开发行公司除外。”

马萨诸塞州法律的其余部分跟特拉华州法律 211（a）（2）几乎一字不差。

而蒙大拿州法律在公司类型方面同样有一些区别。蒙大拿州法律

35—1—516 相关规定如下："如果公司股东人数在 50 人以下并且章程允许，股东可以通过电话会议或者类似的所有与会者都可以同时倾听到彼此的通讯设备，这种形式的参与视为股东亲自参与。"

如前所述，蒙大拿州法律在形式方面酷似科罗拉多州法律，但是限制股东人数在 50 人以下的公司举行部分网络股东会议，而规模更大的公司则不被允许。而且，蒙大拿州法律禁止任何公司举行完全虚拟股东会议。

马萨诸塞州法律和蒙大拿州法律都对举行网络股东会议的公司类型做出了区分，而且蒙大拿州法律规定了更多的限制条件。目前为止，还没有其他州针对特殊公司类型做出限制举行网络股东会议的规定。

4. 纽约州模式：强制股东参与

纽约州法案规定将会允许部分公司举行部分网络股东会议。相关法案规定如下：

(b) (i) 股票在证券交易市场或者场外交易场所交易的公司应该 (1) 为那些没有亲自到股东会议现场的股东提供一个合理的基本上可以同时见证股东会议进展情况的机会 (2) 提供合理的方式确保股东通过电子通讯的方式在股东会议上投票或者代理投票。

(ii) 如果其他公司的董事会决定遵循以上规定的话，那么以上规定也同样适用于其他公司。

(iii) 对 (i) 和 (ii) 中规定的内容没有局限、限制和取代其他形式投票和参与的任何要求。

(iv) 在本段中，关于见证会议进展的"合理的措施"应该包括但是不限于音频网络直播或者其他广播形式，至于投票表决应该包括但不限于电话通讯和互联网表决。

因为提案并不局限于公司章程的规定，所以这条法规将会要求那些股票在证券交易场所或者场外交易场所交易的公司无论何时股东要求的时候均允许召开部分网络股东会议。其他公司可以选择是否允许远程参与。美国其他州也没有类似的强制性规定。但是在 I. B. 7. b 部分，一些州似乎规定只要是公司章程或者注册证书所规定的公司就可以举行部分网络股东会议。

5. 马里兰州/加州类型：股东输入

马里兰州和加州都使得股东在决定一个公司能否举行网络股东会议的过程中发挥作用。《马里兰州公司法》第2—503（b）（1）和2—503（b）（2）规定如下：

（b）（1）根据本条（2）的规定，如果董事会被授权决定股东会议的召开地点，那么董事会则可以决定会议不在任何物理位置地点举行而代之以仅通过远程通讯的方式。如同在（c）中授权的一样。

（b）（2）在股东的要求下，董事会应该提供一个举行股东会议的地点。

尽管马里兰州法律授权董事会决定公司是否举行完全虚拟股东会议，但是同时也规定确保公司举行这样的会议不会遭到任何股东的异议。在其他方面，马里兰州法律近似模仿了特拉华州法律第211条的相关规定。因此，马里兰州法律既允许部分网络股东会议也允许完全虚拟股东会议，马里兰州法律同时也要求在举行网络股东会议的时候必须要遵循特定的程序。

类似于马里兰州法律，加州法律也是以特拉华州公司法第211条为范本，不同之处在于除了要授权董事会，加州法律也要求公司必须征得股东对举行完全虚拟股东会议的同意。

尽管除了这两个州以外美国其他州没有将是否举行网络股东会议取决于股东的同意或者没有异议，但是，明尼苏达州法律明确规定要求股东需要获得关于公司举行完全虚拟股东会议的意图的通知。

6. 伊利诺伊州类型：禁止完全虚拟股东会议

伊利诺伊州法律仅允许部分网络股东会议，并不允许利用完全网络股东会议来代替在某一特定物理位置场所举行现场股东会议。美国境内还有其他7个州（印第安纳州、蒙大拿州、内华达州、北卡罗来纳州、俄勒冈州、弗吉尼亚州和华盛顿州）同样只允许部分网络股东会议。这些州在举行部分网络股东会议时的具体实施程序方面是不相同的。这7个州，如前所述，蒙大拿州进一步限制到仅允许股东人数不到50人的公司举行，纽约州提案允许特定的公司举行，但是不会给予举行完全网络股东会议的选择权。

四 我国实行网络股东会议的理性检讨

(一) 我国已经基本具备实行网络股东会议的技术条件

伴随着我国网络技术的迅猛发展，如前所述，公司运营过程中也呈现了电子化、网络化的趋势。公司在生产经营中从最初的联机上网进步到各种的网络应用，比如电子信息服务技术、股东权利行使的电子化技术等等都已经相对完善。计算机技术日新月异的今天，信息的安全性要求也越来越高。网上证券交易、网上银行等都很好地解决了安全问题，可见，信息技术的安全可以保障，现代计算机技术可以保障虚拟股东会议系统的安全。并且，股东网络投票制度，网上证券交易制度等为网络股东会议打下了坚实的基础，股东会议完全可以借鉴其成功经验，我国实行网络股东会议的技术条件已经具备。

事实上，早在 2001 年，在深圳就开始了数码网络的股东会议，并对该公司股东会议的全程进行了现场路演，并开通网上股东与公司管理层进行现场提问对话，还设计了一个网上投票系统，让公司不便到场的中小股东通过网络对公司的投资议案进行投票表决。[①] 这一实验虽然不是纯粹的网络股东会议，但是已经非常接近于部分的网络股东会议，这是实验也为我国网络股东会议的推行提供了经验。另一方面，股东对此也倾注了广泛的热情，有 40.77% 的被调查者认为最好直播现场股东会议的情况，部分投资者建议对于讨论提案内容比较复杂的股东会议，同时在指定网站配合类似新股发行路演的方式对股东会议进行直播。[②]

深圳证券信息有限公司首先开通了上市公司股东会议直播平台，从而使得股东会议视频会议成为可能。2013 年 2 月 18 日，创业板公司松德股份首次以视频的方式召开了股东会议，全程直播股东会议。在直播的股东会议上，公司董事长和相关高管出席，投资者可以通过视频观看到股东会议召开的过程。相对于通过信息公告等文字沟通方式，这种视

---

① 刘俐、高宏娟：《网络为股东大会服务》，《证券时报》2001 年 8 月 15 日第 A03 版。

② 苏梅：《上市公司股东大会网络投票研究》，硕士学位论文，天津大学，2005 年，第 47 页。

频会议让广大股东尤其是中小股东看到公司管理层的真实面貌，打破了股东的地域性和群体性差别，真正的实现了股东会议的透明化。据统计，当日同步收看网络视频股东会议的投资者有3 899名，并且股东会议的视频文件将一直挂在网上，投资者在任何时候都可以再点播、回放。投资者可以通过“互动易”平台向公司提出问题，公司管理层在视频股东会议现场做出解答。[①] 随后，亿纬锂能（证券代码：300014）、珠江钢琴（证券代码：002678）、勤上光电（证券代码：002638）也召开了视频直播股东会议。这开启了利用现代化网络技术召开股东会议并且使得公司信息公开透明的新篇章，有助于投资者在真正了解上市公司的基础上进行理性投资，也为我国网络股东会议制度的构建吹响了先锋号。

深圳证券信息有限公司上市公司股东大会直播平台

（二）网络股东会议的推行应该循序渐进

技术条件的具备仅仅是为网络股东会议提供一种可能性，而真正实

---

① 《深交所首推上市公司视频股东大会》，《上海证券报》2013 年 2 月 19 日第 F04 版。

行网络股东会议，需要提高公司对于改善治理结构的积极性，更需要有关部门的积极推动，当然这不意味着强制性的推行，而是需要根据实际情况循序渐进地推行。

对于人数众多的大型股东会议而言，纯粹的网络股东会可能还需要相当一段时间才能普及；而混合式的网络股东会议似乎无上述技术上的难题，现在应可立即实施。[①] 对于混合式的网络股东会议而言，传统现场举行之股东会议继续维持存在，对于愿意采用上网线上出席股东会议之股东亦可用视频会议的方式上网参与股东会议，因此实施起来的法律与技术障碍并不太大，在今后的一段时间里，我国对于网络股东会议的态度首先应当推行混合式的网络股东会议，而不是纯粹的虚拟股东会议，因为即使深圳证券信息有限公司的直播平台也只是会议的直播平台，会议仍然采取物理的现场方式，股东投票也是采取现场表决和网络投票相结合的方式，因而不是纯粹的虚拟股东会议。更何况实行网络直播的公司数量还很少，截至 2014 年 5 月，只有 16 家公司实行了网络直播。当然，在将来的某一个时间，随着信息技术的发展和进一步普及，相关的技术、法律与现实障碍得以克服，我国完全可以在公司法中引入虚拟股东会议。

推行纯粹的虚拟股东会议虽然在技术上并不存在多大的问题，但是在实行上依然有种种障碍，哪怕在美国，虽然目前美国大多数州法律都已经对网络虚拟股东会议作出了规定，也就意味着这些州将网络虚拟股东会议作为公司治理的未来方向。但是总体来说对部分网络股东会议争议不大，最大分歧点在于是否应该适用完全虚拟股东会议。完全虚拟股东会议相比较传统的现场股东会议的优势显而易见，这也是它产生发展的内部因素。然而，主要出于对完全虚拟股东会议可能会降低股东与管理层进行交流沟通的能力以及减少股东与股东之间的交流的不利因素的考量，导致很多州及所辖范围内的公司放弃了进一步实施完全网络虚拟股东会议的尝试性努力，从而使得完全网络虚拟股东会议的发展受挫。"他们就可以轻易将股东的电子邮件和远距离传送的信息置之不理，这

---

① 林克敬：《利用网际网路召开股东大会之可行性》，载《公司法修正议题论文集》，神州图书出版有限公司 2002 年版，第 217 页。

也远比躲避现场股东的提问要容易得多；而其结果就是导致（董事和实际经营者）获得滥用经营权的机会”。[①] 因此，股东会全面采用虚拟股东会议的情况下，由于切断了中小股东与董事或经营者的有效联系，二者利益的非趋同性将促使后者出于自身利益的考虑而忽视股东和债权人的利益，从而形成对股东会议的不当操控，这无疑是与虚拟股东会议提供股东参与保护股东权益的宗旨相悖的。除非公司可以提供一些至关重要的保障性措施来打消持反对意见的股东的顾虑，否则，完全虚拟股东会议只会继续被阴霾所笼罩。因此对于我国而言，需要在积极稳妥推行股东会议网络直播的基础上，通过总结实践经验，解决实践中的弊端，加强对股东会议运行中的监督，提升反对者的信心，从而最终实现纯粹的虚拟股东会议。

（三）网络股东会议的立法选择

由于混合式网络股东会议存在物理的现场，股东甚至非股东都可以登录网络系统观看会议现场，因而存在的主要问题是股东表决权的行使方式，而表决权行使问题的关键是对“出席会议”的理解，如本书第二章所述，对此问题的解决可以通过将电子化投票的股东“计入”出席股东的表决权数的方式予以解决。

对于纯粹的虚拟股东会议的立法，特拉华模式是一个不错的选择，当然这需要等待前述立法时机的成熟。其理由，可以引用学者对《特拉华州公司法》第 211 条所作的评价。[②]

第一，起草者明确授权给董事会“专有决定权”来决定是否许可通过远程通信与会和投票。起草者这样做是为了避免产生误会，即强制要求公司由股东制定附则，规定必须通过远程通讯的方式来进行会议。这个限制是有充分理由的，虽然在通信技术和电子代理系统上有戏剧性的进展，但是实时互联网投票系统的发展仍处在萌芽阶段，在一个公司电

---

① Daniel Adam Birnhak, “Online Shareholder Meetings: Corporate Law Anomalies or the Future of Governance?”, 29 Rutgers Computer&Tech. L. J. 423, 446. (2003).

② James L. Holzman and Thomas A. Mullen, “A New Technology Frontier for Delaware Corporations”, 4 Delaware Law Review 55, 60 (2001).

子设置中这种系统的可靠性和性能仍存在不确定性。此外，在任何特定的公司部署一个互联网投票系统都会产生成本预算的问题，这是留给公司管理者最好的问题，是否许可远程通讯会议，还需要判断公司是否确实具有根据规定执行程序的能力。最后，一个公司的企业文化和股东之间的关系也无疑会影响到公司如何进行会议的决定，任何允许通过远程通讯方式与会和投票的决定都会涉及一个风险和利益平衡的问题，这也正是留给董事会的一个商业判断。

第二，第211（a）（2）条授权董事会可以按照“准则和程序”采用远程通讯方式召开会议，但这不是必然要求。普通公司法没有具体的股东会议的规定，而章程细则也很少规定会议程序。然而长期以来一直认为现任管理层和董事会被授权规范会议的进程，股东会特别程序的效力受到平等和公平的原则的制约。确立“规则和程序”的权利特别归属于董事会的用意是既要鼓励这些举措的实施，也要加强董事会管理与会和投票行为的权利，以免造成混乱同时确保可预测性。

当然，只有当第211（a）（2）（b）（i）—（iii）条关于程序的规定许可时，董事会才可以授权通过远程通讯召开股东会议，这主要是为了保护公司和股东的利益。第（i）条要求公司采取合理的核查措施。第（ii）条要求公司采取合理的措施以提供股东一个合理的机会参与会议行使表决、阅读到或者听到会议的同步纪要。第（iii）条要求公司保存任何投票或其他行动的记录。这些通过远程通信的方式召开会议所须具备的条件有意地用更广泛的术语加以表达，以保持操作灵活性，并避免规定的管理制度所带来的限制。虽然“合理的措施”和“合理的机会”并没有加以界定，但它们将以与董事现有的受托责任一致的方式作出解释。

第三，“远程通信”并没有在法规中加以界定。起草人认为这是一个不言自明的词，即来自于远离实际会议地点的地方的任何形式的通讯。值得一提的是，“远程通讯”不同于甚至比第232条的“电子传输”范围更广。举例来说，根据第211（a）（2）条，虽然电话会议可以作为一种远程通讯参与会议方式，但电话或语音邮件却不符合第232条的“电子传输”方式，也不能根据第211（e）通过电子传输方式形成书面投票。

没有一个物理地点的授权会议这种方式出现在了修订后的第 211 (a)（1）条中。修正案去除了以前的缺席规则和潜在的陷阱，即当细则缺乏具体说明股东会议的地点时，会议必须在特拉华州公司注册办事处举行。经过修订，该规约授权可以在任何指定的地点召开会议，或者以注册证书、章程规定的方式召开会议，或者如果没有指定，则可以由董事会来决定会议的召开。

第三节　董事会与监事会会议的电子化

公司董事会、监事会会议的电子化主要涉及会议通知、表决权行使与电子化会议问题，会议通知的电子化完全可以参照股东会议会议通知电子化的方式进行，实践中也已经采用，因此，本节主要就后两个问题，以董事会为例进行探讨。

一　董事会会议表决权行使的电子化

（一）我国董事会会议表决权行使电子化的现状

1.《公司法》并没有董事会会议表决权行使电子化的规定

我国《公司法》第 47、48、110、111、112 等条规定涉及了董事会会议的有关问题，但是这些条款只是对董事会会议的最基本问题作了几点必要的规定，比较简单，而并没有对董事会会议的议事规则作出具体规定，当然也没有涉及董事会能否利用通讯表决。

2. 有关部门文件中有涉及董事会会议表决权行使电子化的规定

目前，我国有关部门发布的文件中规定了股份有限公司董事会议事规则，其中，涉及董事会会议表决权行使电子化问题。当然，各个文件的适用范围各不相同。这些文件主要包括：

（1）中国银行业监督管理委员会发布的《股份制商业银行董事会尽职指引（试行）》。《股份制商业银行董事会尽职指引（试行）》于 2005 年 9 月 5 日发布，其适用范围为商业银行。其第三十三条规定："董事会会议可以采取通讯表决的形式，但应当符合以下条件：①商业银行章程或董事会议事规则规定可以采取通讯表决方式，并对通讯表决的范围和程序作了具体规定；②通讯表决事项应当至少在表决前三日内送达全体董事，并应当提供会议议题的相关背景资料和有助于董事作出决策的相关信息和数据；③通讯表决应当采取一事一表决的形式，不得要求董事对多个事项只作出一个表决；④通讯表决应当确有必要，通讯表决提案应当说明采取通讯表决的理由及其符合商业银行章程或董事会议事规则的规定”。

第三十四条规定：“特别重大的事项不应采取通讯表决的形式，这些事项由商业银行章程或董事会议事规则规定，但至少应当包括利润分配方案、风险资本分配方案、重大投资、重大资产处置、聘任或解聘商业银行高级管理层成员等”。

（2）中国保险监督管理委员会发布的《保险公司董事会运作指引》。《保险公司董事会运作指引》于2008年7月8日发布，适用于保险公司。其第七十一条第三款规定：“以通讯表决方式召开董事会会议的，通讯表决应当在保障董事充分表达意见的基础上，采取一事一表决的方式，不得要求董事对多个事项只作出一个表决。董事会秘书应当在表决时限结束后5个工作日内通知董事表决结果”。

3. 股份有限公司董事会议事规则对涉及董事会会议表决权行使电子化的规定

按照前述《股份制商业银行董事会尽职指引（试行）》和《保险公司董事会运作指引》的规定，相应的公司都据此制定了董事会议事规则。而据笔者了解，几乎所有的相关公司在其议事规则中允许董事会实行通讯表决，甚至还有公司制定有专门的董事会通讯表决实施细则。①

据统计，2011年度沪市上市公司累计召开董事会会议8878次，其中，以现场方式召开为3768次，占比为42.44%；以通讯方式召开为4687次，占比为52.79%；以现场结合通讯方式召开为423次，占比4.77%。2011年度，沪市上市公司平均每家召开董事会为9.46次。从

① 参见《宁波富达股份有限公司董事会通讯表决实施细则》，http：//download.hexun.com/ftp/pdf_ stockdata/2006%5C12%5C06%5C20061206_ 181222_ 500.pdf，2008年11月10日访问。

董事会召开方式来看，通讯表决方式成为董事会召开的主要形式。报告期内，以通讯方式召开董事会会议占比52.79%，超过了以现场方式召开次数。①

（二）董事会原则上不应采取电子化表决在内的通讯表决

虽然我国实践中大量的公司董事会采取通讯表决，但是笔者以为董事会原则上不能采用通讯表决方式。

1. 从股东大会与董事会的功能看。从我国《公司法》和有关部门规章对股东会议与董事会的功能、运行的规定看，股东会议作为股份有限公司的最高权力机关，其主要的功能在于决定，即“批准”还是“不批准”，特别是《上市公司股东大会规范意见》和《上市公司股东大会规则》，明确了对修正案的排除，更能看出股东大会的功能导向在于重结果。但是董事会是公司的执行机关，也是经营决策机关，其功能定位虽然重决定的结果但更重决定的过程。而通讯表决的功能就在于表达一种结果，过程已经被忽略了。

2. 从出席会议对股东与董事的意义看。对公司的股东来说，出席会议是股东的一个权利。但是对于董事而言，出席董事会会议则是他对公司应尽的一项义务。“公司董事负有诚信义务，应当勤勉尽责。董事应当以认真负责的态度出席董事会，对所议事项表达明确的意见。”②也正因为如此，我国《公司法》规定董事“应当亲自出席”董事会会议，并且各国公司法也都对董事委托代理出席加以严格的限制。

3. 从股东与董事出席会议的现实可能性看。前面曾提到股东会议实行通讯表决的重要理由在于便利股东对会议的参与，其主要基于参加会议的时间、费用、会议场地等问题，但是对于董事和董事会而言，这一切都不是问题。

---

① 上海证券交易所资本市场研究所年报专题小组：《沪市上市公司2011年度董事、监事和高级管理人员履职情况分析》，http://www.cs.com.cn/sylm/jsbd/201208/t20120807_3443919.html，2014年3月9日访问。

② 《关于进一步促进境外上市公司规范运作和深化改革的意见》第三条。

二 信息技术下董事出席董事会会议的制定重整

随着股份有限公司国际化的不断提高，董事会的构成成员及其活动也出现国际化的现象，再加上信息技术的发展与企业E化程度的不断提高，虽然笔者并不主张董事会引入通讯表决，但是董事会会议如何利用信息技术也是值得立法考虑的问题。

信息技术下的董事会会议可以采取的方式除了物理上的现场会议外，还可以包括电话会议与视频会议。电话会议与视频会议在技术上没有任何问题，并且许多公司也配备了这样的设施条件，事实上许多公司已经在运用了，如四川长虹，其董事会议事规章第二十六条规定，必要时，在保障董事充分表达意见的前提下，经召集人（主持人）、提议人同意，也可以通过视频、电话进行表决。而我国有关政府部门文件，如中国保险监督管理委员会发布的《保险公司董事会运作指引》第六十一条第二款就规定，通过视频、电话等方式召开会议，能够保证参会的全体董事进行即时交流讨论的，视为现场召开。

因此，我国《公司法》有必要变革公司董事会会议的出席规则，允许现场会议以外的其他会议存在，诚如我国台湾地区公司法第205条第2款规定："董事会开会时，如以视讯会议为之，其董事以视讯参与会议者，视为亲自出席。"

三 监事会视频会议的实践探索

笔者也不主张监事会会议实行包括电子化在内的通讯表决方式，但是视频会议依然是一种值得推行的方式，实践中我们已经有许多公司实行了监事会会议的视频化。其具体模式有二：一是将视频会议作为现场会议的一种形式，如《中信银行股份有限公司监事会议事规则》第三十三条规定："监事会现场会议（包括视频会议）以举手或记名投票方式表决。如监事以电话会议或借助类似通讯设备参加现场会议，只要现场与会监事能听清其发言，并进行交流，所有与会监事应被视作已亲自出席会议。"二是将视频会议作为一种非现场方式，如《宁波银行股份有限公司监事会议事规则》第三十三条规定："特殊情况下，监事会定期会议可以非现场方式召开（包括但不限于电话会议、视频会议）；……"两种模式的一个主要区别在于后者只能适用于"特殊情况下"，而前者则不受此限。

结　语

变革的制度实现：因应信息化的公司法修法建议

一　因应信息化的公司法制变革是一个系统工程

因应信息化的公司法制变革是一个系统工程，而不仅仅依赖于公司法这一个法律。从外部看，既需要公司法的修改与创新，也需要其他法律部门的协同；从内部看，既要有立法者对公司法的修改，也要执行者对相关规则的制定，还要实现企业主体的私法自治。

因应信息化的公司法变革在其实现途径上不是单纯的依赖于公司法的修法，应该包括两个层面，一是公司法层面，二是下位法层面。应当考虑到不同公司的特点，分别采取公司法修法、相关国家机关制定规则和有关公司完善章程等具体途径。

（一）公司法层面

作为调整公司在设立、组织、活动、终止过程中发生的社会关系的法律规范——公司法，自然是信息化背景下变革的主要体现。有关股东大会的运营、股东表决权的行使、股东大会会议记录等文件的保存以及公司信息的公示等的电子化，都需要公司法来加以规定，从而为公司法务提供法律上的支持和保障。当然，公司法应当考虑到不同公司对于信息化的需求的不同。

（二）相关国家机关制定具体规则

在我国的现实情况下，《公司法》应当授权国务院、证券监督管理部门等来制定具体规则加以落实。包括由国务院制订《股东通讯行使表决权规则》来规定股东大会通讯表决的具体细则，如表决票的设计规则，修正案、临时动议的处理规则，通讯表决票的有效到达规则，多重投票处理规则等，这些规则如果都由《公司法》来规范会导致《公司法》过于烦琐。也包括证券监管部门的规章和规则，即中国证券监督管理委员会的规章和两大证券交易所的规则，对上市公司作出具体化的规定，如有关信息披露的全程电子化。

（三）公司章程的完善

公司章程是公司自治及公司治理的有效工具，公司自治即章程自治。作为公司组织与行为的基本准则，公司章程对公司的成立及运营具有十分重要的意义，它既是公司成立的基础，也是公司赖以生存的灵魂。《公司法》的规定适用于所有公司，确立的是一般规则，只有将《公司法》的一般规则与公司自身的客观实际结合起来，制定出内容具体、权利制衡、针对性和操作性强的公司章程，确立公司内部公开、公平、公正的“游戏规则和博弈机制”，才能为公司健康发展打下坚实的制度基础。在信息化的实现上，不能靠强制性的全面推行，而是应当要考虑公司自身特点与需要，因此《公司法》的许多规定应当是任意性的，而不是强行性的。

任意性的立法有两种模式，一是“选出式”，即除非公司予以排除，否则适用该规定；二是“选入式”，即除非公司选择适用，否则不适用该规定。“选出式”采用的是推定适用规范，即一项法律原则上是适用的，除非受其管辖的人选择不适用它，因而它是一种“缺省的”或“补充的”条文。许可适用规范正相反，它只有受其影响的人选择适用它时，才能起到管辖的作用，“选入式”即属此。[①] 由于在我国不同公司情况差别巨大，特别是类似于网络股东会议这样的公司信息化的深入的领域，应当由公司根据实际情况以章程的形式做出最终的选择，因此“选入式”应为我国《公司法》所选。

---

① 王宗正：《从强行性规范到任意性规范——关于累积投票的公司法规范》，《宁夏社会科学》2002 年第 2 期。

二　因应信息化公司修法的具体建议

基于本书的分析，从《公司法》的层面，因应信息化变革主要涉及以下立法修改。

（一）关于公司登记电子化

《公司法》应当对公司登记做出原则性的规定，对于公司登记电子化的确认，可以在现行《公司法》第六条的基础上，增加推行电子化登记的规定。同时对第二十九条、第九十二条规定的相关材料及其报送，认可电子化的形式。

（二）关于信息传送电子化

现行《电子签名法》已认可了数据电文形式的文件，并对数据电文的形式、保存、效力等作出了详细的规定，因此公司法相关材料的电子化只要符合《电子签名法》的有关规定即可，但也应当在《公司法》中得到认可。为此，针对《公司法》第三十三条、九十六条、一百零七条、一百三十条、一百三十九条之规定，应当作出补充性规定，上述材料采用数据电文形式，并符合《电子签名法》规定的，可以采用数据电文形式，其效力依《电子签名法》相关规定。

对通知、公告电子化的认可，主要涉及《公司法》第四十一条、八十一条和一百八十五条。其中第一百八十五条是关于清算组的通知、公告，对其应作出如下补充规定：前款有关通知、公告的规定采用数据电文形式并符合《电子签名法》有关数据电文之规定的，可以采用数据电文形式。第八十一条明确规定了公司的通知和公告方法由公司章程规定，因此对这部分的通知、公告的电子化应修改为前款有关通知、公告方法之规定依公司章程规定，公司章程规定采用数据电文形式的，并符合《电子签名法》有关数据电文之规定的，可以采用数据电文形式。

（三）关于股东权利行使电子化

对于股东权利行使电子化的认可，可根据现行《公司法》第四十三条的规定，允许股东会议事方式和表决程序由公司章程规定。然后再补充规定，公司章程对股东会议事方式和表决程序认同电子化的，并符合《电子签名法》相关规定的，可以采用电子化方式。同时在股份有限公司股东大会的相关规定基础上对于“股东出席会议”应当作出新的阐释，即股东通过电子化形式参与会议，行使股东权利的，视为出席股东（大）会。

（四）关于公司机关运营的电子化

关于公司董事会、监事会的电子化会议形式，在第四十八条、五十五条、一百一十二条、一百一十九条之相关规定的基础上，增加视频会议的相关规定。而对于网络股东会议，则待时机成熟时加以规定，具体规则可以参考美国特拉华州的相关规定，但是目前可行的是在公司章程中增加股东会会议形式的规定，由公司以章程形式加以选择。

《公司法》建议修改条文对比

修改前	修改后
第二十五条　有限责任公司章程应当载明下列事项：（一）公司名称和住所；（二）公司经营范围；（三）公司注册资本；（四）股东的姓名或者名称；（五）股东的出资方式、出资额和出资时间；（六）公司的机构及其产生办法、职权、议事规则；（七）公司法定代表人；（八）股东会会议认为需要规定的其他事项。 股东应当在公司章程上签名、盖章。	第二十五条　有限责任公司章程应当载明下列事项：（一）公司名称和住所；（二）公司经营范围；（三）公司注册资本；（四）股东的姓名或者名称；（五）股东的出资方式、出资额和出资时间；（六）公司的机构及其产生办法、职权、议事规则；（七）公司法定代表人；（八）股东会的形式（九）股东会会议认为需要规定的其他事项。 股东应当在公司章程上签名、盖章。
第二十九条股东认足公司章程规定的出资后，由全体股东指定的代表或者共同委托的代理人向公司登记机关报送公司登记申请书、公司章程等文件，申请设立登记。	第二十九条股东认足公司章程规定的出资后，由全体股东指定的代表或者共同委托的代理人向公司登记机关报送公司登记申请书、公司章程等文件，申请设立登记。 前款所述公司材料采用数据电文形式的，并符合《电子签名法》有关规定的，可以采用数据电文形式。

续表

修改前	修改后
第三十三条　股东有权查阅、复制公司章程、股东会会议记录、董事会会议决议、监事会会议决议和财务会计报告。 股东可以要求查阅公司会计账簿。股东要求查阅公司会计账簿的，应当向公司提出书面请求，说明目的。公司有合理根据认为股东查阅会计账簿有不正当目的，可能损害公司合法利益的，可以拒绝提供查阅，并应当自股东提出书面请求之日起十五日内书面答复股东并说明理由。公司拒绝提供查阅的，股东可以请求人民法院要求公司提供查阅。	第三十四条　股东有权查阅、复制公司章程、股东会会议记录、董事会会议决议、监事会会议决议和财务会计报告。 股东可以要求查阅公司会计账簿。股东要求查阅公司会计账簿的，应当向公司提出书面请求，说明目的。公司有合理根据认为股东查阅会计账簿有不正当目的，可能损害公司合法利益的，可以拒绝提供查阅，并应当自股东提出书面请求之日起十五日内书面答复股东并说明理由。公司拒绝提供查阅的，股东可以请求人民法院要求公司提供查阅。 前款规定符合第二十九条第二款之情形的，适用其规定。
第四十一条　召开股东会会议，应当于会议召开十五日前通知全体股东；但是，公司章程另有规定或者全体股东另有约定的除外。 股东会应当对所议事项的决定作成会议记录，出席会议的股东应当在会议记录上签名。	第四十一条　召开股东会会议，应当于会议召开十五日前通知全体股东；但是，公司章程另有规定或者全体股东另有约定的除外。 股东会应当对所议事项的决定作成会议记录，出席会议的股东应当在会议记录上签名。 前款通知、会议记录、签名采用电子化的，适用《电子签名法》有关数据电文和电子签名之规定。
第四十三条　股东会的议事方式和表决程序，除本法有规定的外，由公司章程规定。	第四十三条　股东会的议事方式和表决程序，除本法有规定的外，由公司章程规定。 公司章程规定股东会采用电子化形式的，可以采用电子化形式。
第四十八条　董事会的议事方式和表决程序，除本法有规定的外，由公司章程规定。 董事会应当对所议事项的决定作成会议记录，出席会议的董事应当在会议记录上签名。 董事会决议的表决，实行一人一票。	第四十九条　董事会的议事方式和表决程序，除本法有规定的外，由公司章程规定。 董事会开会时，如以视讯会议进行，董事以视讯参与会议的，视为亲自出席。 董事会应当对所议事项的决定作成会议记录，出席会议的董事应当在会议记录上签名。 董事会决议的表决，实行一人一票。

续表

修改前	修改后
第五十五条　监事会每年度至少召开一次会议，监事可以提议召开临时监事会会议。 监事会的议事方式和表决程序，除本法有规定的外，由公司章程规定。 监事会决议应当经半数以上监事通过。 监事会应当对所议事项的决定作成会议记录，出席会议的监事应当在会议记录上签名。	第五十六条　监事会每年度至少召开一次会议，监事可以提议召开临时监事会会议。 监事会的议事方式和表决程序，除本法有规定的外，由公司章程规定。 监事会开会时，如以视讯会议为之，其监事以视讯参与会议的，视为亲自出席。 监事会决议应当经半数以上监事通过。 监事会应当对所议事项的决定作成会议记录，出席会议的监事应当在会议记录上签名。
第八十一条　股份有限公司章程应当载明下列事项：（一）公司名称和住所；（二）公司经营范围；（三）公司设立方式；（四）公司股份总数、每股金额和注册资本；（五）发起人的姓名或者名称、认购的股份数、出资方式和出资时间；（六）董事会的组成、职权和议事规则；（七）公司法定代表人；（八）监事会的组成、职权和议事规则；（九）公司利润分配办法；（十）公司的解散事由与清算办法；（十一）公司的通知和公告办法；（十二）股东大会会议认为需要规定的其他事项。	第八十二条　股份有限公司章程应当载明下列事项：（一）公司名称和住所；（二）公司经营范围；（三）公司设立方式；（四）公司股份总数、每股金额和注册资本；（五）发起人的姓名或者名称、认购的股份数、出资方式和出资时间；（六）董事会的组成、职权和议事规则；（七）公司法定代表人；（八）监事会的组成、职权和议事规则；（九）公司利润分配办法；（十）公司的解散事由与清算办法；（十一）公司的通知和公告办法；（十二）股东大会的形式；（十三）股东大会会议认为需要规定的其他事项。 前款第（十一）项有关通知、公告方法之规定依公司章程规定，公司章程规定采用数据电文形式的，并符合《电子签名法》有关数据电文之规定的，可以采用数据电文形式。

续表

修改前	修改后
第九十二条董事会应于创立大会结束后三十日内，向公司登记机关报送下列文件，申请设立登记：（一）公司登记申请书；（二）创立大会的会议记录；（三）公司章程；（四）验资证明；（五）法定代表人、董事、监事的任职文件及其身份证明；（六）发起人的法人资格证明或者自然人身份证明；（七）公司住所证明。 以募集方式设立股份有限公司公开发行股票的，还应当向公司登记机关报送国务院证券监督管理机构的核准文件。	第九十二条　董事会应于创立大会结束后三十日内，向公司登记机关报送下列文件，申请设立登记：（一）公司登记申请书；（二）创立大会的会议记录；（三）公司章程；（四）验资证明；（五）法定代表人、董事、监事的任职文件及其身份证明；（六）发起人的法人资格证明或者自然人身份证明；（七）公司住所证明。 以募集方式设立股份有限公司公开发行股票的，还应当向公司登记机关报送国务院证券监督管理机构的核准文件。 前二款规定符合第二十九条第二款之情形的，适用其规定。
第九十六条　股份有限公司应当将公司章程、股东名册、公司债券存根、股东大会会议记录、董事会会议记录、监事会会议记录、财务会计报告置备于本公司。	第九十六条　股份有限公司应当将公司章程、股东名册、公司债券存根、股东大会会议记录、董事会会议记录、监事会会议记录、财务会计报告置备于本公司。 前款规定符合第二十九条第二款之情形的，适用其规定。
	第一百零七条前增加一条作为第一百零七条　股东以电子方式行使的表决权数，计入出席股东的表决权数。
第一百零七条　股东大会应当对所议事项的决定作成会议记录，主持人、出席会议的董事应当在会议记录上签名。会议记录应当与出席股东的签名册及代理出席的委托书一并保存。	第一百零八条　股东大会应当对所议事项的决定作成会议记录，主持人、出席会议的董事应当在会议记录上签名。会议记录应当与出席股东的签名册及代理出席的委托书一并保存。 前款规定符合第二十九条第二款之情形的，适用其规定。

续表

修改前	修改后
第一百一十二条　董事会会议，应由董事本人出席；董事因故不能出席，可以书面委托其他董事代为出席，委托书中应载明授权范围。 董事会应当对会议所议事项的决定作成会议记录，出席会议的董事应当在会议记录上签名。 董事应当对董事会的决议承担责任。董事会的决议违反法律、行政法规或者公司章程、股东大会决议，致使公司遭受严重损失的，参与决议的董事对公司负赔偿责任。但经证明在表决时曾表明异议并记载于会议记录的，该董事可以免除责任。	第一百一十三条　董事会会议，应由董事本人出席；董事因故不能出席，可以书面委托其他董事代为出席，委托书中应载明授权范围。 董事会开会时，如以视讯会议进行，董事以视讯参与会议的，视为亲自出席。 董事会应当对会议所议事项的决定作成会议记录，出席会议的董事应当在会议记录上签名。 董事应当对董事会的决议承担责任。董事会的决议违反法律、行政法规或者公司章程、股东大会决议，致使公司遭受严重损失的，参与决议的董事对公司负赔偿责任。但经证明在表决时曾表明异议并记载于会议记录的，该董事可以免除责任。
第一百一十九条　监事会每六个月至少召开一次会议。监事可以提议召开临时监事会会议。 监事会的议事方式和表决程序，除本法有规定的外，由公司章程规定。 监事会决议应当经半数以上监事通过。 监事会应当对所议事项的决定作成会议记录，出席会议的监事应当在会议记录上签名。	第一百二十条　监事会每六个月至少召开一次会议。监事可以提议召开临时监事会会议。 监事会的议事方式和表决程序，除本法有规定的外，由公司章程规定。 监事会开会时，如以视讯会议为之，其监事以视讯参与会议的，视为亲自出席。 监事会决议应当经半数以上监事通过。 监事会应当对所议事项的决定作成会议记录，出席会议的监事应当在会议记录上签名。
第一百三十条　公司发行记名股票的，应当置备股东名册，记载下列事项：（一）股东的姓名或者名称及住所；（二）各股东所持股份数；（三）各股东所持股票的编号；（四）各股东取得股份的日期。发行无记名股票的，公司应当记载其股票数量、编号及发行日期。	第一百三十一条　公司发行记名股票的，应当置备股东名册，记载下列事项：（一）股东的姓名或者名称及住所；（二）各股东所持股份数；（三）各股东所持股票的编号；（四）各股东取得股份的日期。发行无记名股票的，公司应当记载其股票数量、编号及发行日期。 前款规定符合第二十九条第二款之情形的，适用其规定。

续表

修改前	修改后
第一百三十九条　记名股票，由股东以背书方式或者法律、行政法规规定的其他方式转让；转让后由公司将受让人的姓名或者名称及住所记载于股东名册。 股东大会召开前二十日内或者公司决定分配股利的基准日前五日内，不得进行前款规定的股东名册的变更登记。但是，法律对上市公司股东名册变更登记另有规定的，从其规定。	第一百四十条　记名股票，由股东以背书方式或者法律、行政法规规定的其他方式转让；转让后由公司将受让人的姓名或者名称及住所记载于股东名册。 股东大会召开前二十日内或者公司决定分配股利的基准日前五日内，不得进行前款规定的股东名册的变更登记。但是，法律对上市公司股东名册变更登记另有规定的，从其规定。 股东名册采用电子形式的，其变更登记的效力适用《电子签名法》有关文件保存的规定。
第一百八十五条　清算组在清算期间行使下列职权：（一）清理公司财产，分别编制资产负债表和财产清单；（二）通知、公告债权人；（三）处理与清算有关的公司未了结的业务；（四）清缴所欠税款以及清算过程中产生的税款；（五）清理债权、债务；（六）处理公司清偿债务后的剩余财产；（七）代表公司参与民事诉讼活动。	第一百八十六条　清算组在清算期间行使下列职权：（一）清理公司财产，分别编制资产负债表和财产清单；（二）通知、公告债权人；（三）处理与清算有关的公司未了结的业务；（四）清缴所欠税款以及清算过程中产生的税款；（五）清理债权、债务；（六）处理公司清偿债务后的剩余财产；（七）代表公司参与民事诉讼活动。 前款有关通知、公告的规定采用数据电文形式并符合《电子签名法》有关数据电文之规定的，可以采用数据电文形式。

三　一个开放的思考：公司法信息化变革的溢出效应

当前我国社会上产生了大量的非营利性组织，但是对这些组织，总体而言缺乏相关的法律规范，对于这些大量的非公司的社会组织，也有因应信息化实现变革的需要。本书虽然以信息化背景下的公司法变革为题进行研究，但是针对公司所设计的规则，应有一定的借鉴意义，特别是对这些组织机关的运营。如我国高等教育改革过程中涌现的新事物——公立高校董事会。1987 年汕头大学成立了董事会，由此掀起了各高校建立董事会的序幕。据 2004 年统计数字，全国已有 200 多所高校建立了校董会或相应组织，目前这一数据还在增加。2010 年 7 月颁布的《国家中长期教育改革和发展规划纲要（2010—2020 年）》提出了完善高校治理结构，“探索建立高等学校理事会或董事会”。笔者以为，高校董事会的相关运行规则与公司董事会类似，可以实现电子化的运营。另外从其董事会的规模看，美国公立高校董事会的规模不一，如内布拉斯加大学董事会成员只有 6 名，而北卡罗来纳大学则有 102 名，加拿大校董事会的平均规模为 27 名，我国公立高校董事会组建初期一般也是 10 多名，但是为广开财源，多数董事会规模通常较大，甚至 100 多名。在这种情形下董事会采用视讯方式进行会议，其确认与管制之方法应可借鉴公司董事会相应规则处理。也就是说，公司法的变革应有其溢出效应。

参考文献

一　著作类

董晓红：《信息化的经济学分析》，中国财政经济出版社 2005 年版。

陈禹主编：《信息经济学教程》，清华大学出版社 1998 年版。

赵苹：《步入 21 世纪的农业信息化》，经济科学出版社 2000 年版。

［美］诺内特，塞尔兹尼克：《转变中的法律与社会——迈向回应型法》，张志铭译，中国政法大学出版社 1994 年版。

张文显：《二十世纪西方法哲学思潮研究》，法律出版社 1996 年版。

［美］弗里德曼：《法律与制度》，中国政法大学出版社 1994 年版。

［日］穗积陈重：《法律进化论》，中国政法大学出版社 1997 年版。

［美］伯尔曼：《法律与革命——西方法律传统的形成》，中国大百科全书出版社 1993 年版。

公丕祥：《东方法律文化的历史逻辑》，法律出版社 2002 年版。

林国全、刘连煜：《股东会书面投票制度与证券集中保管》，元照出版公司 1999 年版。

季卫东：《宪政新论》，北京大学出版社 2002 年版。

周宏仁主编：《中国信息化形势分析与预测》（2010），社会科学文献出版社 2010 年版。

周宏仁主编：《中国信息化形势分析与预测》（2011），社会科学文献出版社 2011 年版。

［美］埃弗雷特·M. 罗杰斯：《创新的扩散》（第 4 版），中央编译出版社 2006 年版。

奥村宏：《股份制向何处去——法人资本主义的命运》，中国计划出版社 1996 年版。

高鸿钧等著：《法治：理念与制度》，中国政法大学出版社 2002 年版。

刘俊海：《新公司法的制度创新：立法争点与解释难点》，法律出版社 2006 年版。

刘莘：《行政立法研究》，法律出版社 2003 年版。

周旺生：《立法学》，法律出版社 2004 年版。

弗朗索瓦·沙奈：《资本全球化》，齐建华译，中央编译出版社 2001 年版。

哈拉尔：《新资本主义》，社会科学文献出版社 1999 年版。

牧人等：《股份有限公司》，西南财经大学出版社 1994 年版。

［美］彼得·L. 伯恩斯坦：《投资新革命》，高小红译，机械工业出版社 2010 年版。

曹兴权：《公司法的现代化：方法与制度》，法律出版社 2007 年版。

冯震宇：《公司证券重要争议问题研究》，元照出版公司 2005 年版。

《英国 2006 年公司法》，葛伟军译，法律出版社 2008 年版。

赵万一主编：《商事登记制度法律问题研究》，法律出版社 2013 年版。

《韩国商法典》，吴日焕译，中国政法大学出版社 1999 年版。

《德国商法典》，杜景林、卢谌译，中国政法大学出版社 2009 年版。

郭明瑞：《21 世纪民商法发展趋势研究》，科学出版社 2009 年版。

张凝：《日本股东大会制度的立法、理论与实践》，法律出版社 2009 年版。

刘连煜：《公司法制的新开展》，中国政法大学出版社 2008 年版。

李双元、王海浪：《电子商务法若干问题研究》，北京大学出版社 2003 年版。

［日］前田庸：《公司法入门》（第十二版），王作全译，北京大学出版社 2012 年版。

梁上上：《论股东表决权——以公司控制权争夺为中心展开》，法律出版社 2005 年版。

［美］E. 博登海默：《法理学：法律哲学与法律方法》，邓正来译，中国政法大学出版社 2004 年版。

[日] 宫谷隆:《注册会社法》(六),有斐阁1987年版。
[日] 末永敏和:《现代日本公司法》,金洪玉译,人民法院出版社2000版。
[日] 宫谷隆:《注册会社法》(五),有斐阁1986年版。

二 论文类

余彤鹰:《信息化的概念与意义探究》,http://www.ee-forum.org/pub/1998-2009/xxhgn.htm。
朱勤:《信息化概念和意义探讨》,《韶关学院学报》(自然科学版),23卷(2002年)第3期。
林毅夫:《信息化——经济增长新源泉》,《科技与企业》2003年第8期。
《走进信息社会:中国信息社会发展报告2010》课题组:《走近信息社会:理论与方法》,《电子政务》2010年第8期。
林毅夫:《信息化对制度变革的需求》,《中国信息界》2003年第15期。
张仁善:《中国法律社会史的理论视野》,《南京大学法律评论》2001春季号。
眚宏强:《社会变迁:法律变革与发展之源》,《江苏社会科学》2002年第5期。
肖金明、张宇飞:《社会变迁与法治演进》,《山东警察学院学报》2005年第2期。
廖瑾:《全球信息化法律法规概览》,《上海信息化》2009年第10期。
《走进信息社会:中国信息社会发展报告2010》课题组:《中国信息社会发展报告2010》,《电子政务》2010年第8期。
《中国互联网络发展状况统计报告》(2014年1月)。
国家信息中心"中国数字鸿沟研究"课题组:《中国数字鸿沟报告2013》。
《中国信息年鉴》编辑部:《中国信息化发展综述2012》。
周汉华、苏苗罕:《我国信息化法律法规建设六十年》,《电子政务》2009年第10期。

刘晓松等:《中小企业信息化评价指标体系的构建》,《江苏大学学报:社科版》2002 年第 3 期。

陈守龙、刘现伟:《企业信息化内涵及其相关概念辨析》,《社会科学家》2008 年第 1 期。

冯震宇:《企业 E 化的新挑战——企业权益与员工隐私权保护的两难与调和》,《月旦法学》第 85 期。

CECA 国家信息化测评中心:《2008 年度中国企业信息化 500 强调查报告》,《中国经济周刊》2009 年第 12 期。

《中国互联网络发展状况统计报告》(2014 年 1 月)。

胡汝银等:《网上证券活动及其监管研究》,载郭峰、王坚主编《公司法修改纵横谈》,法律出版社 2000 年版。

Anatoli van der Krans, The Virtual Shareholders Meeting: How to make it work? *Journal of International Commercial Law and Technology* Vol. 2, Issue 1 (2007).

周剑龙:《论股份有限公司经营的内部监督机制——中国公司发展之前瞻》,《法学评论》1995 年第 1 期。

田泽元章:《IT 化进程中的日本股份公司法修改》,载渠涛主编《中日民商法研究》(第三卷),法律出版社 2005 年版。

阎岳:《切实保护广大投资者利益,专家称类别表决机制是现实的选择》,《证券日报》2004 年 9 月 18 日/第 T00 版。

王宗正:《论类别股东大会》,《求索》2002 年第 6 期。

台湾证券集中保管股份有限公司:《股东会通讯行使决议权制度之研究》。

证券标准化委员会秘书处:《上市公司信息披露电子化规范》的制订与实施,上海证券报。

黄正群:《禧·千投——深交所“网络投票系统”服务 1000 次展顾》,《深交所》,2008 年 7 月。

黎文靖、孔东民、刘莎莎、邢精平:《中小股东仅能“搭便车”么?——来自深交所社会公众股东网络投票的经验证据》,《金融研究》2012 年第 3 期。

王保树:《竞争与发展:公司法改革面临的主题》,《现代法学》2003

年第 3 期。

李丹：《美国公司改革法案对我国公司治理的启示》，《经济体制改革》2003 年第 2 期。

陈丽娟：《从德国〈公司治理规约〉看该国公司治理改革》，《东海大学法学研究》2007 年第 26 期。

吴建斌：《日本公司法的本国化、现代化与法典化演进》，吴建斌等译，《日本公司法典》，法律出版社 2006 年版。

郭富青：《各国公司法现代化改革：竞争、趋同与融合》，载顾功耘主编《公司法律评论》（2008 年卷），上海人民出版社 2009 年版。

徐克：《英国公司法改革》，《经济导刊》2005 年第 1—2 期。

冯果：《变革时代的公司立法——以台湾地区“公司法”的修改为中心考察》，《南京大学学报（哲学·人文科学·社会科学）》2003 年第 2 期。

冯果、李安安：《投资者革命、股东积极主义与公司法的结构性变革》，《法律科学》2012 年第 2 期。

冯果：《网络时代的资本市场及监管法制之重塑》，《法学家》2009 年第 6 期。

赵旭东：《公司法修订的基本目标与价值取向》，《法学论坛》第 19 卷第 6 期。

冯果：《论公司资本原则理论的时代局限》，《中国法学》2001 年第 3 期。

王志诚：《员工参与机关之法理与论争（中）——企业法与经营学之交错领域》，《集保月刊》1998 年第 52 期。

刘永光：《日本公司法最新修改述评》，《厦门大学法律评论》第 3 期，厦门大学出版社 2006 年版。

赖源河：《从法规松绑与公司监控论公司法之修正方向》，《月旦法学》2002 年第 1 期。

施天涛：《公司法的自由主义及其法律政策》，《转型中的公司法的现代化》，社会科学文献出版社 2006 年版。

郭锋：《新公司法中的意思自治》，《中财论坛》，中国财政经济出版社 2007 年版。

刘小勇：《日本公司法制的 IT 化改革及对我国的启示》，《法学》2005 年第 1 期。

［日］鹤光太郎：《用“内生性法律理论”研究法律制度与经济体系》，载吴敬琏主编《比较》（第 8 期），中信出版社 2003 年版。

［日］田泽元章：《IT 化进程中的日本股份公司法修改》，载渠涛主编《中日民商法研究》（第三卷），法律出版社 2005 年版。

Frank H. Easterbrook and Daniel R. Fischel, The Economic Structure of Corporate Law, *Harvard University Press*, 1991, p. 63.

William. O. Gauger, The Proxy Process: Electronic and Telephonic Voting, *Insights*, Dec. 14, 1995.

陈锦旋：《公开发行公司股东通讯行使股东会议决权之法制与实务》，《现代公司法制之新课题——赖英照大法官六秩华诞祝贺论文集》，元照出版公司 2005 年版。

石慧荣：《从英国公司法的改革看中国公司法的修订》，《广东社会科学》2006 年第 1 期。

［日］北村雅史：《关于英国公司法股东会议的规整》，《日本商事法务》，第 1584 号（2001 年 1 月 25 日）。

《关于〈英国 2006 年公司法〉的相关条例（2009）》，载王高英、李翰杰译，顾功耘主编《公司法律评论（2010 年卷》，上海人民出版社 2010 年版。

魏也：《高昂成本阻碍个人创业》，《上海证券报》，2007 年 9 月 19 日。

国家工商总局赴澳大利亚、新西兰考察团：《关于澳大利亚、新西兰商事登记和个体商贩登记管理的考察报告》，《中国工商管理研究》2003 年第 4 期。

杰文：《商事登记的范围商事主体的确认与类型划分》，《工商行政管理》2003 年第 15 期。

孙建新、冯会新：《网络经济主体的登记与规范》，《中国工商管理研究》2009 年第 9 期。

田丰：《网络环境下我国商事登记法律制度探析》，2007 年河南大学研究生硕士学位论文。

王晨、董波：《我国商事登记程序立法的完善》，《齐齐哈尔大学学报》

2006 年第 11 期。

房绍坤、姜一春：《公司 IT 化的若干法律问题》，《中国法学》2002 年第 2 期。

A New Technology Frontier for Delaware Corporations, James L. Holzman and Thomas A. Mullen, 4 Delaware Law Review 55, 57 (2001).

中国互联网络信息中心：《2013 年下半年中国企业互联网应用状况调查报告》。

吴庆俊编辑：《电子邮件向何处去》，《微电脑世界》2001 年第 2 期。

房绍坤、于海防：《论数据电文制度的涵义及表意基础》，《甘肃政法学院学报》，第 98 期（2008 年 5 月）。

UNCITRAL. Recommendation on the Legal Value of Computer Records (1985).

王丽娜、吴建忠：《论证券交易所对上市公司信息披露的监管》，载顾功耘主编《公司法律评论》（2013 年卷），上海人民出版社 2013 年版。

王宗正：《从强行性规范到任意性规范——关于累积投票的公司法规范》，《宁夏社会科学》2002 年第 2 期。

黄韬：《股东网络投票：制度安排与现实效果》，《清华法学》2008 年第 6 期。

杨富琛中国政法大学硕士学位论文：《论我国股东表决权网络行使的法律机制》，第 33 页。

王保树：《股份公司组织机构的法的实态考察与立法课题》，《法学研究》1998 年第 2 期。

皮海洲：《网络投票　再说爱你不容易》，http://www.163.com。

伍坚：《论股东的质询权》，《证券市场导报》2002 年第 1 期。

蒋学跃：《股东质询权刍议》，《河北法学》2009 年第 2 期。

赵德枢：《美国证券交易法中股东权制度之研究》，《政大法学评论》1990 年第 42 期。

于莹：《股东查阅权法律问题研究》，《吉林大学社会科学学报》2008 年第 2 期。

Daniel Adam Birnhak, "Online Shareholder Meetings: Corporate Law Anomalies or the Future of Governance?" 29 Rutgers Computer&Tech. L. J. 423, 445. (2003)

林克敬:《利用网际网路召开股东大会之可行性》,《公司法修正议题论文集》,神州图书出版有限公司 2002 年版。

George Ponds Kobler, Shareholder Voting over the Internet: A Proposal for Increasing Shareholder Participation in Corporate Governance, 49 ALA. L. REW. 673, 696 (1998).

Dirk Zetzsche, Virtual Shareholder Meetings and the European Shareholder Rights Directive-Challenges and Opportunities, http://ssrn.com/abstract=996434.

Lisa M. Fairfax, Virtual Shareholder Meetings Reconsidered, Seton Hall Law Review 40.4 (2011).

刘俐、高宏娟:《网络为股东大会服务》,《证券时报》2001 年 8 月 15 日第 A03 版。

苏梅天津大学硕士学位论文:《上市公司股东大会网络投票研究》,第 47 页。

《深交所首推上市公司视频股东大会》,《上海证券报》2013 年 2 月 19 日第 F04 版。

上海证券交易所资本市场研究所年报专题小组:《沪市上市公司 2011 年度董事、监事和高级管理人员履职情况分析》,http://www.cs.com.cn/sylm/jsbd/201208/t20120807_3443919.html。

王宗正:《股东通讯行使表决权的范围》,《江汉论坛》2009 年第 1 期。

丁辰:《上市公司股东大会网络表决制度研究》,《商业时代》2007 年第 9 期。

Claude Shannon, The Mathematical Theory of Communication, *Ball Systems Technical Journal*, July and October (1948).